Das bietet Ihnen die CD-ROM

Prüfschemata

Nutzen Sie die Prüfschemata als Protokoll und Checkliste:

- Namen und Termine eintragen
- ausdrucken und
- an die Zuständigen verteilen

Muster und Vorlagen

Erleichtern Sie Ihre Arbeit mit rechtssicheren Vorlagen und Mustern:

- Abmahnungsmuster
- Kündigungsschreiben
- Muster-Betriebsratsanhörungen

Gesetzestexte

Informieren Sie sich aus den zentralen Rechtsquellen zum Thema Kündigung:

- Kündigungsschutzgesetz
- Bürgerliches Gesetzbuch

Rechner

Nutzen Sie die praktischen Excel-Rechner:

- Kündigungsfristenrechner
- Abfindungsrechner
- Rechner für Gerichts- und Anwaltsgebühren

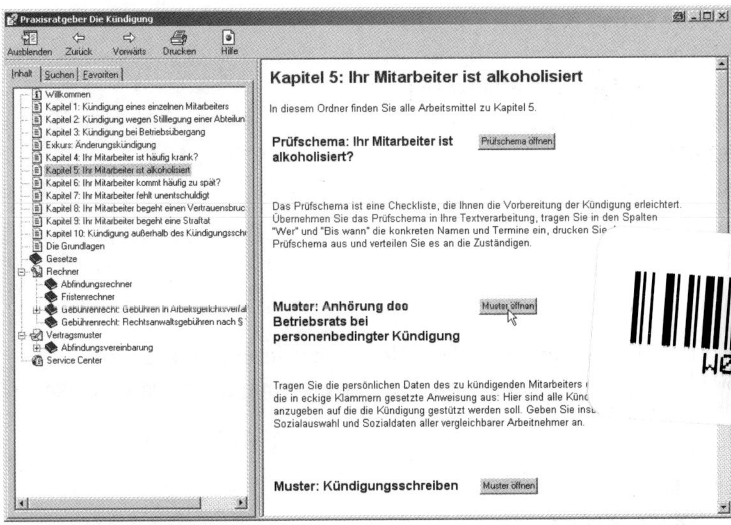

Screenshot der CD-ROM: Sie sehen die Inhalte zu Kapitel 5. Übernehmen Sie das Prüfschema und die Muster einfach per Mausklick in Ihre Textverarbeitung.

Bibliografische Information Der Deutschen Bibliothek

Die Deutsche Bibliothek verzeichnet diese Publikation in der Deutschen Nationalbibliografie; detaillierte bibliografische Daten sind im Internet über http://dnb.ddb.de abrufbar.

ISBN 978-3-448-08172-5 Bestell-Nr. 04066-0002

Niederlassung München
Redaktionsanschrift: Postfach, 82142 Planegg
Hausanschrift: Fraunhoferstraße 5, 82152 Planegg
Telefon: (089) 895 17-0,
Telefax: (089) 895 17-290
www.haufe.de
online@haufe.de
Lektorat: Ulrich Leinz

Redaktion: Peter Böke
Satz: Peter Böke, Sabine Seeberg
Umschlag: Kienle Visuelle Kommunikation, Stuttgart
Druck: Bosch-Druck GmbH, 84030 Ergolding

Zur Herstellung dieses Buches wurde alterungsbeständiges Papier verwendet

Die Kündigung

Rechtssicher vorbereiten und umsetzen

Hassan-Frederic Falk
Birgit Müller
Frank Rahmstorf
Stefanie Spiegelhalter

2. Auflage

Haufe Mediengruppe
Freiburg · Berlin · München

Inhaltsverzeichnis

Ihr Nutzen: Informieren, prüfen, Anleitung erhalten

Ziel diese Buches ist es, die Möglichkeiten einer Kündigung klar darzustellen. So können Kündigungen gut vorbereitet und unnötige Querelen vermieden werden.

Informieren: Übersicht Kündigungsgründe, Kündigungsarten und rechtliche Grundlagen

über 40 Kündigungsgründe

Die 10 Hauptkapitel sind umrahmt von einer Übersicht und einem Grundlagenkapitel. In der Übersicht werden die verschiedensten Kündigungsgründe genannt und bewertet. Anhand dieser über 40 Kündigungsgründe erhalten Sie eine erste Orientierung.

Grundlagenthemen

Das letzte Kapitel ist das Grundlagenkapitel. Hier finden Sie alle aktuellen rechtlichen Änderungen und alle Grundlagenthemen, die Sie nicht übergehen sollten, wie „Inhalt und Form einer Kündigung“, „Wer ist berechtigt zu kündigen?“, „Wie wird eine Kündigung übermittelt?“, „Welche Fristen müssen eingehalten werden?“, „Anhörung des Betriebsrats“, „Besonderer Kündigungsschutz“.

§ siehe CD-ROM

Informieren Sie sich über die rechtlichen Grundlagen: Auf der CD-ROM finden Sie das Kündigungsschutzgesetz sowie die Paragraphen aus dem Bürgerlichen Gesetzbuch zum Thema Kündigung.

Prüfen: Die 10 Hauptkapitel

siehe CD-ROM

Zwischen der Übersicht am Anfang und dem Grundlagenkapitel am Ende finden Sie die 10 Hauptkapitel. In diesen Hauptkapiteln finden Sie die häufigsten Kündigungsfälle. Das sind

- 3 betriebsbedingte Kündigungen (Seite 25 bis 104),
- 2 personenbedingte Kündigungen (Seite 108 bis 152),
- 2 verhaltensbedingte Kündigungen (Seite 153 bis 192),
- 2 außerordentliche Kündigungen und (Seite 193 bis 232),
- 1 Kündigung außerhalb des Kündigungsschutzgesetzes (Seite 233 bis 260).

Diese 10 Hauptkapitel sind in sich alle gleich aufgebaut. Sie beginnen mit Beispielen, es folgen die Unterkapitel Kriterien, Fall, Prüfschema, Arbeitsmittel. Das bietet für Sie folgende Möglichkeiten:

Beispiele

Anhand von Beispielen vergleichen Sie Ihre Situation mit der jeweils geschilderten. Dadurch können Sie Ihre Kündigungsvorhaben schnell einordnen (betriebsbedingt, verhaltensbedingt usw.) und wissen, ob Sie hier an der richtigen Stelle sind.

Kriterien

Dann werden die juristischen Kriterien einer Kündigung genannt. Zugleich erhalten Sie einen Überblick, welche juristischen Aspekte Sie dabei unbedingt beachten sollten.

konkreter Fall

Jetzt wird ein konkreter Fall skizziert, wodurch Sie eine anschauliche Darstellung erhalten, wie Sie selbst in Ihrer Situation vorgehen können.

Anleitung erhalten: Zu jeder Kündigung das passende Prüfschema

In jedem der 10 Hauptkapitel finden Sie an vierter Stelle ein Prüfschema und an fünfter Stelle kurze Informationen zu den Arbeitsmitteln auf der CD-ROM.

siehe CD-ROM

Das Prüfschema dient Ihnen einerseits als Checkliste, die alle Punkte, die Sie bei der Vorbereitung einer Kündigung beachten müssen, tabellarisch notiert. Zugleich bietet sie Ihnen aber auch die Möglichkeit zu protokollieren, wer welche Aufgaben übernimmt und bis zu welchem Zeitpunkt diese erledigt sein sollen. Tragen Sie dazu in die beiden Spalten „Wer“ und „Bis wann“ konkrete Namen und Termine ein. Mit diesem Prüfschema haben Sie eine hervorragende Anleitung, um eine Kündigung rechtssicher vorzubereiten und umzusetzen.

Stichwortverzeichnis

Und hinten im Buch finden Sie ein ausführliches Stichwortverzeichnis.

Übersicht: Kündigungsgründe

In dieser Tabelle finden Sie 48 mögliche Gründe für eine Kündigung. Damit haben Sie sofort im Blick, ob eine Kündigung aus diesem Grund möglich sein kann – und wenn ja, ob es sich dabei um eine betriebsbedingte, verhaltensbedingte, personenbedingte, oder außerordentliche Kündigung handelt

Kündigungsart Kündigungsgrund	betriebs.	verhaltens.	personenb.	außerord.	keine K.
Abkehrwille					
• Die Vorbereitungen eines Arbeitnehmers, das Arbeitsverhältnis von sich aus zu lösen und ein neues Arbeitsverhältnis zu begründen oder sich selbstständig zu machen, stellen für sich allein keinen Grund zur Kündigung dar. Ein Arbeitnehmer darf bereits während des Arbeitsverhältnisses Vorbereitungen für den künftigen eigenen Geschäftsbetrieb treffen.					X
• Wirkt er hierbei jedoch nachhaltig auf Arbeitskollegen ein, um sie zum Wechsel des Arbeitsplatzes unter Vertragsbruch, d.h. ohne Einhaltung von Kündigungsfristen zu bewegen, so liegt ein wichtiger Grund für die außerordentliche Kündigung vor.				X	
Absatzschwierigkeiten Bei Absatzschwierigkeiten hat der Arbeitgeber die unternehmerische Entscheidung zu treffen, ob auf Vorrat gearbeitet werden, die Werbung gesteigert oder Personal abgebaut werden soll. Die unternehmerische Entscheidung, wie Absatzschwierigkeiten begegnet wird, ist nicht auf ihre Zweckmäßigkeit zu überprüfen. Liegt eine unternehmerische Entscheidung vor, Personal abzubauen, so kann dies eine betriebsbedingte Kündigung rechtfertigen.	X				

Kündigungsart / Kündigungsgrund	betriebs.	verhaltens.	personenb.	außerord.	keine K.
Alkoholmißbrauch					
• Schon der einmalige Verstoß gegen ein betriebliches oder gesetzliches Alkoholverbot kann eine außerordentliche Kündigung bei solchen Arbeitnehmern rechtfertigen, deren Tätigkeit im Zustand der Alkoholisierung Gefahren für andere Arbeitnehmer oder Dritte mit sich bringt (Kraftfahrer, Kranführer, Gerüstbauer, Chirurgen, usw.).				X	
• In anderen Fällen rechtfertigt ein Verstoß gegen ein betriebliches oder gesetzliches Alkoholverbot eine verhaltensbedingte Kündigung, sofern eine vorherige Abmahnung erfolgt ist.		X			
• Vom Alkoholmissbrauch zu unterscheiden ist die krankhafte Trunksucht, der Alkoholismus. Hierbei handelt es sich um eine Krankheit, sodass nur eine krankheitsbedingte Kündigung in Betracht kommt.			X		
Aids					
• Die reine Infektion rechtfertigt keine Kündigung.					X
• Sofern jedoch das akute Krankheitsstadium eingetreten ist, kann eine ordentliche, personenbedingte Kündigung gerechtfertigt sein.			X		
Androhung einer Krankheit					
Droht der Arbeitnehmer dem Arbeitgeber an, er werde krank machen, sofern der Arbeitgeber ihm keinen Urlaub bewilligt bzw. den bewilligten Urlaub nicht verlängert, ist dieser Umstand an sich geeignet, einen außerordentlichen Grund zur fristlosen Kündigung darzustellen.				X	
Anzeige gegen den Arbeitgeber					
• Anzeigen des Arbeitnehmers gegen den Arbeitgeber stellen immer dann einen wichtigen Grund zur außerordentlichen Kündigung dar, wenn sie ausschließlich zum Zwecke der Schädigung und nicht aus eigenen oder übergeordneten berechtigten Interessen heraus erstattet werden. Dies gilt z. B, für Anzeigen bei den Steuerbehörden.				X	

Kündigungsart / Kündigungsgrund	betriebs.	verhaltens.	personenb.	außerord.	keine K.
• Ein Kündigungsgrund liegt grundsätzlich nicht vor, wenn die Anzeige objektiv gerechtfertigt ist und der Arbeitnehmer die Anzeige zum Schutz höherwertiger Rechtsgüter erstattet hat.					X
• Eine ordentliche verhaltensbedingte Kündigung kann gerechtfertigt sein, wenn der Arbeitnehmer durch die Anzeigenerstattung gegen seine Verschwiegenheitspflicht verstößt.		X			
Anzeige gegen Kollegen Die Anzeigenerstattung gegen Arbeitskollegen kann, wenn die Beschuldigungen nicht nachvollziehbar oder sofort erkennbar sachlich nicht fundiert sind, eine ordentliche, verhaltensbedingte Kündigung nach sich ziehen.		X			
Anzeigepflicht bei Arbeitsunfähigkeit Der Arbeitnehmer ist verpflichtet, eine bestehende Erkrankung und deren voraussichtliche Dauer gemäß § 5 Entgeltfortzahlungsgesetz dem Arbeitgeber unverzüglich mitzuteilen. Die Verletzung dieser vertraglichen Nebenpflicht kann nach mehrmaliger Abmahnung eine ordentliche, verhaltensbedingte Kündigung rechtfertigen.		X			
Arbeitserlaubnis Braucht der Arbeitnehmer eine Arbeitsgenehmigung, so liegt ein personenbedingter Grund zur Kündigung vor, wenn sich die Bundesanstalt für Arbeit weigert, sie zu erteilen oder sie rechtskräftig versagt. Ist zur Ausübung des Berufes eine Erlaubnis notwendig, so kann deren Fehlen oder der Wegfall ein personenbedingter Kündigungsgrund sein. Gleiches gilt bei Fehlen der Fahrerlaubnis, sofern eine nötig ist.			X		

Kündigungsgrund / Kündigungsart	betriebs.	verhalters.	personenb.	außerord.	keine K.
Arbeitsverweigerung Arbeitsverweigerung liegt vor, wenn sich der Arbeitnehmer weigert, eine arbeitsvertraglich geschuldete Leistung zur vereinbarten Zeit am vereinbarten Ort zu erbringen, obwohl er weiß oder wissen muss, dass er zur Leistung verpflichtet ist. Eine beharrliche Arbeitsverweigerung kann eine verhaltensbedingte Kündigung rechtfertigen.		X			
Ausländerfeindlichkeit • Äußert sich ein Arbeitnehmer im Betrieb so, dass sein Verhalten geeignet ist, eine ausländerfeindliche Stimmung zu erzeugen oder zu verstärken, ist der Arbeitgeber berechtigt, einer derartigen Entwicklung mittels einer verhaltensbedingten Kündigung entgegenzuwirken.		X			
• Im Einzelfall keine eine ausländerfeindliche Äußerung im Betrieb geeignet sein, dass Arbeitsverhältnis auch fristlos zu kündigen.				X	
Arbeitsrückgang Reduziert sich die Nachfrage nach den Produkten oder Leistungen des Arbeitgebers, kann eine vom Arbeitgeber getroffene unternehmerische Entscheidung grundsätzlich eine ordentliche, betriebsbedingte Kündigung rechtfertigen.	X				
Beleidigung • Die Beleidigung und Beschimpfung von Dienstvorgesetzten oder auch Kollegen rechtfertigen eine verhaltensbedingte Kündigung, wenn eine von gegenseitiger Achtung übertragene Zusammenarbeit nicht mehr möglich ist.		X			
• Bei groben Beleidigungen kann auch eine außerordentliche Kündigung zulässig sein.				X	

Kündigungsart / Kündigungsgrund	betriebs.	verhaltens.	personenb.	außerord.	keine K.
Bestechlichkeit Die Annahme von Schmiergeld stellt ein Verstoß gegen die Treuepflichten dar, selbst wenn der Arbeitnehmer sich nicht zu einem pflichtwidrigen Verhalten verleiten lässt. Es reicht aus, dass der gewährte Vorteil allgemein die Gefahr begründet, der Arbeitnehmer werde nicht mehr allein die Interessen seines Arbeitgebers vertreten. Die Entgegennahme von Geldgeschenken oder besonderen Zuwendungen kann daher einen wichtigen Grund zur außerordentlichen Kündigung darstellen.				X	
Betriebsfrieden In Literatur und Rechtsprechung fehlt eine exakte Begriffsbestimmung, was unter Betriebsfrieden eigentlich zu verstehen ist. Die Störung des geordneten Zusammenlebens der Betriebsgemeinschaft kann nur dann eine verhaltensbedingte Kündigung rechtfertigen, wenn der Produktionsablauf oder das geordnete Zusammenleben beeinträchtigt werden. Die Rechtsprechung hat aber auch Kündigungen anerkannt, bei parteipolitischer Agitation im oder in der Nähe des Betriebs, bei politischer Meinungsäußerung, Falschinformationen der Presse oder Verbalangriffen auf den Personalrat.		X			
Betriebsübergang Geht der Betrieb oder ein Betriebsteil durch Rechtsgeschäft auf einen neuen Inhaber über, so tritt dieser in die Rechte und Pflichten aus dem Arbeitsverhältnis ein. Eine wegen des Betriebsübergangs erklärte Kündigung ist unwirksam (§ 613 a BGB).					X
Diebstahl Die Verletzung des Eigentums oder Vermögens des Arbeitgebers rechtfertigt regelmäßig eine außerordentliche, verhaltensbedingte Kündigung, auch wenn die Sachen nur einen geringen Wert haben.				X	

Kündigungsgrund / Kündigungsart	betriebs.	verhaltens.	personenb.	außerord.	keine K.
Druckkündigung Eine Druckkündigung ist alternativ als verhaltens-, personen- oder betriebsbedingte Kündigung zu prüfen.					
• Liegen personen- oder verhaltensbedingte Gründe zur Kündigung vor, so ist eine auf Verlangen Dritter ausgesprochene Kündigung gerechtfertigt.		X	X		
• Wenn das Abberufungsverlangen des Dritten nicht durch objektive Gründe gerechtfertigt ist, kommt nur eine Kündigung aus betriebsbedingten Gründen in Betracht. An die Zulässigkeit einer betriebsbedingten Druckkündigung stellt das Bundesarbeitsgericht strenge Anforderungen. Vom Arbeitgeber wird verlangt, dass er sich zunächst schützend vor den betreffenden Arbeitnehmer zu stellen und alles Zumutbare zu versuchen hat, um die Belegschaft bzw. den Dritten von seiner Drohung abzubringen. Nur wenn dem Arbeitgeber trotz dieser Vermittlungsversuche schwere wirtschaftliche Schäden drohen, kann eine Kündigung als letztes Mittel sozial gerechtfertigt sein.	X				
Eignungsmangel Kann der Arbeitnehmer aufgrund persönlicher, fachlicher oder körperlicher Umstände seine arbeitsvertraglichen Pflichten nicht erfüllen, so kann eine ordentliche, personenbedingte Kündigung gerechtfertigt sein.			X		
Freiheitsstrafe Kann ein Arbeitnehmer die Arbeitsleistung nicht erbringen, weil er sich in Untersuchungs- oder Strafhaft befindet, kann dies eine personenbedingte Kündigung rechtfertigen. Im Rahmen der betrieblichen Auswirkungen ist allerdings zu berücksichtigen, dass der Arbeitgeber von der Entgeltfortzahlung befreit ist.			X		

Kündigungsart Kündigungsgrund	betriebs.	verhaltens.	personenb.	außerord.	keine K.
Fremdvergabe Entschließt sich der Arbeitgeber sämtliche oder bestimmte Arbeiten seines Betriebs einem Dritten zur eigenständigen Durchführung zu übertragen, so rechtfertigt dies grundsätzlich den Ausspruch einer ordentlichen, betriebsbedingten Kündigung.	X				
Häufige Erkrankungen Eine personenbedingte Kündigung ist gerechtfertigt, wenn der Arbeitnehmer in der Vergangenheit wiederholt gefehlt hat, auch in Zukunft bei objektiver Vorausschau häufige Fehlzeiten wegen Krankheit zu gewärtigen sind und hierdurch der Betriebsablauf empfindlich gestört wird. Wegen der Notwendigkeit der individuellen Beurteilung und der Abwägung der Parteiinteressen ist die Beurteilung der häufigen Fehlzeiten und ihre Gesamtdauer in der Rechtsprechung recht unterschiedlich.			X		
Häufiges Zuspätkommen Häufiges Zuspätkommen rechtfertigt nach Abmahnung eine ordentliche, verhaltensbedingte Kündigung.		X			
Homosexualität Eine Kündigung wegen Homosexualität des Arbeitnehmers verstößt gegen die Grundsätze von Treu und Glauben bzw. die guten Sitten und ist daher rechtsmissbräuchlich. Das Bundesarbeitsgericht hat selbst eine Kündigung für unwirksam erachtet, die der Arbeitgeber innerhalb der Probezeit eines Arbeitnehmers ausgesprochen hat, die sie jedoch lediglich mit der Veranlagung des Arbeitnehmers zur Homosexualität begründet hat.					X

Kündigungsart Kündigungsgrund	betriebs.	verhaltens.	personenb.	außerord.	keine K.
Internetnutzung • Lädt ein Arbeitnehmer während der Arbeitszeit pornografisches Bildmaterial aus dem Internet, das er auf Datenträger des Arbeitgebers speichert und nutzt er den Internetzugang zum Einrichten einer Webpage sexuellen Inhalts, rechtfertigt dies eine außerordentliche Kündigung. Bei der Beurteilung der Schwere des Vertragsverstoßes ist zu berücksichtigen, dass ein derartiges Verhalten des Arbeitnehmers geeignet ist, das Ansehen des Arbeitgebers in der Öffentlichkeit zu schädigen. Eine außerordentliche Kündigung kann auch dann gerechtfertigt sein, wenn der Arbeitnehmer trotz ausdrücklicher entgegenstehender Vereinbarung das Internet zu privaten Zwecken nutzt. In diesem Fall ist eine vorherige Abmahnung in der Regel nicht erforderlich.				X	
• Wurde die private Nutzung vom Arbeitgeber genehmigt, kommt eine verhaltensbedingte Kündigung nur in Betracht, wenn die Nutzung in einem Ausmaß erfolgt, von dem der Arbeitgeber nicht annehmen durfte, sie sei noch von dem Einverständnis des Arbeitgebers gedeckt. Einer Abmahnung bedarf es in solchen Fällen nur dann nicht, wenn ein solches Ausmaß erreicht ist, dass von einer groben Pflichtverletzung auszugehen ist.		X			
Konkurrenztätigkeit Wird er trotzdem für ein Konkurrenzunternehmen tätig, rechtfertigt dies an sich den Ausspruch einer verhaltensbedingten Kündigung, im Einzelfall sogar einer außerordentlichen Kündigung.		X		X	
Krankheit, langdauernde Wird der Arbeitnehmer auf Dauer arbeitsunfähig, ist eine personenbedingte Kündigung gerechtfertigt, wenn der Arbeitnehmer in der Vergangenheit längere Zeit gefehlt hat, seine Wiederherstellung objektiv nicht abzusehen ist und aus betrieblichen Gründen sein Arbeitsplatz wieder besetzt werden muss.			X		

Kündigungsart / Kündigungsgrund	betriebs.	verhaltens.	personenb.	außerord.	keine K.
Loyalitätsverstoß Überschreitet ein Arbeitnehmer offensichtlich seine Vollmachten in Wahrnehmung eigener gegenüber seinem Arbeitgeber nicht schützenswerter Interessen und bringt er hierdurch seinen Arbeitgeber in Misskredit, so sind schwerwiegende Gründe Gesetz, die grundsätzlich geeignet sind, eine verhaltensbedingte auch außerordentliche Kündigung zu rechtfertigen.		X		X	
Leistungsmangel Die Kündigung gegenüber einem leistungsschwachen Arbeitnehmer kann als verhaltensbedingte oder als personenbedingte Kündigung gerechtfertigt sein. • Eine verhaltensbedingte Kündigung setzt voraus, dass dem Arbeitnehmer eine Pflichtverletzung vorzuwerfen ist. Dies ist der Fall, wenn er nicht unter angemessener Ausschöpfung seiner persönlichen Leistungsfähigkeit arbeitet. Die langfristige, deutliche Unterschreitung der durchschnittlichen Arbeitsleistung kann ein Anhaltspunkt dafür sein, dass der Arbeitnehmer weniger arbeitet als er könnte.		X			
• Eine personenbedingte Kündigung kommt hingegen in Betracht, wenn bei einem über längere Zeit erheblich leistungsschwachen Arbeitnehmer auch für die Zukunft mit einer schweren Störung des Vertragsgleichgewichts zu rechnen ist. Voraussetzung ist hier allerdings, dass ein milderes Mittel zur Wiederherstellung des Vertragsgleichgewichts nicht zur Verfügung steht und dem Schutz Älterer, langjährig Beschäftigter und erkrankter Arbeitnehmer ausreichend Rechnung getragen wird.			X		
Mobbing Unter Mobbing wird die Diskriminierung von Arbeitnehmern durch Arbeitgeber, Vorgesetzte und Arbeitskollegen verstanden. In der Regel wird eine ordentliche, verhaltensbedingte Kündigung derjenigen gerechtfertigt sein, die Mobbing ausführen.		X			

Kündigungsart / Kündigungsgrund	betriebs.	verhaltens.	personenb.	außerord.	keine K.
Nebenbeschäftigung Der Arbeitnehmer ist grundsätzlich berechtigt, eine Nebenbeschäftigung auszuüben. Etwas anderes gilt dann, wenn er in Folge der Nebentätigkeit seinen Pflichten aus dem Arbeitsverhältnis nicht nachkommen kann oder wenn es vertraglich berechtigt ausgeschlossen ist. In diesen Fällen kann eine verhaltensbedingte Kündigung nach vorheriger Abmahnung gerechtfertigt sein.		X			
Privattelefonate Eine Vielzahl von Privattelefonaten während der Arbeitszeit kann eine verhaltensbedingte Kündigung rechtfertigten. Regelmäßig ist zuvor jedoch eine Abmahnung erforderlich.		X			
Rauchverbot Verstößt ein Arbeitnehmer trotz wiederholter Abmahnung gegen ein im Betrieb zwingend vorgeschriebenes Rauchverbot, kann eine ordentliche, verhaltensbedingte Kündigung gerechtfertigt sein.		X			
Schwangerschaft Aus § 9 Mutterschutzgesetz ergibt sich, dass das Bestehen einer Schwangerschaft ein Kündigungshindernis ist. Hiernach ist eine Kündigung während der Schwangerschaft und bis zum Ablauf von vier Monaten nach der Entbindung unzulässig.					X
Selbstbeurlaubung Tritt der Arbeitnehmer eigenmächtig nicht genehmigten Urlaub an, so verletzt er damit seine arbeitsvertragliche Hauptpflicht zur Arbeitsleistung, von der er mangels Urlaubsbewilligung durch den Arbeitgeber nicht wirksam entbunden ist. Ein solches Verhalten ist im Einzelfall sogar geeignet, eine außerordentliche, verhaltensbedingte Kündigung zu rechtfertigen.		X		X	

Kündigungsart Kündigungsgrund	betriebs.	verhaltens.	personenb.	außerord.	keine K.
Strafanzeige Die Erstattung einer Strafanzeige durch den Arbeitnehmer gegen den Arbeitgeber kann eine ordentliche, verhaltensbedingte Kündigung rechtfertigen, wenn der Anzeige wissentlich unwahre oder leichtfertig gemachte falsche Angaben zugrunde liegen.		X			
Straftaten • Wird die strafbare Handlung innerhalb des Arbeitsverhältnisses begangen, ist die verhaltensbedingte, gelegentlich sogar die außerordentliche Kündigung in der Regel ohne vorherige Abmahnung gerechtfertigt.		X		X	
• Eine außerhalb des Arbeitsverhältnisses begangene Straftat rechtfertigt die Kündigung indessen nur dann, wenn sie das Arbeitsverhältnis oder die Eignung des Arbeitnehmers konkret beeinträchtigt.		X			X
Tätlichkeiten • Wird der Arbeitnehmer gegenüber dem Arbeitgeber tätlich, ist in der Regel eine außerordentliche Kündigung gerechtfertigt. Anderes kann dann gelten, wenn auch der Arbeitgeber geschlagen hat.				X	
• Bei Tätlichkeiten von Arbeitnehmern untereinander, kann dem Angreifer regelmäßig gekündigt werden. Ausnahmen können gelten, wenn der Arbeitnehmer provoziert wird und in einer Notlage gehandelt hat.		X			
Umsatzrückgang Es ist ein betriebliches Erfordernis, wenn der Personalbestand dem Umsatz angepasst wird. Es muss eine unternehmerische Entscheidung vorliegen, aufgrund derer die betriebliche Organisation dem verminderten Umsatz angepasst wird. Bei der Begründung der betriebsbedingten Kündigung sind der Plan oder die Durchführung mit seinen Auswirkungen auf die Arbeitsplätze darzulegen.	X				

Kündigungsart Kündigungsgrund	betriebs.	verhaltens.	personenb.	außerord.	keine K.
Unentschuldigtes Fehlen Das unentschuldigte Fehlen des Arbeitnehmers kann – jedenfalls im Wiederholungsfall nach einschlägiger Abmahnung – an sich geeignet sein, eine verhaltensbedingte Kündigung zu rechtfertigten. Dabei obliegt es dem Arbeitgeber regelmäßig nicht, Betriebsablaufstörungen in Folge des unentschuldigten Fehlens darzulegen.		X			
Unpünktlichkeit Häufige Unpünktlichkeit trotz Abmahnung kann Grund zur verhaltensbedingten Kündigung sein. Eine außerordentliche Kündigung kommt nur im Ausnahmefall in Betracht. Das BAG hat entschieden, dass die außerordentliche Kündigung eines Arbeitnehmers, der in 1 1/2 Jahren 104 mal verspätet zur Arbeit kam und 6 mal abgemahnt worden ist, nicht ohne Weiteres eine außerordentliche Kündigung rechtfertigt. Der Arbeitgeber müsse darüber hinaus eine durch die Verspätung verursache betriebliche Störung nachweisen.		X			
Verdacht (einer strafbaren Handlung) Eine Verdachtskündigung liegt vor, wenn und soweit der Arbeitgeber die Kündigung damit begründet, gerade der Verdacht eines nicht erwiesenen Verhaltens habe das für die Fortsetzung des Arbeitsverhältnisses erforderliche Vertrauen zerstört. Eine verhaltensbedingte Kündigung ist dann möglich, wenn für den Verdacht objektiv nachweisbare Tatsachen vorliegen und der Arbeitgeber alles Zumutbare getan hat, um den Verdacht aufzuklären.		X			
Vorstrafen • Vorstrafen rechtfertigen im Allgemeinen keine verhaltensbedingte Kündigung, zumindest nicht, wenn sie längere Zeit zurückliegen. Dies gilt auch dann, wenn der Arbeitnehmer auf eine unzulässige Frage nach Vorstrafen seine Straffreiheit versichert hat.					X

Kündigungsart / Kündigungsgrund	betriebs.	verhaltens.	personenb.	außerord.	keine K.
• Etwas anderes gilt dann, wenn eine Wiederholungsgefahr besteht, oder die Arbeit der Vorstrafe den Arbeitnehmer für den konkreten Arbeitsplatz ungeeignet erscheinen lässt.			X		
Vollmachtsüberschreitung Die Überschreitung einer rechtsgeschäftlich eingeräumten Handlungsvollmacht und die erhebliche Vermögensgefährdung des Arbeitgebers kann eine verhaltensbedingte, im Einzelfall sogar fristlose Kündigung rechtfertigen. Nach Leugnung des kündigungsrelevanten Sachverhaltes ist eine vorherige Abmahnung entbehrlich.		X		X	
Wettbewerbsverbot Der Arbeitnehmer unterliegt während des bestehenden Arbeitsverhältnisses einem Wettbewerbsverbot. Arbeitet der Arbeitnehmer trotzt dieses Wettbewerbsverbot für ein Konkurrenzunternehmen, kann eine verhaltensbedingte, im Einzelfall auch fristlose Kündigung berechtigt sein.		X		X	
Wehrdienst im Ausland Sofern der Wehrdienst länger als zwei Monate dauert und eine erhebliche Beeinträchtigung betrieblicher Interessen eintritt, kann eine ordentliche, personenbedingte Kündigung gerechtfertigt sein. Für ausländische Arbeitnehmer, die nicht der EU angehören, greift das Arbeitsplatzschutzgesetz nicht.			X		

Übersicht: Kündigungsarten

Betriebsbedingte Kündigung

Sofern das Kündigungsschutzgesetz (KSchG) auf das betreffende Arbeitsverhältnis Anwendung findet, ist eine vom Arbeitgeber ausgesprochene Kündigung u.a. dann sozial gerechtfertigt, wenn sie durch dringende betriebliche Erfordernisse bedingt ist.
Im Rahmen der betriebsbedingten Kündigung geht es letzlich darum, dass der Arbeitgeber einen Arbeitsplatz in seinem Betrieb nicht mehr zur Verfügung stellen kann, weil er seinen Betrieb nicht mehr wie bisher fortführen kann oder will.
Obwohl der Arbeitnehmer weder durch sein Verhalten noch in seiner Person einen Kündigungsgrund gegeben hat, führt die betriebsbedingte Kündigung so dennoch zum Verlust des Arbeitsplatzes.

Beispiele

Die wichtigsten Beispiele für betriebsbedingte Kündigungen finden Sie in den Kapiteln eins bis drei (Seite 25, 51, 84).

Personenbedingte Kündigung

Kündigung ist auch wegen einer Krankheit möglich.

Die personenbedingte Kündigung setzt voraus, dass der Arbeitnehmer seine Fähigkeiten oder seine Eignung verloren hat, die geschuldete Arbeitsleistung ganz oder zum Teil zu erbringen. Auf ein Verschulden seitens des Arbeitnehmers kommt es dabei nicht an. Im Gegenteil ist für die personenbedingten Kündigungsgründe gerade kennzeichnend, dass die vom Arbeitnehmer ausgehende „Störung" von ihm nicht (mehr) steuerbar ist. Verkürzt heißt das: Der Arbeitnehmer will, kann sich aber nicht vertragskonform verhalten.

Beispiele

Die wichtigsten Beispiele für personenbedingte Kündigungen finden Sie in den Kapiteln vier und fünf (Seite 108, 133).

Verhaltensbedingte Kündigung

Die verhaltensbedingte Kündigung setzt voraus, dass der Arbeitnehmer seine aus dem Arbeitsverhältnis resultierenden Pflichten verletzt und dadurch die Grundlage für eine vertrauensvolle Zusammenarbeit in der Zukunft zerstört. Das Fehlverhalten muss dabei vom Arbeitnehmer nicht unbedingt verschuldet, aber jedenfalls willentlich steuerbar sein. Verkürzt heißt das: Der Arbeitnehmer könnte zwar, will sich aber nicht vertragskonform verhalten.

keine vertrauensvolle Zusammenarbeit mehr möglich

Beispiele

Die wichtigsten Beispiele für verhaltensbedingte Kündigungen finden Sie in den Kapiteln sechs und sieben (Seite 153, 176).

Außerordentliche Kündigung

Die außerordentliche Kündigung setzt eine so schwere Störung des Arbeitsverhältnisses voraus, dass dem Arbeitgeber eine Fortsetzung auch nur für die Zeit einer ordentlichen Kündigungsfrist nicht mehr zuzumuten ist. Aus diesem Grunde wird die außerordentliche Kündigung oftmals auch als fristlose Kündigung bezeichnet. Dies muss aber nicht immer zutreffen, da der Arbeitgeber die außerordentliche Kündigung im Einzelfall freiwillig auch mit einer so genannten sozialen Auslauffrist aussprechen kann. Zudem gibt es Fälle, in denen aus Gründen der Verhältnismäßigkeit eine Auslauffrist gewährt werden muss, die der ordentlichen Kündigungsfrist entspricht.

Fortsetzung des Arbeitsverhältnisses ist unzumutbar!

Eine außerordentliche Kündigung muss vom Arbeitgeber unmissverständlich als solche gekennzeichnet werden, um dem Arbeitnehmer klar vor Augen zu führen, dass es sich um keine ordentliche Kündigung handelt.

Beispiele

Die wichtigsten Beispiele für außerordentliche Kündigungen finden Sie in den Kapiteln acht und neun (Seite 193, 217).

Kündigung außerhalb des Kündigungsschutzgesetzes

allgemeiner und verfassungsrechtlicher Kündigungsschutz

Es gibt zahlreiche Kündigungsfälle, bei denen die Vorschriften des Kündigungsschutzgesetzes nicht zur Anwendung kommen. Auch in diesen Fällen kann der Arbeitgeber Arbeitsverhältnisse nicht nach freiem „Gutdünken" beenden. Denn neben dem besonderen Schutz des Kündigungsschutzgesetzes kennt das deutsche Recht noch einen allgemeinen Kündigungsschutz, der sich aus den verschiedenen Gesetzen, Tarifverträgen oder aus Einzelvereinbarungen ergibt.
Darüber hinaus leitet das Bundesverfassungsgericht aus dem Grundgesetz einen verfassungsrechtlich verbürgten Mindestschutz des Arbeitnehmers vor willkürlichen oder vor auf sachfremden Motiven beruhenden Kündigungen her.

Beispiele

Die wichtigsten Beispiele für eine Kündigung außerhalb des Kündigungsschutzgesetzes finden Sie in Kapitel zehn (Seite 233).

1 Kündigung eines einzelnen Mitarbeiters

Überblick

Dieses Kapitel ist das erste von insgesamt drei Kapiteln, in denen betriebsbedingte Kündigungen dargestellt werden. Für die betriebsbedingte Kündigung kann es unterschiedliche Ursachen geben wie Auftragsrückgang und damit verbundener Umsatzrückgang, Umstrukturierung des Betriebes, Insolvenz, Stilllegung eines Betriebes bzw. einer Abteilung, insbesondere bei Widerspruch gegen einen Betriebsübergang etc.
Aus u.a. diesen Gründen kann einem einzelnen Mitarbeiter gekündigt werden, wenn eine Weiterbeschäftigungsmöglichkeit nicht mehr besteht. Es kann aber auch zu einer „Massenentlassung“ kommen, bei der einer Vielzahl von Arbeitnehmerns gekündigt werden muss (siehe Kapitel 2 und 3).
Wie in jeder der insgesamt 10 Fallschilderungen erhalten Sie klare Kriterien, mit denen Sie Ihre Situation genau einschätzen können, konkrete Anleitungen und Tipps in der Falldarstellung und dem individuellen Prüfschema.

1.1 Beispiele für betriebsbedingte Kündigungen

Eine betriebsbedingte Kündigung kann u.a. aus den folgenden Gründen notwendig werden:

- Auftragsrückgang/Umsatzrückgang
- Betriebsstilllegung/Outsourcing
- Arbeitsverdichtung/Konzentration, etc.

Im Folgenden erhalten Sie zu den einzelnen Fallgruppen eine kurze Beschreibung und konkrete Beispiele.

Auftragsrückgang/Umsatzrückgang

In Betrieben kann ein Auftragsrückgang zu Umsatzrückgang und der Notwendigkeit weiterer Einsparungen führen.
In diesen Fällen ist insbesondere die Reduzierung von Personalkosten eine mögliche Reaktion des Arbeitgebers. Dies kann durch die Kündigung von Arbeitnehmern erfolgen.
Es ist jedoch zu beachten, dass die Entscheidung, die zum Wegfall von Arbeitsplätzen führt (und deshalb eine betriebsbedingte Kündigung rechtfertigt), nur die Ursache, aber nicht der Grund für Kündigungen sein darf.

Beispiel

Ein Umsatzrückgang in der Produktion um 50 % führt zu einer innerbetrieblichen Umorganisation der Arbeit, sodass 50 % der Arbeitsplätze in der Produktion entfallen.

Beispiel

Ein Unternehmen verzeichnet einen starken Auftragsrückgang seines bisher wichtigsten Kunden. Deshalb wird die Abteilung, die diesen Kunden betreut hat, verkleinert.

Betriebsstilllegung/Outsourcing

Arbeitgeberentscheidung

Den Entschluss, einen ganzen Betrieb oder einen Betriebsteil stillzulegen, trifft allein der Arbeitgeber als so genannte „unternehmerische Entscheidung“. Die Stilllegung hat in den allermeisten Fällen die Kündigung der in diesem Betrieb bzw. diesem Betriebsteil beschäftigten Arbeitnehmer zur Folge.

Beispiel

Der Entschluss des Arbeitgebers, die IT-Abteilung stillzulegen und zukünftig IT-Dienste extern „einzukaufen", führt zur Kündigung aller in der IT-Abteilung beschäftigten Arbeitnehmer, wenn diese nicht anderweitig im Betrieb beschäftigt werden können.

Arbeitsverdichtung/Konzentration

Der Arbeitgeber kann grundsätzlich jederzeit die unternehmerische Entscheidung treffen, die bisherige Arbeit umzugestalten und durch eine Verdichtung der Arbeit mit weniger Arbeitnehmern weiterzuarbeiten.

Beispiel

Jeder der 10 im Versand beschäftigten Arbeitnehmer hat bislang pro Tag 5 Posten verschickt. Der Arbeitgeber ordnet nun an, dass jeder Arbeitnehmer zukünftig 10 Posten pro Tag verschicken muss. Aus diesem Grund fallen 5 Stellen im Versand weg.

1.2 Welche Kriterien bietet die Rechtsprechung?

Eine ordentliche, betriebsbedingte Kündigung ist nach § 1 Abs. 2 Satz 1 und § 1 Abs. 3 Kündigungsschutzgesetz (KSchG) sozial gerechtfertigt,

- wenn die Kündigung durch dringende betriebliche Erfordernisse bedingt ist,
- keine anderweitige Beschäftigungsmöglichkeit im Betrieb oder Unternehmen des Arbeitgebers besteht,
- und der Arbeitgeber bei der Auswahl des Arbeitnehmers soziale Gesichtspunkte hinreichend berücksichtigt hat.

Nahezu jede betriebsbedingte Kündigung wird nach der ständigen Rechtsprechung des Bundesarbeitsgerichts anhand dieser Kriterien überprüft, wenn das KSchG im konkreten Fall anwendbar ist (siehe Kapitel 10).

1. Kriterium: Unternehmerische Entscheidung

unternehmerisches Konzept zur Angleichung des Personalbedarfs

Der Wegfall von Arbeitsplätzen aus inner- oder außerbetrieblichen Gründen geschieht nicht von selbst, sondern aufgrund einer unternehmerischen Entscheidung, mit welcher dem veränderten Arbeitsbedarf Rechnung getragen werden soll. Mit dieser Unternehmerentscheidung ist allerdings nicht die Kündigung als solche gemeint, sondern das ihr vorgeschaltete unternehmerische Konzept zur Angleichung des Personals an den geänderten Arbeitsbedarf oder die Verminderung des Personals bei gleich bleibendem Arbeitsbedarf.

Achtung

Die unternehmerische Entscheidung trifft *allein* der Arbeitgeber.

keine gerichtliche Überprüfung der Notwendigkeit oder Zweckmäßigkeit

Von den Arbeitsgerichten können derartige Unternehmerentscheidungen als Folge unserer Eigentumsordnung nicht auf ihre Notwendigkeit oder Zweckmäßigkeit überprüft werden, sondern nur dahingehend, ob sie offensichtlich unsachlich oder willkürlich sind. Ob, wie viel und was der Arbeitgeber produzieren will, welche Finanzierungs-, Absatz- und Einkaufspolitik er betreibt und welche Fabrikations- und Arbeitsmethoden er anwendet, entscheidet er grundsätzlich frei.

Achtung

Der Arbeitnehmer kann z.B. nicht mit dem Hinweis gegen eine betriebsbedingte Kündigung vorgehen, die organisatorischen Maßnahmen des Arbeitgebers würden sich nicht rechnen.

2. Kriterium: Beschäftigungsmöglichkeit weggefallen

volle gerichtliche Überprüfung

Vom Gericht kann dagegen voll überprüft werden, ob aufgrund der unternehmerischen Entscheidung die vom Arbeitgeber vorgebrachten inner- oder außerbetrieblichen Gründe vorliegen und sich so auswirken, dass für die weitere Beschäftigung des gekündigten Arbeitnehmers am ursprünglichen Arbeitsplatz kein Bedarf mehr besteht.

innerbetriebliche Ursachen

Zu den (gerichtlich nachprüfbaren) innerbetrieblichen Umständen, die zu einer betriebsbedingten Kündigung führen können, gehören z.B. Einführung der EDV, Aufgabe von Produkten, Verringerung der Fertigungstiefe, Automatisierung der Produktion, Festlegung eines neuen Anforderungsprofils an einen Arbeitsplatz etc.

außerbetriebliche Ursachen

Eine Kündigung kann aber auch auf außerbetriebliche Gründe gestützt werden, wie z.B. Auftragsmangel, Umsatzrückgang, etc.

Achtung
Eine betriebsbedingte Kündigung ist immer unzulässig, wenn der Arbeitsplatz des gekündigten Arbeitnehmers innerhalb offener Kündigungsfrist, d.h. vor Ablauf der Kündigungsfrist, mit einem anderen Arbeitnehmer besetzt werden soll.

3. Kriterium: Keine alternative Beschäftigungsmöglichkeit im Betrieb oder Unternehmen

Im Rahmen der Verhältnismäßigkeit bzw. Erforderlichkeit einer betriebsbedingten Kündigung fehlt es an der Dringlichkeit des betrieblichen Erfordernisses für die Kündigung, wenn der zu kündigende Arbeitnehmer anstatt der Kündigung auch auf einen anderen freien, vergleichbaren, gleichwertigen Arbeitsplatz im Betrieb oder Unternehmen versetzt werden könnte.

vergleichbarer Arbeitsplatz

Vergleichbar ist nach der Rechtsprechung des BAG ein Arbeitsplatz, auf den der Arbeitgeber den Arbeitnehmer aufgrund seines Direktionsrechtes versetzen kann, ohne eine Änderung des Arbeitsvertrages herbeiführen zu müssen. Die Vergleichbarkeit der Arbeitsplätze hängt also auch von der inhaltlichen Ausgestaltung des Arbeitsvertrages ab.

freie Arbeitsplätze

Als freie Arbeitsplätze werden von der Rechtsprechung nicht nur die zum Zeitpunkt der Kündigung unbesetzten Arbeitsplätze angesehen, sondern auch solche, bei denen der Arbeitgeber schon bei Ausspruch der Kündigung mit ausreichender Sicherheit voraussehen kann, dass der Arbeitsplatz bis zum Ablauf der Kündigungsfrist zur Verfügung stehen wird.

Arbeitsplätze im Unternehmen und im Konzern

Zur Vermeidung der Kündigung muss der Arbeitgeber, soweit es um die Suche nach freien Arbeitsplätzen geht, grundsätzlich auch auf freie bzw. demnächst mit Sicherheit frei werdende Arbeitsplätze im ganzen Unternehmen zurückgreifen. Konzernbezogen ist der Kündigungsschutz hingegen nur, wenn der Arbeitnehmer für den Konzern eingestellt ist, insbesondere wenn sich der Arbeitnehmer im Arbeitsvertrag bereit erklärt hat, sich bei Bedarf auch in andere Konzernunternehmen versetzen zu lassen.

ein freier Arbeitsplatz bei mehreren Arbeitnehmern

Konkurrieren Arbeitnehmer aus mehreren Betrieben um einen freien Arbeitsplatz in einem dritten Betrieb, muss der Arbeitgeber bei der Auswahl soziale Belange berücksichtigen.

4. Kriterium: Kündigung als Ultima Ratio

Die Kündigung darf nur das letzte Mittel des Arbeitgebers sein, seine unternehmerische Entscheidung zu verwirklichen. Der Arbeitgeber muss also alle möglichen Mittel vor Ausspruch einer Beendigungskündigung ausschöpfen.

keine Weiterbeschäftigung zu besseren Arbeitsbedingungen

Demnach ist die Kündigung auch sozial ungerechtfertigt, wenn der Arbeitnehmer zu geänderten Arbeitsbedingungen weiterbeschäftigt werden kann und er dazu sein Einverständnis gibt. Dagegen trifft den Arbeitgeber keine Verpflichtung, den Arbeitnehmer zur Vermeidung einer Beendigungskündigung zu besseren Arbeitsbedingungen weiterzubeschäftigen.

Umschulungsmaßnahmen

Eine Kündigung ist auch dann sozialwidrig, wenn der Arbeitnehmer nach zumutbaren Umschulungsmaßnahmen weiterbeschäftigt werden kann. Hierbei ist nach der Rechtsprechung des BAG dem Arbeitgeber je nach Beschäftigungsdauer eine Umschulung von bis zu 6 Monaten zuzumuten.

Änderungskündigung anbieten

Ist ein freier Arbeitsplatz vorhanden, auf den der Arbeitgeber den Arbeitnehmer nicht einseitig per Direktionsrecht oder einvernehmlich versetzen kann, hat er ihm diesen Arbeitsplatz dennoch von sich aus, gegebenenfalls im Wege einer Änderungskündigung, vor Ausspruch einer Beendigungskündigung anzubieten (vgl. Seite 40, 105).

5. Kriterium: Richtige Sozialauswahl

Im Rahmen der Sozialauswahl ist die betriebsbedingte Kündigung daraufhin zu überprüfen, ob bei der Auswahl der zu entlassenen Arbeitnehmer soziale Gesichtspunkte ausreichend berücksichtigt worden sind. Es geht hier also um die Frage, welcher von mehreren Arbeitnehmern im Betrieb gekündigt werden darf.

Sozialauswahl in drei Schritten

Eine richtige Sozialauswahl wird in insgesamt drei Schritten vorgenommen.

- Zunächst ist ein „Pool“ von vergleichbaren Arbeitnehmern zu ermitteln, die für die vorzunehmende Sozialauswahl in Betracht kommen.
- Dann sind nach der neuen Regelung des § 1 Abs. 3 Satz 1 KSchG die Sozialdaten der vergleichbaren Arbeitnehmer nach den vorgegebenen vier Kriterien untereinander zu gewichten.
- Letztlich ist zu überprüfen, ob nach der neuen Regelung des § 1 Abs. 3 Satz 2 KSchG im Einzelfall Leistungsträger von der Einbeziehung in die Sozialauswahl herausgenommen werden können.

Auf den folgenden vier Seiten werden diese drei Schritte nochmals detailliert dargestellt:

Pool vergleichbarer Arbeitnehmer

Arbeitnehmer mit besonderem Kündigungsschutz

Arbeitnehmer mit besonderem Kündigungsschutz nehmen an der Sozialauswahl grundsätzlich nicht teil, da der Arbeitgeber nicht auf die Kündigung eines sozial stärkeren Arbeitnehmers verwiesen werden kann, den er nicht kündigen darf. Dazu gehören insbesondere

- schwerbehinderte Menschen
- Schwangere/junge Mütter
- Wehr- und Zivildienstleistende
- tarifvertraglich ordentlich Unkündbare und Betriebsräte

Leitende Angestellte des Betriebes nehmen an der Sozialauswahl teil, nicht jedoch Arbeitnehmer, die noch keinen Kündigungsschutz genießen.

Horizontale Vergleichbarkeit, betriebsbezogene Sozialauswahl

Die Sozialauswahl ist grundsätzlich auf horizontal vergleichbare, d.h. austauschbare Arbeitnehmer auf ihrer Ebene zu beziehen. Horizontale Vergleichbarkeit liegt vor, wenn der von der Kündigung betroffene Arbeitnehmer auf den Arbeitsplatz des sozial Stärkeren ohne Änderung des Arbeitsvertrages allein durch Weisung des Arbeitgebers versetzt werden kann. Arbeitnehmer, die nicht „auf einer betriebshierarchischen Stufe“ stehen, also allenfalls vertikal vergleichbar wären, zählen nicht zu dem Pool vergleichbarer Arbeitnehmer, auf die die vorzunehmende Sozialauswahl zu erstrecken ist. In die Sozialauswahl sind alle horizontal vergleichbaren Arbeitnehmer des gesamten Betriebes einzubeziehen. Die Sozialauswahl findet somit (im Gegensatz zur Suche nach alternativen Beschäftigungsmöglichkeiten im Unternehmen) betriebsbezogen statt. Die Einbeziehung vergleichbarer Arbeitnehmer nur einer betroffenen Betriebsabteilung reicht insoweit nicht aus.

Vergleich der Sozialdaten vergleichbarer Arbeitnehmer

Wenn ein Pool der in die Sozialauswahl einzubeziehenden Arbeitnehmer gebildet worden ist, sind die Sozialdaten der darin befindlichen vergleichbaren Arbeitnehmer untereinander und gegeneinander zu gewichten.

die vier Kriterien nach der Reform des KSchG

Seit der in der agenda 2010 vorgenommen Reform des Kündigungsschutzgesetzes geschieht diese Gewichtung ausschließlich anhand der vier Kriterien:

- Dauer der Betriebszugehörigkeit
- Lebensalter
- Unterhaltsverpflichtungen
- Schwerbehinderung

Achtung

Das Merkmal der Schwerbehinderung ist zu den vier Kriterien der Sozialauswahl neu hinzugekommen. Trotz fehlender Erwähnung ist der Schwerbehinderung die Gleichstellung eines Arbeitnehmers gleichzusetzen.

Eine Gewichtung innerhalb der Schwerbehinderung nach Schwere der Schwerbehinderung ist nicht vorzunehmen.

Es ist davon auszugehen, dass (ähnlich dem Sonderkündigungsschutz der schwerbehinderten Menschen/Gleichgestellten) auch im Rahmen der Sozialauswahl die Schwerbehinderung dann zu gewichten ist, wenn der Schwerbehinderte einen Antrag auf Anerkennung gestellt hat, offensichtlich schwerbehindert ist, mitteilt, dass er einen Antrag stellen wird oder aber als schwerbehinderter Mensch/Gleichgestellter bereits anerkannt ist.

Der Arbeitgeber braucht keine Erkundigungen einzuholen!

Die dem Arbeitgeber bei Zugang der Kündigung nicht bekannten Sozialdaten (z.B. nicht auf der Lohnsteuerkarte eingetragene Kinder) können ihm nur entgegengehalten werden, wenn er sie hätte kennen müssen. Der Arbeitgeber ist jedenfalls nicht verpflichtet, im Vorfeld der Kündigung Erkundigungen über seine Mitarbeiter einzuholen. Insoweit darf er sich grundsätzlich auf die Eintragungen auf der Lohnsteuerkarte verlassen.

Bei der Wertung der vorgegebenen Kriterien untereinander steht dem Arbeitgeber ein gewisser Beurteilungsspielraum zu. Der Arbeitgeber muss die genannten sozialen Gesichtspunkte nur „ausreichend“ berücksichtigt haben. Nach der älteren Rechtsprechung wurde bisher der Betriebszugehörigkeit oberste Priorität eingeräumt. Ob das im Zuge der Neufassung des Gesetzes und insbesondere vor dem Hintergrund von wachsender Massenarbeitslosigkeit immer noch so ist, muss sich durch die Rechtsprechung erst erweisen. In jedem Fall dürften soziale Gesichtspunkte jedoch noch ausreichend berücksichtigt sein, wenn der gekündigte Arbeitnehmer sozial nur geringfügig schlechter steht als ein ungekündigter vergleichbarer Arbeitnehmer.

Der Arbeitgeber muss die sozialen Gesichtspunkte nur „ausreichend" berücksichtigen!

Leistungsträgerklausel

Nach dem neu gefassten § 1 Abs. 3 Satz 2 KSchG kann der Arbeitgeber von der sozialen Auswahl abweichen und Arbeitnehmer nicht in die soziale Auswahl einbeziehen, deren Weiterbeschäftigung, insbesondere wegen ihrer Kenntnisse, Fähigkeiten und Leistungen oder zur Sicherung einer ausgewogenen Personalstruktur des Betriebes, im berechtigten betrieblichen Interesse liegt.

neue Regelung

Der Arbeitgeber ist nun berechtigt, gerade jüngere Arbeitnehmer, die als sozial schwächste früher vorrangig gekündigt werden mussten, aus der sozialen Auswahl herauszunehmen und die Sozialauswahl insoweit auf die übrigen Arbeitnehmer zu erstrecken.

jüngere Arbeitnehmer

Dieselben Möglichkeiten hat der Arbeitgeber zur Sicherung einer ausgewogenen Personalstruktur. Dabei ist jedoch zu beachten, dass die Herausnahme von Arbeitnehmern zur Schaffung einer ausgewogenen Personalstruktur gerade nicht vorgesehen ist.

> **Achtung**
> Per Leistungsträgerklausel ist es zwar möglich, Arbeitnehmer aus der Sozialauswahl herauszunehmen, um eine bereits vorhandene Personalstruktur zu sichern. Der Arbeitgeber kann aber nicht (jüngere) Arbeitnehmer aus der Sozialauswahl nur aus dem Grund herausnehmen, um eine ausgewogene Personalstruktur erstmals herzustellen.

Zusätzlich verlangte das BAG schon früher als die wortlautidentische Leistungsträgerklausel schon bestand eine Abwägung des Interesses

der sozial schwächeren Arbeitnehmer gegen das Interesse des Arbeitgebers an der Herausnahme der Leistungsträger. In die soziale Auswahl sind nämlich Arbeitnehmer nicht einzubeziehen, deren Weiterbeschäftigung (...) im berechtigten betrieblichen Interesse liegt. Indem der Gesetzgeber das bloße betriebliche Interesse nicht ausreichen lässt, sondern einschränkend fordert, das Interesse müsse „berechtigt" sein, gibt er zu erkennen, dass nach seiner Vorstellung auch ein vorhandenes betriebliches Interesse „unberechtigt" sein kann. Das setzt aber voraus, dass nach dem Gesetz gegenläufige Interessen denkbar und zu berücksichtigen sind, die einer Ausklammerung von Leistungsträgern aus der Sozialauswahl auch dann entgegenstehen können, wenn sie bei isolierter Betrachtung des betrieblichen Interesses gerechtfertigt wären. Bei diesen gegenläufigen Interessen kann es sich nur um Belange des sozial schwächeren Arbeitnehmers handeln. Das Interesse des sozial schwächeren Arbeitnehmers ist demnach gegen das betriebliche Interesse an der Herausnahme des „Leistungsträgers" abzuwägen.
Aufgrund der damit einhergehenden Rechtsunsicherheit ist demnach vor Inanspruchnahme dieser „alten" Neuregelung Vorsicht geboten.

Das Allgemeine Gleichbehandlungssgesetz (AGG)

Seit dem Inkrafttreten des Allgemeinen Gleichbehandlungsgesetztes (AGG) am 18.08.2006 ist im Rahmen von (betriebsbedingten) Kündigungen und der dabei vorzunehmenden Sozialauswahl u.a. darauf zu achten, dass keine Diskriminierung wegen des Alters des Mitarbeiters stattfindet.
§ 2 Abs. 4 AGG legt fest, dass für Kündigungen ausschließlich die Bestimmungen zum allgemeinen und besonderen Kündigungsschutz gelten. Dies bedeutet, dass das AGG auf Kündigungen nach dem Kündigungsschutzgesetz grundsätzlich gar nicht anzuwenden ist. Das Vorliegen einer Diskriminierung ist also grundsätzlich ausgeschlossen, wenn eine Kündigung durch einen Kündigungsgrund i. S. d. § 1 Abs. 2 KSchG gerechtfertigt ist. Das Motiv der Kündigung spielt also grundsätzlich keine Rolle, solange nur objektiv ein Kündigungsgrund vorliegt.

Problematisch und im Rahmen des AGG zu würdigen können aber sehr wohl Fälle sein, in denen der Arbeitgeber das Vorliegen eines Kündigungsgrundes gegenüber dem einen Arbeitnehmer zum Anlass für eine Kündigung nimmt, gegenüber dem anderen aber nicht. Ebenfalls problematisch ist die Frage, inwieweit das Diskriminierungsmerkmal „Alter" bei der Sozialauswahl im Rahmen des Kündigungsschutzgesetzes zu berücksichtigen ist.

Beispiel

Das AGG verbietet eine Benachteiligung wegen des Alters. Das Kündigungsschutzgesetz verlangt jedoch eine Berücksichtigung des Alters bei der Sozialauswahl. Hierin liegt ein offensichtlicher Widerspruch.

Diesen Widerspruch wollte der Gesetzgeber durch § 2 Abs. 4 AGG auflösen, wonach für Kündigungen ausschließlich die Bestimmungen des allgemeinen und besonderen Kündigungsschutzes und nicht das AGG gelten. Aus diesem Grund wurde im Dezember 2006 noch kurzfristig der alte § 10 Satz 3 Ziff. 6 AGG gestrichen, der damals noch eine Berücksichtigung des Alters bei der Sozialauswahl unter bestimmten Voraussetzungen ausdrücklich für zulässig erklärte. Dies wäre nämlich ein Widerspruch innerhalb ein und desselben Gesetzes gewesen.

Da das AGG aufgrund einer europarechtlichen Richtlinie (Richtlinie 2000/78/EG) erlassen worden ist, ist das Diskriminierungsverbot jedoch grundsätzlich auch europarechtlich auf Kündigungen hin anzuwenden. Artikel 3 Satz 1 lit. c der Richtlinie, die das Verbot der Altersdiskriminierung enthält, erfasst nämlich ausdrücklich „Entlassungsbedingungen".

Insoweit besteht nach wie vor ein Widerspruch, und zwar zwischen § 2 Abs. 4 AGG, wonach das AGG auf Kündigungen nicht anwendbar ist, und der europarechtlichen Richtlinie 2000/78/EG, wonach das europarechtliche Verbot der Altersdiskriminierung auch für Kündigungen gilt.

Im Rahmen der richtlinienkonformen Auslegung des § 2 Abs. 4 AGG ist zu beachten, dass (jedenfalls zwischen privaten Arbeitgebern und Arbeitnehmern) nach ständiger Rechtsprechung des EuGH keine unmittelbare Anwendung der Richtlinie in Betracht kommt (so genanntes Verbot der horizontalen Drittwirkung von

Richtlinien). Im Verhältnis zwischen privaten Arbeitgebern und Arbeitnehmern können europarechtliche Richtlinien daher nur dann Wirkung entfalten, wenn sie von den nationalen Gerichten richtlinienkonform ausgelegt werden.

Eine Auslegung ist allerdings nur dort erforderlich, wo Interpretationsspielraum ist. Eindeutiges nationales Recht, wie hier § 2 Abs. 4 AGG („das AGG ist auf Kündigungen nicht anwendbar"), ist jedoch nicht auslegungsbedürftig.

Aufgrund der unterschiedlichen Meinungen und der nationalen Rechtsprechung zum AGG besteht jedoch gerade bei betriebsbedingten Kündigungen und auch trotz § 2 Abs. 4 AGG erhebliche Rechtsunsicherheit. Aus diesem Grund wird Rechtssicherheit wohl erst vorliegen können, wenn ein nationales Gericht die Frage der Anwendbarkeit des AGG auf Kündigungen dem EuGH zur Entscheidung vorlegt. Bis dahin sollte man sich an der deutschen Rechtsprechung zum AGG orientieren.

Nach dem neuesten Urteil des Landesarbeitsgerichts Berlin-Brandenburg (Urteil vom 13.04.2007 – 13 Sa 2208/06) verstößt auch eine Namensliste im Rahmen eines Interessenausgleichs, die bei der Sozialauswahl die Sicherung einer ausgewogenen Altersstruktur durch Altersgruppen im Auge hat, nicht gegen das AGG. Der Wortlaut des § 1 Abs. 3 Satz 2 KSchG spricht hier eindeutig dafür, dass der Arbeitgeber die „Sicherung einer ausgewogenen Personalstruktur" bei der Sozialauswahl berücksichtigen kann. § 1 Abs. 3 Satz 2 KSchG verstößt nicht gegen das Verbot der Altersdiskriminierung, weil mit dieser Vorschrift ein legitimer Zweck – nämlich die Vermeidung der Überalterung der Belegschaft – verfolgt wird.

Anderer Ansicht ist indes (mit wenig überzeugenden und dogmatisch falschen Argumenten) das ArbG Osnabrück in seinem Urteil vom 05.02.2007 – 3 Ca 677/06.

1.3 Der Fall: Kann Frau H. gekündigt werden?

Frau H., 1960 geboren, ist seit 5 Jahren bei der Immobilienfirma A/B-GmbH als Chefsekretärin des Geschäftsführers A beschäftigt. Sie ist verheiratet und hat keine Kinder.

Die A/B-GmbH, die durchschnittlich 100 Arbeitnehmer beschäftigt, wurde ursprünglich von den beiden Geschäftsführern A und B geleitet. Nach dem altersbedingten Ausscheiden des Geschäftsführers A zum 31.12.2003 beschlossen die Gesellschafter der A/B-GmbH, die Position des A nicht wieder nach zu besetzen. Vielmehr sollten, um Kosten zu sparen, die Aufgaben der Geschäftsführung nur noch von dem verbliebenen Geschäftsführer B allein wahrgenommen werden. B hat seit 10 Jahren eine Chefsekretärin, die K, die 1970 geboren und verheiratet ist. Außerdem hat K zwei Kinder im Schulalter. K spricht zudem fließend Englisch und wickelt für die gesamte Geschäftsführung die anfallende englische Korrespondenz ab.

Die A/B-GmbH meint nun, es sei ihr unzumutbar, nach Ausscheiden des Geschäftsführers A die H ohne entsprechende Beschäftigungsmöglichkeit noch über Jahre hinweg entlohnen zu müssen. Die Arbeit der Chefsekretärin H werde für B durch die K erledigt. Die Möglichkeit einer anderweitigen Beschäftigung für H sei zwar geprüft worden, aber leider nicht gegeben. Außerdem sei man auf die Englischkenntnisse der K angewiesen, da der Betrieb stark international ausgerichtet sei. Die H spricht außer Deutsch keine weitere Sprache.

H ist der Ansicht, dass die K vor ihr hätte gekündigt werden müssen, da sie jünger und damit weniger sozial schutzwürdig sei. Englisch habe sie (H) in der Schule gelernt und könne in spätestens 2 Jahren intensiven Lernens ebenso fließend sprechen wie K.

Kann die A/B-GmbH der H mangels weiterer Beschäftigungsmöglichkeit kündigen?

Welche Rechtsvorschriften?

In dem vorliegenden Fall ist zunächst zu prüfen, welche Rechtsvorschriften für die Kündigung der H gelten. Dies hängt von der Person der Arbeitnehmerin H ab, zum anderen aber auch von der Größe des Betriebes, in dem die H arbeitet.

1. Schritt: Liegt ein besonderer Kündigungsschutz vor?

Tarifvertrag, Betriebsvereinbarung, Gesetz

Zunächst muss geprüft werden ob
- besondere Schutznormen,
- oder ein besonderer Kündigungsschutz,

vorliegen.
Bestimmte Schutznormen für bestimmte Personengruppen, die eine Kündigung eines Arbeitnehmers auch außerhalb des KSchG verbieten, können sich aus einem Tarifvertrag, einer Betriebsvereinbarung oder auch aus dem Gesetz ergeben.

Beispiele für besonderen Kündigungsschutz
- Frau im Mutterschutz (§ 9 MuSchG)
- Arbeitnehmer in der Elternzeit (§ 15 BErzGG)
- Auszubildende (§ 15 BBiG)
- Betriebsräte (§ 15 KSchG) etc.

Eine vollständige Liste und weitere Ausführungen finden Sie auf den Seiten 288 ff.

Vorliegend gehört H jedoch keiner der besonders geschützten Personengruppe an. Deshalb müssen entsprechende Sonderkündigungsschutznormen hier nicht beachtet werden.
Allgemeine Nichtigkeitsgründe, wie z.B. die Sittenwidrigkeit einer Kündigung, liegen ebenfalls nicht vor.

2. Schritt: Soziale Rechtfertigung einer Kündigung

Im Rahmen der sozialen Rechtfertigung einer Kündigung ist zunächst zu prüfen, ob der allgemeine Kündigungsschutz nach dem Kündigungsschutzgesetz (KSchG) zur Anwendung kommt. Nur dann ist die geplante Kündigung auf das Vorliegen eines Kündigungsgrundes hin zu überprüfen.

Anwendbarkeit des Kündigungsschutzgesetzes

Der alte und neue Schwellenwert

Das Kündigungsschutzgesetz kommt nach §§ 1 Abs. 1 Satz 1 und 23 Abs. 1 KSchG nur dann zur Anwendung, wenn im Betrieb regelmäßig mehr als 10 Arbeitnehmer beschäftigt werden und das Arbeitsverhältnis mit dem zu kündigenden Arbeitnehmer bereits länger als sechs Monate besteht.

Achtung

Seit dem 1.1.2004 gilt im Rahmen der Anwendbarkeit des KSchG eine gesetzliche Neuregelung. Durch das „Gesetz zu Reformen am Arbeitsmarkt" wurde der Schwellenwert für die Anwendbarkeit des KSchG von ursprünglich >5 auf nunmehr >10 Arbeitnehmer angehoben. Die neue Grenze von >10 Arbeitnehmer gilt jedoch nur für Arbeitnehmer, dessen Arbeitsverhältnis nach dem 31.12.2003 begonnen hat. Der Kündigungsschutz der vor dem 31.12.2003 beschäftigten Arbeitnehmer richtet sich nach wie vor nach der alten Grenze von „mehr als fünf" Arbeitnehmern.

Im vorliegenden Fall sind im Betrieb der A/B-GmbH 100 Arbeitnehmer beschäftigt. Ferner ist die zu kündigende H bereits seit acht Jahren bei der A/B-GmbH beschäftigt. Demnach findet das Kündigungsschutzgesetz auf die Kündigung der H Anwendung, und es ist zu prüfen, ob ein wirksamer Kündigungsgrund nach dem KSchG vorliegt.

Kündigungsgrund

betriebsbedingte Kündigung

Neben dem verhaltensbedingten und personenbedingten Kündigungsgrund kennt das Gesetz noch den betriebsbedingten Kündigungsgrund. Einzig in Betracht kommt hier eine betriebsbedingte Kündigung der H.

3. Schritt: Liegt eine unternehmerische Entscheidung vor?

unternehmerische Entscheidung

In diesem Fall ist es so, dass von den Gesellschaftern der A/B-GmbH beschlossen worden ist, die vakante Stelle des Geschäftsführers A nicht mehr neu zu besetzen, sondern die Geschäftsführungsaufgaben durch B alleine wahrnehmen zu lassen. Da B schon seit vielen Jahren eine Chefsekretärin (K) hat, ist durch die Entscheidung der Gesellschafter eine Beschäftigungsmöglichkeit der H als Chefsekretärin mit dem Ausscheiden des Geschäftsführers A weggefallen.

Die Frage, ob nicht eher die K anstatt der H zu kündigen wäre, stellt sich an dieser Stelle noch nicht, da es hier zunächst darum geht, ob der ursprüngliche Arbeitsplatz der H durch eine unternehmerische Entscheidung weggefallen ist.

unsachlich oder unzweckmäßig?

Es ist insoweit auch unmaßgeblich, ob die Entscheidung der Gesellschafter wirtschaftlich sinnvoll, notwendig oder zweckmäßig ist. Vielmehr kann eine Unternehmerentscheidung gerichtlich nur dahingehend überprüft werden, ob sie offensichtlich unsachlich oder willkürlich ist.

Tipp

Eine für die betriebsbedingte Kündigung erforderliche unternehmerische Entscheidung, wonach der Arbeitsplatz eines Arbeitnehmers wegfällt, bedarf aus arbeitsrechtlicher Sicht grundsätzlich keiner besonderen Form. Aus Gründen der Beweisbarkeit vor Gericht empfiehlt es sich aber immer (insbesondere bei Entscheidungen, die mehrere Arbeitsplätze entfallen lassen), diese Beschlüsse schriftlich zu fixieren.

4. Schritt: Keine alternative Beschäftigungsmöglichkeit im Betrieb oder Unternehmen?

Vergleichbare Arbeitsplätze

Nachdem festgestellt worden ist, dass der Arbeitsplatz der H durch die Unternehmerentscheidung weggefallen ist, ist nunmehr zu prüfen, ob es im ganzen Betrieb oder Unternehmen freie, vergleichbare Arbeitsplätze gibt, auf die die H anstatt einer Kündigung versetzt werden könnte.

Im vorliegenden Fall ist eine anderweitige Beschäftigung der H im Unternehmen trotz intensiver Suche nicht möglich.

Achtung

Im Rahmen der Suche nach alternativen Beschäftigungsmöglichkeiten ist darauf zu achten, dass hier im ganzen Unternehmen und nicht nur im betroffenen Betrieb oder Betriebsteil gesucht wird.

Es ist weiter zu beachten, dass eine vergleichbare Stelle im Unternehmen frei sein muss. Es ist nicht erforderlich, dass man eine derartige Stelle erst schafft bzw. freikündigt. Vergleichbar sind Stellen, auf die der Arbeitgeber den zu kündigenden Arbeitnehmer per Direktionsrecht einseitig versetzen kann.

5. Schritt: Kündigung ist die Ultima Ratio?

Vermeidung einer Beendigungskündigung?

Da jede Kündigung nur das letzte Mittel des Arbeitgebers sein darf, seine Unternehmerentscheidung umzusetzen, muss nun geprüft werden, ob es zur Verwirklichung der getroffenen Unternehmerentscheidung nicht andere Maßnahmen zur Vermeidung der Beendigungskündigung gibt.

Es fragt sich also zunächst, ob die H evtl. auch zu geänderten Arbeitsbedingungen im Rahmen beiderseitigen Einverständnisses oder auch durch eine Änderungskündigung weiterbeschäftigt werden könnte. Der Arbeitgeber ist vor Ausspruch einer Beendigungskündigung verpflichtet, genau zu prüfen, ob eine Weiterbeschäftigung der H auch zu „niedrigerwertigen" Arbeitsbedingungen möglich ist. *Dies könnte z.B. die Beschäftigung als „einfache" Sekretärin oder Sachbearbeiterin sein.*

Tipp

Die Änderungskündigung ist für den Arbeitgeber immer dann das richtige Instrument, wenn er einen Arbeitnehmer zu anderen Arbeitsbedingungen beschäftigen möchte, sein Direktionsrecht eine derartige Änderung der Arbeitsbedingungen jedoch nicht zulässt, z.B. wenn er dem Arbeitnehmer eine Beschäftigung

- zu weniger Lohn,
- an einem anderen Arbeitsplatz,
- mit längerer oder kürzerer Arbeitszeit, etc.

anbieten will.

Weitere Informationen siehe Seite 105, „Exkurs Änderungskündigung"

Dagegen trifft den Arbeitgeber jedoch keine Verpflichtung, die Arbeitnehmerin zur Vermeidung einer Beendigungskündigung zu besseren Arbeitsbedingungen als bisher weiterzubeschäftigen. *Vorliegend ist jedoch weder eine gleichwertige Stelle, noch eine Stelle zu geänderten, „niedrigerwertigen" Arbeitsbedingungen vorhanden, auf der H beschäftigt werden könnte.*

Umschulungs-, Weiterbildungsmaßnahmen

Im Rahmen der Verhältnismäßigkeit einer betriebsbedingten Kündigung ist des Weiteren zu prüfen, ob der zu kündigende Arbeitnehmer an einem Arbeitsplatz nach zumutbaren Umschulungs- bzw. Weiterbildungsmaßnahmen weiterbeschäftigt werden könnte.

Hierbei werden von der Rechtsprechung Umschulungsmaßnahmen bis zu 6 Monate als angemessen und zumutbar anerkannt.

Im vorliegenden Fall behauptet die H, dass sie innerhalb von 2 Jahren über ebenso fließende Englischkenntnisse verfügen könnte wie K. Zum einen kommt es hier darauf aber schon aus dem Grund nicht an, da der Arbeitsplatz der K kein freier Arbeitsplatz ist, sodass der Arbeitgeber die H weder per Direktionsrecht, noch einvernehmlich oder per Änderungskündigung auf den Platz der K versetzen könnte.

Zum anderen verlangt die Rechtsprechung vom Arbeitgeber auch nicht, dass der zu kündigende Arbeitnehmer zwei Jahre lang für einen neuen Arbeitsplatz umgeschult werden muss. Vielmehr darf je nach Betriebszugehörigkeit die Umschulungsmaßnahme nicht weit länger als 6 Monate dauern.
Andere Maßnahmen zur Vermeidung der Beendigungskündigung sind also nicht ersichtlich.

6. Schritt: Richtige Sozialauswahl

Nachdem bereits geprüft wurde, dass es keine alternativen Beschäftigungsmöglichkeiten der H unternehmensweit gibt und sonstige Maßnahmen zur Vermeidung einer Kündigung nicht ersichtlich sind, bleibt nun im Rahmen der Sozialauswahl die Frage zu klären, ob bei der Kündigung der H soziale Gesichtspunkte ausreichend berücksichtigt worden sind.

Pool vergleichbarer Arbeitnehmer

Zunächst ist herauszufinden, welche Arbeitnehmer des Betriebes im Rahmen der Sozialauswahl überhaupt miteinander verglichen werden müssen.

horizontale Vergleichbarkeit

Alle Arbeitnehmer der horizontalen Ebene, die also vom Arbeitgeber aufgrund seines Direktionsrechtes ohne weiteres mit der weggefallenen Arbeit hätten betraut werden können, sind in die Sozialauswahl einzubeziehen. *Im vorliegenden Fall sind das die beiden Chefsekretärinnen H und K.*

Achtung

Im Gegensatz zu dem Prüfungspunkt alternativer Beschäftigungsmöglichkeiten im Betrieb oder Unternehmen ist die Frage nach der richtigen Sozialauswahl grundsätzlich nur betriebsbezogen vorzunehmen.

Nur die beiden Chefsekretärinnen H und K sind auf einer betriebshierarchischen Stufe horizontal vergleichbar und müssen daher bei der Frage, welcher Arbeitnehmerin zu kündigen ist, miteinander verglichen werden.

Vergleich der Sozialdaten vergleichbarer Arbeitnehmer

Kriterien nach der Reform des Kündungsschutzrechts

Nunmehr sind die Sozialdaten der in dem Pool vergleichbarer Arbeitnehmer befindlichen H und K miteinander zu vergleichen und zu gewichten.

Dies geschieht anhand der folgenden Kriterien:

- Dauer der Betriebszugehörigkeit
- Lebensalter
- Unterhaltsverpflichtungen
- Schwerbehinderung

Achtung

Durch die in dem „Gesetz zu Reformen am Arbeitsmarkt" bzw. „agenda 2010" vorgenommene Änderung des KSchG wird die Sozialauswahl nunmehr ausschließlich anhand der aufgeführten vier Kriterien überprüft. Darüber hinaus gehende soziale Gesichtspunkte, wie z.B. Gesundheitszustand, pflegebedürftige Angehörige, etc. werden nicht mehr berücksichtigt.

Weitere Einzelheiten zur Auslegung der neuen Sozialauswahl finden Sie auf den Seiten 30 ff. und 291 ff.

Der Vergleich der Sozialdaten ergibt im vorliegenden Fall Folgendes:

- Dauer der Betriebszugehörigkeit
  H ist seit 5 Jahren Arbeitnehmerin des Betriebes; K hat bereits 10 Betriebszugehörigkeitsjahre aufzuweisen.
  K ist demnach im Rahmen der Betriebszugehörigkeit sozial schutzwürdiger als H.
- Lebensalter
  Während H 1960 geboren ist, ist K mit dem Geburtsdatum 1970 insgesamt 10 Jahre jünger.

Aus diesem Grund ist im Rahmen des Kriteriums Lebensalter H sozial schutzwürdiger als K, da sie 10 Jahre älter ist.

- Unterhaltsverpflichtungen

  Beide Damen H und K sind je verheiratet. Zusätzlich schuldet K jedoch ihren 2 schulpflichtigen Kindern Unterhalt, während H kein unterhaltspflichtiges Kind hat.

  Demnach ist nach dem Kriterium Unterhaltsverpflichtungen K sozial schutzwürdiger als H, da sie unterhaltspflichtige Kinder zu versorgen hat.

- Schwerbehinderung

  Keine der im Rahmen der Sozialauswahl vergleichbaren Damen ist schwerbehindert oder einem Schwerbehinderten gleichgestellt.

Die Wertung der einzelnen Kriterien der Sozialauswahl untereinander ergibt nun, dass H schutzwürdiger bei dem Kriterium Lebensalter, K jedoch bei den Kriterien Betriebszugehörigkeit und Unterhaltsverpflichtungen ist.

Ergebnis der Sozialauswahl

Aus diesem Grund ist im Rahmen der Sozialauswahl insgesamt K schutzwürdiger als H, mit der Folge, dass vorrangig H gekündigt werden muss.

Achtung

Die Wertung der einzelnen Kriterien der Sozialauswahl untereinander erweist sich nicht immer als einfach. Hierbei ist insbesondere zu berücksichtigen, dass beispielsweise eine wesentlich längere Betriebszugehörigkeit die um wenige Lebensjahre höhere soziale Schutzbedürftigkeit des „Konkurrenten" durchaus überwiegen kann.

Das BAG hat in seiner früheren Rechtsprechung stets darauf hingewiesen, dass dem Kriterium der Betriebszugehörigkeit die größte Gewichtung beizumessen ist. Danach werden die Kriterien Lebensalter und Unterhaltsverpflichtungen gewichtet. Welchen Stellenwert das neue Kriterium der Schwerbehinderung besitzt, ist derzeit noch offen. Aufgrund des Schwerbehinderten jedoch ohnehin zustehenden besonderen Kündigungsschutzes nach dem SGB IX spricht einiges dafür, dass es bei der Betriebszugehörigkeit als wichtigstem Kriterium der Sozialauswahl verbleibt, während die anderen Kriterien in etwa auf gleicher Stufe stehen dürften.

7. Schritt: Leistungsträgerklausel

gesetzliche Neuregelung

Es stellt sich noch die Frage, ob die neu in das Gesetz aufgenommene Leistungsträgerklausel an dem bisherigen Ergebnis etwas ändert. Nach dem neu gefassten § 1 Abs. 3 Satz 2 KSchG kann der Arbeitgeber bestimmte Arbeitnehmer von vornherein aus der sozialen Auswahl (Pool vergleichbarer Arbeitnehmer) herausnehmen, deren Weiterbeschäftigung, insbesondere wegen ihrer Kenntnisse, Fähigkeiten und Leistungen oder zur Sicherung einer ausgewogenen Personalstruktur des Betriebes, im berechtigten betrieblichen Interesse liegt.

Im vorliegenden Fall könnten gerade die fließenden Englischkenntnisse der K dazu führen, dass sie von vornherein gar nicht in die soziale Auswahl mit einbezogen wird, sondern als Leistungsträgerin der A/B-GmbH außen vor bleibt.

Aufgrund der oben geschilderten Rechtsprechung des BAG zur Leistungsträgerklausel, ist jedoch bei deren Anwendung Vorsicht geboten. Hiernach verlangt das BAG im Rahmen der Leistungsträgerklausel eine Abwägung des Interesses der sozial schwächeren Arbeitnehmer gegen das Interesse des Arbeitgebers an der Herausnahme der Leistungsträger. Bezugspunkt ist also keineswegs allein das betriebliche Interesse. Vielmehr muss das betriebliche Interesse in Relation zu den in die Sozialauswahl einbezogenen Arbeitnehmern gesetzt werden. *Aus diesem Grund ist es zu empfehlen, die K trotz ihrer Englischkenntnisse dennoch in die Sozialauswahl mit aufzunehmen, sofern nicht die vom BAG geforderte zusätzliche Interessenabwägung zwischen dem Interesse der sozial schwächeren Arbeitnehmerin und dem Interesse des Arbeitgebers an der Herausnahme der Leistungsträgerin K deutlich zu Gunsten des Arbeitgebers ausgeht (s. o. Seite 33).*

Kündigung ist zulässig.

Im vorliegenden Fall kann der H betriebsbedingt gekündigt werden (Ausnahme: Interessenabwägung zu Lasten des Arbeitgebers).

Kein Verstoß gegen AGG

Die Kündigung verstößt auch nicht gegen das AGG. § 2 Abs. 4 AGG regelt insoweit eindeutig, dass die Begründetheit einer Kündigung (auch trotz AGG) grundsätzlich nur vom Vorliegen eines verhaltens-, personen- oder betriebsbedingten Grundes abhängt.

8. Schritt: Wie muss der Betriebsrat beteiligt werden?

Nach § 102 BetrVG ist der Betriebsrat vor jeder Kündigung zu hören. Da bei der A/B-GmbH jedoch kein Betriebsrat besteht, ist ein Beteiligungsrecht nicht möglich und fällt damit aus.

Tipp

Die Anhörung des Betriebsrats kann im Einzelfall schwierig sein. Dem Betriebsrat sind im Rahmen der Anhörung alle Gründe, die aus Sicht des Arbeitgebers die Kündigung rechtfertigen, bekannt zugeben. Dabei ist unbedingt darauf zu achten, dass die Mitteilung des Sachverhalts, der die Kündigung rechtfertigen soll, so ausführlich gefasst ist, dass der Betriebsrat in der Lage ist, sich ausschließlich aus dieser Darstellung ein vollständiges Bild von der beabsichtigten Kündigung zu machen.

Einzelheiten zur Betriebsratsanhörung finden Sie auf Seite 283.

Muster: Anhörung des Betriebsrats vor einer ordentlichen, fristgerechten, betriebsbedingten Kündigung

siehe CD-ROM

An den Betriebsrat der A/B-GmbH
über den Betriebsratsvorsitzenden X
im Hause

Sehr geehrte Damen und Herren,

wir beabsichtigen der Arbeitnehmerin H, geboren am ... 1960, wohnhaft in ..., verheiratet, keine Kinder, bei uns als Chefsekretärin des Geschäftsführers A beschäftigt, ordentlich, fristgerecht zum ... aus betriebsbedingten Gründen zu kündigen.

Die Kündigung ist aus folgenden Gründen erforderlich:

[Hier sind alle Kündigungsgründe anzugeben auf die die Kündigung gestützt werden soll. Insbesondere die Sozialauswahl und Sozialdaten aller vergleichbarer Arbeitnehmer (hier nur K) angeben.]

Wir bitten um abschließende Stellungnahme.

(Ort, Datum, Unterschrift des GF)

Abschließende Stellungnahme des Betriebsrats:

Gegen die beabsichtigte Kündigung haben wir keine / folgende Bedenken / erheben wir aus folgenden Gründen Widerspruch ...

(Ort, Datum, Unterschrift des GF) (Unterschrift des Betriebsratsvorsitzenden)

9. Schritt: Welche Fristen sind bei der Kündigung zu beachten?

Kündigungsfrist

Im vorliegenden Fall liegt keine Verlängerung oder Verkürzung der gesetzlichen Kündigungsfristen per Tarifvertrag oder Einzelarbeitsvertrag vor, sodass es bei der gesetzlichen Kündigungsfrist des § 622 Abs. 2 BGB bleibt.

Da H seit 5 Jahren bei der A/B-GmbH beschäftigt ist, beträgt die gesetzliche Kündigungsfrist demnach zwei Monate zum Ende eines Kalendermonats.

Achtung

Beachten Sie, dass die Kündigungsfristen durch tarifliche Bestimmungen oder durch den Arbeitsvertrag geregelt sein können.

Weitere Informationen zu den Kündigungsfristen finden Sie auf Seite 283.

10. Schritt: Wie muss die Kündigungserklärung aussehen?

Auf die Schriftform achten!

Seit dem 1. Mai 2000 bedarf grundsätzlich jede Kündigung zu ihrer Wirksamkeit der Schriftform, § 623 BGB. Schriftform bedeutet, dass die Kündigung vom Aussteller eigenhändig durch Namensunterschrift oder mittels notariell beglaubigten Handzeichens unterzeichnet sein muss. Fax oder E-Mail genügen insoweit dem Schriftformerfordernis nicht.

Achtung

Die Kündigung muss unbedingt unterschrieben sein und dem zu Kündigenden tatsächlich zugehen. Eine Kündigung per Fax oder E-Mail ist nicht möglich.

keine Begründung erforderlich

Es ist wichtig, dass die Kündigung von einem Kündigungsberechtigten unterschrieben ist. Das ist üblicher Weise der Geschäftsführer, Prokurist oder Personalleiter. Eine Begründung für die Kündigung ist nicht vorgeschrieben und sollte in die Kündigungserklärung auch nicht aufgenommen werden.

Widerspruch des Betriebsrats

Sollte jedoch der Betriebsrat einer Kündigung widersprochen haben, muss der Arbeitgeber dem Kündigungsschreiben eine Abschrift der Stellungnahme des Betriebsrats beifügen. Einzelheiten zu Zugang und Wirksamkeit der Kündigungserklärung siehe Seite 278.
Im vorliegenden Fall könnte die Kündigung wie folgt aussehen:

Muster: Kündigungsschreiben

siehe CD-ROM

Sehr geehrte Frau H,

hiermit kündigen wir das zwischen uns am ... abgeschlossene Arbeitsverhältnis unter Einhaltung der gesetzlichen Kündigungsfrist zum ...

Wir weisen darauf hin, dass Sie nach § 37 b SGB III verpflichtet sind, sich nach Erhalt dieses Kündigungsschreibens unverzüglich bei der Bundesagentur für Arbeit als Arbeitsuchende zu melden, da andernfalls Ihr Anspruch auf Arbeitslosengeld gemindert werden kann. Sie sind zudem verpflichtet, selbst bei der Suche nach einem anderen Arbeitsplatz aktiv zu werden.

Mit freundlichen Grüßen

____

Ort, Datum, Unterschrift des Geschäftsführers

1.4 Prüfschema

Das Prüfschema ist eine Tabelle, die nicht nur über alle wichtigen Prüfungspunkte, sondern auch über die rein organisatorischen Fragen („Was?“) informiert, darüber hinaus Aufschluss gibt, in wessen Zuständigkeitsbereich („Wer?“) die betreffenden Prüfungsschritte und Maßnahmen fallen, und zudem eine Zeitschiene („Bis wann?“) enthält, in der Termine und Fristen eingetragen werden können.

siehe CD-ROM

	Was?	Wer?	Bis wann?
1.	Ist das KSchG anzuwenden?		
2.	Unternehmerische Entscheidung	Geschäftsführung	
3.	Fallen durch unternehmerische Entscheidung Arbeitsplätze weg?	Geschäftsführer/ Personalleiter	
4.	Welche Arbeitnehmer sind auf diesen Arbeitsplätzen beschäftigt?	Personalleiter	

	Was?	Wer?	Bis wann?
5.	Besteht für bestimmte Arbeitnehmer Sonderkündigungsschutz?	Personalleiter	
6.	Gibt es alternative Beschäftigungsmöglichkeiten im Betrieb oder Unternehmen?	Personalleiter	
7.	Gibt es unternehmensweit eine andere Weiterbeschäftigungsmöglichkeit?	Personalleiter	
8	Sind andere Maßnahmen außer der Beendigungskündigung möglich?	Personalleiter	
9	Welche Arbeitnehmer im Betrieb sind miteinander horizontal vergleichbar?	Personalleiter mit Fachvorgesetzten	
10	Gewichtung der Sozialdaten	Personalleiter	
11	Anhörung des Betriebsrats vor der Kündigung	Personalleiter	Mind. 1 Woche vor beabsichtigter Kündigung
12	Welche Kündigungsfrist gilt?	Personalleiter	
13	Schriftliche Kündigungserklärung	Personalleiter o. Geschäftsführer	
14	Persönliche Aushändigung des Originals an Empfänger	Personalleiter o. bevollm. Bote	
15	Empfangsbestätigung bzw. bei Verweigerung: Zugang der Kündigung durch Zeugen sichern (Aktennotiz)	Personalleiter	

1.5 Arbeitsmittel auf der CD-ROM

Prüfschema

Das Prüfschema (siehe oben) steht Ihnen auf der CD-ROM zur Verfügung. Öffnen Sie es in Ihrer Textverarbeitungssoftware, tragen Sie in die Spalten „Wer?“ die jeweils Verantwortlichen namentlich ein und in und in die Spalte „Wann?“ einen konkreten Termin. Und selbstverständlich können Sie die Datei auch ausdrucken und speichern oder an alle Beteiligten wie ein Protokoll verteilen.

Muster: Kündigungsschreiben

siehe CD-ROM

Tragen Sie in das Muster die persönlichen Daten des zu kündigenden Mitarbeiters ein. Berechnen Sie (z.B. mit dem Fristenrechner auf der CD-ROM) den Termin der Kündigung oder tragen Sie eine Standardformulierung („zum nächstmöglichen Zeitpunkt“ oder „fristgerecht“) ein. Vergessen Sie nicht zu unterschreiben. Dann überreichen Sie die schriftliche Kündigung im Original (genaue Informationen zu Inhalt, Form, Zugang u.s.w. einer Kündigung siehe Grundlagenkapitel, ab Seite 261).

Muster: Anhörung des Betriebsrats

Tragen Sie die persönlichen Daten des zu kündigenden Mitarbeiters ein und führen Sie die in eckige Klammern gesetzte Anweisung aus: Hier sind alle Kündigungsgründe anzugeben auf die die Kündigung gestützt werden soll. Geben Sie insbesondere die Sozialauswahl und Sozialdaten aller vergleichbarer Arbeitnehmer (hier nur K) an.

> **Achtung**
>
> Es ist wichtig, dass die Betriebsratsanhörung immer genau auf den Einzelfall abgestimmt ist.

2 Kündigung wegen Stilllegung einer Abteilung

Überblick

Im Gegensatz zu dem im vorhergehenden Kapitel geschilderten Fall einer betriebsbedingten Kündigung einer einzigen Arbeitnehmerin ist es auch denkbar, mehreren Arbeitnehmern aus betriebsbedingten Gründen zu kündigen. Dies kann beispielsweise dann relevant werden, wenn z.B. ein Betrieb oder Betriebsteil stillgelegt wird und eine Beschäftigungsmöglichkeit der bislang beschäftigten Arbeitnehmer nicht mehr besteht.

Das Grundschema einer betriebsbedingten Kündigung (siehe Fall 1) ändert sich dann nicht grundlegend. Jedoch sind bei so genannten „Massenentlassungen" bestimmte Vorschriften zusätzlich zu beachten. Dies gilt insbesondere für Betriebe mit Betriebsrat, da hier zahlreiche Mitbestimmungsrechte des Betriebsrats bestehen, die nachstehend dargestellt werden.

2.1 Beispiele für Stilllegungen von Abteilungen

Zu den Hauptgründen für die Stilllegung von Abteilungen zählen:

- Unrentabilität/zu teuere Produktion
- Umstrukturierung/Organisationsänderung
- Rationalisierung/Outsourcing, etc.

Im Folgenden erhalten Sie zu den einzelnen Fallgruppen eine kurze Beschreibung und konkrete Beispiele.

Unrentabilität/zu teuere Produktion

unternehmerische Entscheidung

Die Stilllegung eines ganzen Betriebes oder von Betriebsteilen liegt im freien Ermessen des Unternehmers/Arbeitgebers. Er bestimmt, wann sich seiner Meinung nach die Fortführung des Betriebes nicht mehr rentiert und der Betrieb stillgelegt werden muss.

Beispiel

Aufgrund des starken Euro ist der Absatz nach USA „weggebrochen". Die zu 80 % exportabhängige A-GmbH wird daraufhin durch Beschluss der Gesellschafter zum 31.12.2003 stillgelegt.

Umstrukturierung/Organisationsänderung

Arbeitgeber kann auch hochrentablen Betrieb stilllegen!

Der Unternehmer/Arbeitgeber ist bei seinem Stilllegungsentschluss nicht an betriebs- oder volkswirtschaftliche Nenngrößen gebunden. Es liegt in seiner freien Entscheidung auch einen hochrentablen Betrieb stillzulegen, wenn er ihn nicht mehr weiterführen möchte. Insbesondere aber bei Änderungen der Organisation eines Betriebes kann die Stilllegung einer ganzen Betriebsabteilung möglich sein.

Beispiel

Weil der Unternehmer/Arbeitgeber eines hoch rentablen Pharma-Unternehmens sich über zu hohe Kosten und unsachgemäße Behandlung der seinen leitenden Angestellten zur Verfügung gestellten Dienstwagen ärgert, beschließt er, dass es zukünftig unternehmensweit keine Dienstwagen mehr gibt. Aus diesem Grund ist auch die Abteilung „Fuhrpark" überflüssig.

Der Arbeitgeber beschließt daraufhin, die Abteilung „Fuhrpark" komplett zum 31.12.2003 zu schließen.

Rationalisierung/Outsourcing

Es steht dem Arbeitgeber auch frei, bestimmte Teilbereiche „fremd zu vergeben". Eine so beschlossene Rationalisierungsmaßnahme kann dann zur Schließung bislang bestehender Teilbereiche führen.

Beispiel

Der Geschäftsführer der A-GmbH beschließt, die bestehende Lohnbuchhaltung zum 1.1.2004 outzusourcen, da dies billiger ist.

Aus diesem Grund beschließt er, zum 31.12.2003 die Abteilung „Lohnbuchhaltung" zu schließen.

2.2 Welche Kriterien bietet die Rechtsprechung?

dringende betriebliche Erfordernisse

Auch bei der betriebsbedingten Kündigung einer Vielzahl von Arbeitnehmern eines Betriebes sind die im Fall 1 dargelegten Kündigungsgründe zu beachten. Insbesondere muss die Kündigung jedes einzelnen Arbeitnehmers durch dringende betriebliche Erfordernisse bedingt sein (Wegfall des Arbeitsplatzes durch freie Unternehmerentscheidung), keine anderweitige Beschäftigungsmöglichkeit im Betrieb oder Unternehmen des Arbeitgebers bestehen und soziale Gesichtspunkte bei der Auswahl des zu kündigenden Arbeitnehmers hinreichend berücksichtigt sein (s.o.).

zusätzliche Kriterien

Darüber hinaus sind jedoch je nach der Anzahl der zu entlassenden Arbeitnehmer, der Anzahl der beschäftigten Arbeitnehmer im Betrieb und je nach Bestehen eines Betriebsrats noch weitere Punkte zu beachten. Insgesamt ist Folgendes zu beachten:

- Ist durch eine unternehmerische Entscheidung die Beschäftigungsmöglichkeit am ursprünglichen Arbeitsplatz weggefallen?
- Keine alternative Beschäftigungsmöglichkeit im Unternehmen
- Kündigung als Ultima Ratio
- Richtige Sozialauswahl
- Massenentlassungsanzeige bei der Bundesagentur für Arbeit
- die Verhandlung eines Interessenausgleichs mit dem Betriebsrat / die (neue) Möglichkeit der Verhandlung einer Namensliste der zu kündigenden Arbeitnehmer mit dem Betriebsrat
- die Verhandlung eines Sozialplans mit dem Betriebsrat

1. Kriterium: Unternehmerische Entscheidung?

Im Rahmen der freien unternehmerischen Entscheidung trifft der Arbeitgeber eine gerichtlich nur noch sehr eingeschränkt überprüfbare Entscheidung, mit welcher dem veränderten Arbeitsbedarf Rechnung getragen werden soll (s.o.).

Kündigung mehrerer oder aller Arbeitnehmer einer Abteilung

Diese Entscheidung kann zur betriebsbedingten Kündigung eines einzelnen Arbeitnehmers führen, aber genauso gut kann eine unternehmerische Entscheidung auch zum Entfallen mehrerer Arbeitsplätze führen. Entschließt sich z.B. der Arbeitgeber die (seiner Mei-

nung nach) unrentable Produktion stillzulegen bzw. outzusourcen, hat das u. U. zur Folge, dass alle Arbeitnehmer der Produktion ihren Arbeitsplatz verlieren.
Die Kündigung jedes einzelnen Arbeitnehmers der Produktion muss dann allerdings den Anforderungen an eine ordnungsgemäße betriebsbedingte Kündigung standhalten.

2. Kriterium: Keine alternative Beschäftigungsmöglichkeit im Betrieb oder Unternehmen

gleichwertiger Arbeitsplatz im Betrieb oder Unternehmen

Jeder der Arbeitnehmer, der infolge der unternehmerischen Entscheidung seinen Arbeitsplatz verliert, muss (wenn möglich) vorrangig auf einen freien, vergleichbaren, gleichwertigen Arbeitsplatz im Betrieb oder Unternehmen versetzt werden.
Hier unterscheidet sich die betriebsbedingte Kündigung mehrerer Arbeitnehmer nicht von der eines einzelnen Arbeitnehmers.

3. Kriterium: Kündigung als Ultima Ratio

Der Arbeitgeber muss auch im Rahmen einer „Massenentlassung" auch prüfen, ob nicht die Beschäftigung eines zu kündigenden Arbeitnehmers zu geänderten Arbeitsbedingungen möglich ist.
Die Kündigung darf nur das letzte Mittel des Arbeitgebers sein, seine unternehmerische Entscheidung zu verwirklichen. Der Arbeitgeber muss also alle möglichen Mittel vor Ausspruch einer Beendigungskündigung ausschöpfen.

keine Weiterbeschäftigung zu besseren Arbeitsbedingungen

Demnach ist die Kündigung auch sozial ungerechtfertigt, wenn die Arbeitnehmer zu geänderten Arbeitsbedingungen weiterbeschäftigt werden können und dazu Einverständnis besteht. Dagegen trifft den Arbeitgeber keine Verpflichtung, die Arbeitnehmer zur Vermeidung einer Beendigungskündigung zu besseren Arbeitsbedingungen weiterzubeschäftigen.

Umschulungsmaßnahmen

Eine Kündigung ist auch dann sozialwidrig, wenn die Arbeitnehmer nach zumutbaren Umschulungsmaßnahmen weiterbeschäftigt werden können. Hierbei ist nach der Rechtsprechung des BAG dem Arbeitgeber je nach Beschäftigungsdauer eine Umschulung von bis zu 6 Monaten zuzumuten.

Sind freie Arbeitsplätze vorhanden, auf die der Arbeitgeber die Arbeitnehmer nicht einseitig per Direktionsrecht versetzen kann, hat er ihnen diesen Arbeitsplatz dennoch von sich aus, gegebenenfalls im Wege einer Änderungskündigung, vor Ausspruch einer Beendigungskündigung anzubieten.

Änderungskündigung

4. Kriterium: Richtige Sozialauswahl

Auch bei der Kündigung mehrerer Arbeitnehmer oder sogar aller Arbeitnehmer eines Betriebsteils ist grundsätzlich eine Sozialauswahl durchzuführen. Hier ist zu prüfen, welcher von mehreren vergleichbaren Arbeitnehmern im Betrieb gekündigt werden darf.

Welcher von mehreren Arbeitnehmern darf gekündigt werden?

Es sind jedoch einige Sonderregelungen bei der Kündigung mehrerer Arbeitnehmer zu beachten. Es kann nämlich sein, dass gerade bei der Stilllegung eines ganzen Betriebsteils nur ein Vergleich der Sozialdaten aller in dem stillzulegenden Betriebsteil befindlichen Arbeitnehmer vorzunehmen ist. Wenn dann allen vergleichbaren Arbeitnehmern (des Betriebsteils) gekündigt werden soll, hätte das zur Folge, dass eine Sozialauswahl innerhalb des stillzulegenden Betriebsteils nicht erfolgen muss.

Kündigung aller Arbeitnehmer einer Abteilung

Tipp

Die Sozialauswahl hat betriebsbezogen stattzufinden. Sind in einer Abteilung eines Betriebs alle horizontal vergleichbaren Arbeitnehmer beschäftigt (z.B. IT-Abteilung), außerhalb der Abteilung jedoch keine Arbeitnehmer mehr mit denen in der betreffenden Abteilung vergleichbar, gestaltet sich die Sozialauswahl bei Schließung der betreffenden Abteilung einfach. In dem Pool vergleichbarer Arbeitnehmer sind dann nämlich nur alle in der zu schließenden Abteilung beschäftigten Arbeitnehmer einzubeziehen. Da die komplette Abteilung geschlossen werden soll, ist eine Sozialauswahl innerhalb der Abteilung entbehrlich - schließlich verlieren alle Arbeitnehmer dieser Abteilung ihren Arbeitsplatz.

Ferner ist es seit dem 1.1.2004 möglich, bei einer schwer durchführbaren Sozialauswahl mit dem Betriebsrat im Rahmen des Interessenausgleiches eine Namensliste zu erstellen, die die Vermutung enthält, dass die Kündigung der darin enthaltenen Arbeitnehmer durch dringende betriebliche Gründe bedingt ist.

Namensliste im Rahmen eines Interessenausgleichs mit dem Betriebsrat

2

Pool vergleichbarer Arbeitnehmer

horizontale Vergleichbarkeit

Es ist nun zunächst zu prüfen, welche Arbeitnehmer des Betriebes an der Sozialauswahl überhaupt teilnehmen.

Bei der Frage nach der Vergleichbarkeit von Arbeitnehmern ist zu beachten, dass sich die Vergleichbarkeit auf horizontal vergleichbare, also „betriebshierarchisch" auf einer Stufe stehende Arbeitnehmer des Betriebes beziehen muss. Es empfiehlt sich daher, verschiedene Pools von Arbeitnehmern zu bilden, die von ihrer Tätigkeit her vergleichbar sind (z.B. Pool Dreher konventionell; Pool Dreher CNC; Pool Fräser, etc.).

Sind in einem stillzulegenden Betriebsteil nur Arbeitnehmer beschäftigt, die alle dieselbe oder jedenfalls eine vergleichbare Tätigkeit ausüben, muss die Sozialauswahl dennoch auf alle auch außerhalb des Betriebsteils beschäftigten Arbeitnehmer des Betriebes erstreckt werden, die mit den zu kündigenden Arbeitnehmern vergleichbar sind.

Vergleich der Sozialdaten vergleichbarer Arbeitnehmer

vier Kriterien

Anhand der bereits unter Fall 1) dargestellten vier Kriterien der Sozialauswahl sind nun die Sozialdaten aller untereinander vergleichbaren Arbeitnehmer der einzelnen Pools miteinander zu vergleichen.

Bis zur Verwirklichung der unternehmerischen Entscheidung darf nun anhand eines Vergleiches der Schutzbedürftigkeit der einzelnen Arbeitnehmer zunächst den sozial stärkeren vor den schutzwürdigeren Arbeitnehmern betriebsbedingt gekündigt werden.

Tipp

Da der Vergleich der Sozialdaten untereinander im Einzelfall schwer sein kann, empfiehlt sich im Rahmen der Sozialauswahl, von der neuen Möglichkeit der mit dem Betriebsrat zu vereinbarenden Namensliste Gebrauch zu machen (vgl. auch Seite 60).

Leistungsträgerklausel

Es stellt sich noch die Frage, ob die neu in das Gesetz aufgenommene Leistungsträgerklausel an dem bisherigen Ergebnis etwas ändert.

Nach dem neu gefassten § 1 Abs. 3 Satz 2 KSchG kann der Arbeitgeber bestimmte Arbeitnehmer von vornherein aus der sozialen Auswahl (Pool vergleichbarer Arbeitnehmer) herausnehmen, deren Weiterbeschäftigung, insbesondere wegen ihrer Kenntnisse, Fähigkeiten und Leistungen oder zur Sicherung einer ausgewogenen Personalstruktur des Betriebes, im berechtigten betrieblichen Interesse liegt.

5. Kriterium: Anzeige der Massenentlassung

§§ 17 ff. KSchG

Das Kündigungsschutzgesetz enthält in den §§ 17 ff KSchG besondere Regelungen für Massenentlassungen. Diese Vorschriften dienen in erster Linie der Bundesagentur für Arbeit (früher: Arbeitsamt) als Hilfe, um auf die anstehenden Kündigungen und die daraus folgende Masse an potenziellen Arbeitslosen rechtzeitig und richtig reagieren zu können.
Für den Arbeitgeber regelt das Gesetz eine Verpflichtung zur Anzeige der beabsichtigten personellen Maßnahme bei der örtlich zuständigen Bundesagentur für Arbeit sowie eine zusätzliche Beteiligung des (ohnehin bei jeder Art von Kündigungen anzuhörenden) Betriebsrats.

Voraussetzungen für die Anzeigepflicht

Die Verpflichtung zur Massenentlassungsanzeige trifft alle Betriebe im Geltungsbereich des KSchG (vgl. Seite 63), sofern der Arbeitgeber innerhalb von 30 Kalendertagen

- in Betrieben mit in der Regel mehr als 20 und weniger als 60 Arbeitnehmern mehr als 5 Arbeitnehmer,
- in Betrieben mit in der Regel mindestens 60 und weniger als 500 Arbeitnehmern 10 % der im Betrieb regelmäßig beschäftigten Arbeitnehmer oder mehr als 25 Arbeitnehmer,
- in Betrieben mit in der Regel mindestens 500 Arbeitnehmern mindestens 30 Arbeitnehmer

entlässt bzw. zur Beendigung des Arbeitsverhältnisses veranlasst.

Anzeige an die Bundesagentur für Arbeit

In diesen Fällen muss der Arbeitgeber der örtlich zuständigen Bundesagentur für Arbeit Anzeige über die beabsichtigten Entlassungen machen.

Zusätzlich muss der Arbeitgeber den Betriebsrat rechtzeitig und schriftlich insbesondere unterrichten über

Unterrichtung des Betriebsrats

- die Gründe für die geplanten Entlassungen,
- die Zahl und die Berufsgruppen der zu entlassenden Arbeitnehmer,
- die Zahl und Berufsgruppen der in der Regel beschäftigten Arbeitnehmer,
- den Zeitraum, in dem die Entlassungen vorgenommen werden sollen,
- die vorgesehenen Kriterien für die Auswahl der zu entlassenden Arbeitnehmer,
- die für die Berechnung etwaiger Abfindungen vorgesehenen Kriterien.

einmonatige Sperrfrist

Die ordnungsgemäße Anzeige der beabsichtigten Massenentlassung gegenüber der Bundesagentur für Arbeit setzt gem. § 18 Abs. 1 KSchG eine einmonatige Sperrfrist in Lauf, die von der Bundesagentur für Arbeit auf zwei Monate verlängert werden kann. Innerhalb dieser Sperrfrist können Entlassungen nur mit ausdrücklicher Zustimmung der Bundesagentur für Arbeit erfolgen. Deren Zustimmung ist allerdings rückwirkend bis zum Tag der Antragstellung möglich.

Fehlende Zustimmung der Bundesagentur für Arbeit

Liegt die erforderliche Zustimmung der zuständigen Agentur für Arbeit (ehemals Arbeitsamt) im vorgesehenen Entlassungszeitpunkt nicht vor, so darf der Arbeitgeber den Arbeitnehmer trotz evtl. wirksamer Kündigung so lange nicht entlassen, bis die Zustimmung erteilt ist.

Tipp

Der Arbeitgeber hat es letztlich in gewissen Grenzen selbst in der Hand, ob er eine Entlassungswelle zu einer Massenentlassung i. S. d. Gesetzes werden lässt, da die zeitliche Beschränkung von 30 Kalendertagen vom Arbeitgeber steuerbar ist. Eine Massenentlassung liegt nämlich nur dann vor, wenn entsprechend viele Kündigungen innerhalb des Zeitraumes von 30 Kalendertagen erfolgen. Da die Vorschriften der §§ 17 ff KSchG auf die tatsächliche Entlassung abstellen, ist nicht der Ausspruch der Kündigung, sondern der Ablauf der Kündigungsfrist maßgeblich, d.h. die Wirkung der Kündigung. Aufgrund der unterschiedlich langen Betriebszugehörigkeitszeiten der zu entlassenden Arbeitnehmer und der daraus folgenden unterschiedlichen Kündigungsfristen ist die Wirkung der Entlassung somit beeinflussbar.

6. Kriterium: Interessenausgleich/Sozialplan

Noch vor Ausspruch der betriebsbedingten Kündigungen muss der Arbeitgeber prüfen, ob er nicht mit dem Betriebsrat (nur wenn vorhanden) über einen Interessenausgleich und/oder Sozialplan verhandeln muss.

Betriebsänderung

Nur das Vorliegen einer Betriebsänderung gem. § 111 BetrVG löst eine Unterrichtungs-, Beratungs- und Verhandlungspflicht mit dem Betriebsrat über einen Interessenausgleich und/oder Sozialplan aus.

Wann liegt eine Betriebsänderung vor?

Eine Betriebsänderung im Sinne des Gesetzes liegt vor, wenn in Unternehmen (nicht: Betrieben) mit in der Regel mehr als 20 wahlberechtigten Arbeitnehmern durch die geplante Maßnahme *wesentliche Nachteile* für die Belegschaft oder erhebliche Teile der Belegschaft möglich sind.

Das Gesetz definiert in § 111 Satz 3 BetrVG, dass eine Betriebsänderung i. S. d. Gesetzes immer vorliegt bei:

- Einschränkung und Stilllegung des gesamten Betriebes oder von wesentlichen Betriebsteilen
- Verlegung des ganzen Betriebes oder von wesentlichen Betriebsteilen
- Zusammenschluss mit anderen Betrieben oder die Spaltung von Betrieben
- grundlegende Änderungen der Betriebsorganisation, des Betriebszwecks oder der Betriebsanlagen
- Einführung grundlegend neuer Arbeitsmethoden und Fertigungsverfahren.

Achtung

Das Tatbestandsmerkmal „wesentliche Nachteile" ist durch die Rechtsprechung des BAG nahezu bedeutungslos geworden. Zum einen kommt es nicht auf den tatsächlichen Nachteilseintritt, sondern nur die Möglichkeit des Nachteilseintrittes an. Zum anderen wurde in der Auflistung der Betriebsänderungen ein „wesentlicher Nachteil" i. S. d. Gesetzes fingiert.

wesentlicher Nachteil, führt zu Interessenausgleich

Liegt ein möglicher wesentlicher Nachteil im Sinne der Auflistung vor, muss der Arbeitgeber mit dem Betriebsrat zunächst über einen Interessenausgleich verhandeln.

2

7. Kriterium: Interessenausgleich

Der Interessenausgleich ist eine Vereinbarung zwischen Arbeitgeber und Betriebsrat über die Frage ob, wann und wie eine Betriebsänderung stattfindet.

keine Einigung mit dem Betriebsrat

Kommt eine Einigung zwischen Arbeitgeber und Betriebsrat nicht zu Stande, können beide Parteien zunächst die Regionaldirektion der Bundesagentur für Arbeit (früher: Präsidium des Landesarbeitsamtes) um Vermittlung anrufen. Geschieht dies nicht oder bleibt der Vermittlungsversuch ergebnislos, können die Parteien die Einigungsstelle anrufen, die Meinungsverschiedenheiten zwischen Arbeitgeber und Betriebsrat durch einen Spruch entscheiden und beilegen kann.

Achtung

Die Einigungsstelle besteht aus einer gleichen Anzahl von Beisitzern, die je vom Arbeitgeber und Betriebsrat bestellt werden sowie einem unparteiischen Vorsitzenden. Die zum Teil hohen Kosten für diese Einigungsstelle hat der Arbeitgeber zu tragen, sodass von einer übereilten Anrufung der Einigungsstelle abgeraten wird.

Nachteilsausgleich

Weicht der Unternehmer von einem abgeschlossenen Interessenausgleich ohne zwingenden Grund ab, können Arbeitnehmer, die infolge dieser Abweichung entlassen werden, beim Arbeitsgericht Klage erheben, mit dem Antrag, den Arbeitgeber zur Zahlung einer Abfindung zu verurteilen. Dieser so genannte Nachteilsausgleich gemäß § 113 BetrVG kann sehr kostspielig sein.

Tipp

Der Arbeitgeber ist jedoch nur dann zur Zahlung des Nachteilsausgleiches verpflichtet, wenn er eine geplante Betriebsänderung durchführt, ohne über sie einen Interessenausgleich *versucht* zu haben oder vom bestehenden Interessenausgleich abweicht. Aus diesem Grund ist es zur Abwendung eines Nachteilsausgleiches ausreichend, wenn der Arbeitgeber im Einigungsstellenverfahren schon nach kurzer Zeit das Scheitern der Verhandlungen erklärt.

Namensliste

Seit dem 1.1.2004 ist es möglich, dass Arbeitgeber und Betriebsrat im Interessenausgleich die Arbeitnehmer, denen auf Grund der Betriebsänderung gekündigt werden soll, namentlich bezeichnen.

Für diesen Fall regelt § 1 Abs. 5 KSchG dann eine Vermutung, dass die ausgesprochene Kündigung durch dringende betriebliche Erfordernisse im Sinne des KSchG bedingt ist. Die soziale Auswahl der Arbeitnehmer kann in diesem Fall von den Arbeitsgerichten nur noch auf grobe Fehlerhaftigkeit überprüft werden.
Diese Regelung vermutet die Richtigkeit der Sozialauswahl und die Richtigkeit einer evtl. angewendeten Leistungsträgerklausel zu Gunsten des Arbeitgebers.

eingeschränkte gerichtliche Überprüfbarkeit

Diese sehr effiziente Neuregelung ermächtigt die Betriebsparteien, quasi betriebsbedingte Kündigungsgründe zu schaffen, die vom Gericht nur noch eingeschränkt überprüft werden können.

Achtung

Mit Erstellen der Namensliste im Interessenausgleich ist die erforderliche Anhörung des Betriebsrats vor jeder Kündigung nach § 102 BetrVG keinesfalls automatisch durchgeführt. Vielmehr muss der Betriebsrat, obwohl er die Namen der zu kündigenden Arbeitnehmer kennt, erneut vor Ausspruch der Kündigung angehört werden. Im Einigungsstellenverfahren kann eine Namensliste nicht erzwungen werden, da der Interessenausgleich nur versucht, nicht aber abgeschlossen werden muss.

Beachte AGG

Gerade bei der Erstellung einer Namensliste zur Sicherung einer ausgewogenen Altersstruktur ist zu beachten, dass teilweise ein Verstoß gegen das AGG angenommen wird. Überzeugendere Argumente sprechen jedoch weiterhin für die Zulässigkeit einer derartigen Namensliste, da § 1 Abs. 3 Satz 2 KSchG einen legitimen Zweck verfolgt – nämlich die Vermeidung der Überalterung der Belegschaft – und insoweit nicht gegen das AGG verstößt (vgl. Seite 34 ff.).

8. Kriterium: Sozialplan

Der Arbeitgeber muss nach oder mit dem (versuchten) Abschluss eines Interessenausgleiches bei jeder Betriebsänderung (s.o.) mit dem Betriebsrat einen Sozialplan vereinbaren.

Unterschied zum Interessenausgleich

Im Gegensatz zum Interessenausgleich regelt der Sozialplan die Einigung der Betriebsparteien über den Ausgleich oder die Milderung von wirtschaftlichen Nachteilen, die aus der durchzuführenden Betriebsänderung entstehen.

Der Sozialplan knüpft somit an die Folgen der Betriebsänderung an und soll sie für den Betroffenen sozial verträglicher gestalten.

Erzwingbarkeit

Im Gegensatz zum Interessenausgleich kann der Sozialplan vom Betriebsrat erzwungen werden, da auch hier die Einigungsstelle angerufen werden kann, die dann einen verbindlichen Spruch fällt. Der Spruch der Einigungsstelle ersetzt dann die Einigung zwischen Arbeitgeber und Betriebsrat.

Abfindungsansprüche

Der Sozialplan enthält in der Regel als wichtigsten Punkt Abfindungsansprüche der aufgrund der Betriebsänderung zu kündigenden Arbeitnehmer. Aus diesem Grund ist der Abschluss eines Sozialplanes für den Arbeitgeber sehr kostenintensiv.

Tipp

Das Volumen eines Sozialplans richtet sich grundsätzlich nach der Liquidität des jeweiligen Unternehmens und kann daher stark variieren. Das BAG geht jedoch davon aus, dass für einen Sozialplan entsprechende „Rücklagen" gebildet worden sind. Die Einigungsstelle kann das Sozialplanvolumen festlegen.

auch während oder nach Betriebsänderung möglich

Der Sozialplan kann grundsätzlich auch während oder nach Durchführung der Betriebsänderung vereinbart werden. Im Regelfall wird er jedoch gleichzeitig mit dem Interessenausgleich abgeschlossen werden.

2.3 Der Fall: Stilllegung einer IT-Abteilung

Die A-GmbH in Nürnberg beschäftigt 300 Arbeitnehmer und stellt komplizierte Walzen her, die sie verkauft. In der A-GmbH gibt es u.a. eine IT-Abteilung mit insgesamt 26 Arbeitnehmern. Unter den 26 Arbeitnehmern sind ein IT-Leiter (Informatiker) als Abteilungsleiter, 23 Informatiker als Programmierer und 2 Sekretärinnen, A und B, als Arbeitnehmer dieser Abteilung beschäftigt. Weitere Informatiker oder Arbeitnehmer, die etwas mit Informatik zu tun haben, gibt es bei der A-GmbH nicht. Ein Betriebsrat besteht.

Frau A, 45 Jahre, ist seit 20 Jahren bei der A-GmbH beschäftigt, verheiratet und hat 2 schulpflichtige Kinder. Frau B, 25 Jahre alt, ist erst seit 2 Jahren bei der A-GmbH beschäftigt und ledig. Im Betrieb außer-

halb der IT-Abteilung gibt es noch eine weitere Sekretärin mit genau demselben Tätigkeitsgebiet wie A und B. Frau C ist 28 Jahre alt, seit 5 Jahren bei der A-GmbH beschäftigt, verheiratet und hat 2 kleine Kinder.
Die Geschäftsführung der A-GmbH beschließt, dass die gesamte IT-Abteilung überflüssig ist, da IT-Dienste billiger von extern „zugekauft" werden können. Aus diesem Grund soll zum 30.Juni 2004 die komplette IT-Abteilung geschlossen werden und den beschäftigten 26 Mitarbeitern betriebsbedingt gekündigt werden.

Frage: Kann allen Mitarbeitern der IT-Abteilung gekündigt werden? Bevor die in dem geschilderten Fall geplanten Kündigungen auf ihre soziale Rechtfertigung hin überprüft werden können, muss vorab geklärt werden, ob die o.g. erforderlichen Anzeige- und Beratungspflichten erforderlich sind.

1. Schritt: Massenentlassungsanzeige bei der Bundesagentur für Arbeit (ehemals Arbeitsamt)

einmonatige Sperrfrist

Zunächst fragt es sich, ob die A-GmbH sofort allen betroffenen 26 Arbeitnehmern der IT-Abteilung kündigen darf oder aber vorab der zuständigen Agentur für Arbeit (ehemals Arbeitsamt) gem. §§ 17 ff KSchG die geplanten Entlassungen anzeigen muss. Die erforderliche Anzeigepflicht hätte dann gleichzeitig zur Folge, dass gem. § 18 Abs. 1 KSchG eine einmonatige Sperrfrist in Lauf gesetzt wird, die von der zuständigen Agentur für Arbeit (ehemals Arbeitsamt) auf zwei Monate verlängert werden kann. D.h., die geplante Entlassung der Arbeitnehmer der IT-Abteilung würde sich um mindestens einen Monat verzögern.

Die Verpflichtung zur Massenentlassungsanzeige trifft alle Betriebe im Geltungsbereich des KSchG, die die o.g. Mindestentlassungen vornehmen.

Anwendbarkeit des KSchG

Im vorliegenden Fall findet das Kündigungsschutzgesetz Anwendung, da gem. § 23 Abs. 2 KSchG die Vorschriften der §§ 17 ff KSchG u.a. für alle Betriebe gelten, soweit sie wirtschaftliche Zwecke verfolgen. Der Betrieb der A-GmbH verfolgt zweifellos mit der Herstellung und dem Verkauf komplizierter Walzen wirtschaftliche Ziele.

Zahl der zu entlassenden Arbeitnehmer

Nach der o.g. Tabelle müsste die A-GmbH mit 300 Arbeitnehmern eine Massenentlassungsanzeige dann vornehmen, wenn sie innerhalb von 30 Kalendertagen in Betrieben mit in der Regel mindestens 60 und weniger als 500 Arbeitnehmern 10 % der im Betrieb regelmäßig beschäftigten Arbeitnehmer oder mehr als 25 Arbeitnehmer entlässt.

Entlassung innerhalb von 30 Arbeitstagen

Im vorliegenden Fall plant die A-GmbH, 26 Arbeitnehmer der IT-Abteilung zu entlassen. Aus diesem Grund müsste sie eine Massenentlassungsanzeige bei der örtlichen Agentur für Arbeit (ehemals Arbeitsamt) vornehmen, wenn diese 26 Arbeitnehmer innerhalb von 30 Kalendertagen entlassen werden sollen.

Dies gilt jedoch nur, sofern innerhalb der 30 Kalendertage die Entlassungen auch wirken, d.h. die Kündigungsfristen abgelaufen sind.

Tipp

Der Arbeitgeber kann die maßgebliche tatsächliche Entlassungszeit innerhalb der 30 Kalendertage aufgrund unterschiedlicher Kündigungsfristen und unterschiedlicher Kündigungserklärungen beeinflussen, um so eine Massenentlassungsanzeige mit Entlassungssperre zu vermeiden.

Für den vorliegenden Fall wird davon ausgegangen, dass die unterschiedlichen Kündigungsfristen und der unterschiedliche Zeitpunkt des Ausspruches der Kündigungen dazu führen, dass die vorzunehmenden Entlassungen nicht innerhalb der 30 Kalendertage durchgeführt werden.

2. Schritt: Unterrichtung des Betriebsrats notwendig?

Handelt es sich um eine bei der Bundesagentur für Arbeit (ehemals Arbeitsamt) anzeigepflichtige Massenentlassung, ist der Arbeitgeber zusätzlich verpflichtet, den Betriebsrat rechtzeitig und schriftlich insbesondere zu unterrichten.

Inhalt der Unterrichtung

Der Inhalt dieser Unterrichtung betrifft die

- die Gründe für die geplanten Entlassungen,
- die Zahl und die Berufsgruppen der zu entlassenden Arbeitnehmer,

- die Zahl und Berufsgruppen der in der Regel beschäftigten Arbeitnehmer,
- den Zeitraum, in dem die Entlassungen vorgenommen werden sollen,
- die vorgesehenen Kriterien für die Auswahl der zu entlassenden Arbeitnehmer,
- die für die Berechnung etwaiger Abfindungen vorgesehenen Kriterien.

Siehe auch zur Anhörung des Betriebsrats, Seite 283.

In diesem Fall muss die A-GmbH den Betriebsrat nicht vorab unterrichten, da keine anzeigepflichtige Massenentlassung vorliegt, bzw. die Kündigungen so ausgesprochen werden, dass die Entlassungen nicht innerhalb der 30 Kalendertage durchgeführt werden (s.o.).

3. Schritt: Interessenausgleich/Sozialplan

Die A-GmbH muss jedoch vor Ausspruch der Kündigungen noch prüfen, ob sie nicht evtl. vorab einen Interessenausgleich und/oder Sozialplan mit dem Betriebsrat verhandeln muss.

Betriebsänderung

Das setzt voraus, dass die geplante Maßnahme eine Betriebsänderung gem. § 111 BetrVG (Betriebsverfassungsgesetz) darstellt.

Vorliegen wesentlicher Nachteile

Eine Betriebsänderung im Sinne des Gesetzes liegt vor, wenn in der A-GmbH mit in der Regel mehr als 20 wahlberechtigten Arbeitnehmern durch die Stilllegung der IT-Abteilung *wesentliche Nachteile* für die Belegschaft oder erhebliche Teile der Belegschaft möglich sind.

Voraussetzungen für eine Betriebsänderung

Das Gesetz definiert in § 111 Satz 3 BetrVG, dass eine Betriebsänderung i. S. d. Gesetzes immer vorliegt bei:

- Einschränkung und Stilllegung des gesamten Betriebes oder von wesentlichen Betriebsteilen
- Verlegung des ganzen Betriebes oder von wesentlichen Betriebsteilen
- Zusammenschluss mit anderen Betrieben oder die Spaltung von Betrieben

- grundlegenden Änderungen der Betriebsorganisation, des Betriebszwecks oder der Betriebsanlagen
- Einführung grundlegend neuer Arbeitsmethoden und Fertigungsverfahren.

Ist die Stilllegung eine grundlegende Änderung der Betriebsorganisation?

Es fragt sich jetzt also, ob im vorliegenden Fall die geplante Stilllegung der IT-Abteilung mit 26 Arbeitnehmern eine Betriebsänderung darstellt.
In Betracht kommt vorliegend § 111 Satz 3 Nr. 4 BetrVG. Es müssten also durch die geplante Stilllegung grundlegende Änderungen der Betriebsorganisation, des Betriebszwecks oder der Betriebsanlagen vorliegen.
Es fragt sich, was unter einer „grundlegenden" Änderung zu verstehen ist.
Das Merkmal der „grundlegenden Änderung" ist jedoch gesetzlich nicht definiert. Nach der Rechtsprechung des BAG kann jedoch für den Fall, dass sich nicht zweifelsfrei beurteilen lässt, ob die geplante Änderung „grundlegend" ist, auf die Staffelung bzgl. der von der Änderung betroffenen Arbeitnehmer abgestellt werden (s.o.).
Aus dieser Staffelung des § 17 KSchG ergibt sich, dass eine „grundlegende" Änderung angenommen werden kann, wenn in Betrieben mit in der Regel mindestens 60 und weniger als 500 Arbeitnehmern 10 % oder 25 Arbeitnehmer entlassen werden.

Ergebnis

Im vorliegenden Fall der A-GmbH mit 300 beschäftigten Arbeitnehmern und 26 zu entlassenden Arbeitnehmern liegt also eine „grundlegende Änderung der Betriebsorganisation" und somit eine interessenausgleichs- und sozialplanpflichtige Betriebsänderung im Sinne des § 111 BetrVG vor.

Interessenausgleich

Versuch eines Interessenausgleichs

Nachdem eine Betriebsänderung vorliegt, wenn die A-GmbH ihre IT-Abteilung stilllegen möchte, muss zwischen Geschäftsleitung und Betriebsrat im Vorfeld der Maßnahme ein Interessenausgleich verhandelt bzw. versucht werden, um zu verhindern, dass die gekündigten Arbeitnehmer Ansprüche auf Nachteilsausgleich gem. § 113 BetrVG geltend machen.

In dem Interessenausgleich ist zwischen A-GmbH und Betriebsrat der A-GmbH zu regeln, ob, wie und wann die IT-Abteilung stillgelegt werden kann.

Muster: Interessenausgleich für die A-GmbH

siehe CD-ROM

Die A-GmbH und der Betriebsrat der A-GmbH vereinbaren folgenden Interessenausgleich:

1. Geltungsbereich

Dieser Interessenausgleich gilt räumlich für den Betrieb der A-GmbH in Nürnberg und persönlich für alle dort Beschäftigten mit Ausnahme der leitenden Angestellten nach § 5 Abs. 3 und 4 BetrVG.

2. Betriebsänderung

Auf Veranlassung der Geschäftsführung wird die IT-Abteilung der A-GmbH zum 31.12.2003 stillgelegt. Es werden insgesamt 26 Arbeitnehmer dieser Abteilung von der Betriebsstilllegung betroffen sein.

3. Durchführung der Betriebsstilllegung

Kündigungen werden durch alle vorrangig möglichen Maßnahmen vermieden. Die Mitbestimmungsrechte des Betriebsrats werden gewahrt.

4. Soziaplan

Zum Ausgleich bzw. zur Milderung wirtschaftlicher Nachteile, die den Arbeitnehmern infolge der Stilllegung entstehen, wird ein Sozialplan vereinbart, dessen Geltungsbereich dem dieses Interessenausgleiches entspricht.

5. Schlussbestimmungen

Dieser Interessenausgleich tritt am Tage seiner Unterzeichnung in Kraft und endet mit Abschluss der Betriebsänderung, spätestens am ...

____

Ort, Datum

____________________ ____________________

Unterschrift Geschäftsführung Unterschrift Betriebsrat

Anrufung der Einigungsstelle

Sollte hierüber keine Einigung erzielt werden können, kann – nach möglicher Vermittlung durch die Regionaldirektion der Bundesagentur für Arbeit (früher: Präsidium des Landesarbeitsamtes) – die Einigungsstelle angerufen werden.

Tipp

Da der Arbeitgeber zur Zahlung eines Nachteilsausgleiches nur verpflichtet werden kann, wenn er eine geplante Betriebsänderung durchführt, ohne über sie einen Interessenausgleich versucht zu haben, reicht es aus, wenn die Geschäftsführung der A-GmbH in der Einigungsstelle das Scheitern der Verhandlungen erklärt.

Namensliste

Sollte die vorzunehmende Sozialauswahl sich als kompliziert erweisen, sieht das Gesetz seit 1.1.2004 die Möglichkeit vor, in dem Interessenausgleich gleichzeitig eine Namensliste der aufgrund der Stilllegung der IT-Abteilung zu kündigenden Arbeitnehmer aufzunehmen. Diese zwischen Geschäftsführung und Betriebsrat vereinbarte Namensliste birgt dann die Vermutung, dass die ausgesprochenen Kündigungen sozial gerechtfertigt sind (vgl. oben).

4. Schritt: Sozialplan

Neben dem Interessenausgleich muss der Arbeitgeber bei jeder mitbestimmungspflichtigen Betriebsänderung mit dem Betriebsrat auch einen Sozialplan verhandeln.

Abfindungen

Der Sozialplan regelt die Einigung der Geschäftsleitung der A-GmbH und des Betriebsrats der A-GmbH über den Ausgleich oder die Milderung der wirtschaftlichen Nachteile durch die geplante Betriebsänderung. Dies geschieht insbesondere durch Vereinbarung von Abfindungen als sozialen Ausgleich für den Verlust des Arbeitsplatzes.

Achtung

Im Gegensatz zum Interessenausgleich kann der Abschluss eines Sozialplanes vom Betriebsrat über die Einigungsstelle erzwungen werden.

Inhalt ist Verhandlungssache

Der Sozialplan der A-GmbH wird daher die Einzelheiten zu Anspruch und Umfang des Ausgleiches wirtschaftlicher Nachteile regeln.

Der genaue Inhalt des Sozialplanes ist jedoch reine Verhandlungssache und hängt gerade auch vom Umfang her in starkem Maße von der finanziellen Liquidität der A-GmbH ab.

5. Schritt: Liegt ein besonderer Kündigungsschutz vor?

Nachdem im Vorfeld bereits Anzeigen und Beratungen / Vereinbarungen durchgeführt worden sind, stellt sich nun die Frage, ob die geplanten betriebsbedingten Kündigungen der 26 Arbeitnehmer der IT-Abteilung wirksam sind.

Wirksamkeit prüfen

Es ist somit für jeden betroffenen Arbeitnehmer die Wirksamkeit der Kündigung zu prüfen. Daher fragt es sich zunächst, ob für einen der 26 Arbeitnehmer besondere Schutznormen des Sonderkündigungsschutzes die Kündigung als unwirksam darstellen würden. Solche Schutznormen für bestimmte Personengruppen können sich z.B. aus einem Tarifvertrag, einer Betriebsvereinbarung oder aus dem Gesetz ergeben.

Beispiel: Gesetzliche Schutznormen

- Frau im Mutterschutz (§ 9 MuSchG)
- Arbeitnehmer in der Elternzeit (§ 15 BErzGG)
- Auszubildende (§ 15 BBiG)
- Betriebsräte (§ 15 KSchG), etc.

Eine vollständige Liste und weitere Ausführungen finden sie auf den Seiten 288 ff.

Vorliegend gehört jedoch keiner der 26 Arbeitnehmer einer besonders geschützten Personengruppe an. Deshalb müssen entsprechende Sonderschutznormen hier nicht beachtet werden. Allgemeine Nichtigkeitsgründe, wie z.B. die Sittenwidrigkeit einer Kündigung, liegen ebenfalls nicht vor.

6. Schritt: Soziale Rechtfertigung der Kündigungen

Im Rahmen der sozialen Rechtfertigung ist wieder zu prüfen, ob der allgemeine Kündigungsschutz nach dem Kündigungsschutzgesetz zur Anwendung kommt. Nur dann sind die geplanten 26 Kündigungen überhaupt nach den bekannten drei Schritten einer betriebsbedingten Kündigung (s.o.) auf das Vorliegen eines Kündigungsgrundes hin zu überprüfen.

Anwendbarkeit des Kündigungsschutzgesetzes

Das Kündigungsschutzgesetz kommt nach §§ 1 Abs. 1 Satz 1 und 23 Abs. 1 KSchG dann zur Anwendung, wenn im Betrieb regelmäßig mehr als 10 Arbeitnehmer unbefristet beschäftigt werden und das Arbeitsverhältnis mit dem zu kündigenden Arbeitnehmer bereits länger als sechs Monate besteht.

Achtung

Seit dem 1.1.2004 gilt im Rahmen der Anwendbarkeit des KSchG eine gesetzliche Neuregelung. Durch das „Gesetz zu Reformen am Arbeitsmarkt" wurde der Schwellenwert für die Anwendbarkeit des KSchG von ursprünglich >5 auf nunmehr >10 Arbeitnehmer angehoben. Die neue Grenze von >10 Arbeitnehmer gilt jedoch nur für Arbeitnehmer, dessen Arbeitsverhältnis nach dem 31.12.2003 begonnen hat. Der Kündigungsschutz der vor dem 31.12.2003 beschäftigten Arbeitnehmer richtet sich nach wie vor nach der alten Grenze von „mehr als fünf" Arbeitnehmern.

Das KSchG ist auf alle Arbeitnehmer anwendbar

Im vorliegenden Fall sind alle 26 Arbeitnehmer der A-GmbH länger als sechs Monate bei der A-GmbH beschäftigt. Die A-GmbH hat 300 Arbeitnehmer. Aus diesem Grund ist das KSchG auf alle geplanten Kündigungen anzuwenden.

Kündigungsgrund

Einzig in Betracht kommender Kündigungsgrund ist vorliegend die betriebsbedingte Kündigung.

betriebsbedingter Grund

Es fragt sich also, ob die A-GmbH einen betriebsbedingten Kündigungsgrund zur Kündigung der 26 Arbeitnehmer der IT-Abteilung hat. Die diesbezügliche Prüfung erfolgt wieder in den drei bekannten Schritten:

- unternehmerische Entscheidung
- alternative Beschäftigungsmöglichkeit
- richtige Sozialauswahl.

Unternehmerische Entscheidung?

Hier stellt sich die Frage, ob es eine unternehmerische Entscheidung gibt, aufgrund der durch die Kündigung aller Mitarbeiter der IT-Abteilung dem veränderten Arbeitsbedarf Rechnung getragen werden soll.

Im vorliegenden Fall beschloss die Geschäftsleitung der A-GmbH, die IT-Abteilung stillzulegen, um die IT-Dienste von extern zuzukaufen.

keine offensichtlich unsachliche oder willkürliche Arbeitgeberentscheidung

Diese unternehmerische Entscheidung ist nur dahingehend zu überprüfen, ob sie offensichtlich unsachlich oder willkürlich ist. Beides ist vorliegend nicht der Fall. Aus diesem Grund ist durch diese Entscheidung der Arbeitsplatz jedes der in der IT-Abteilung beschäftigten Arbeitnehmer mit Wirksamwerden der Entscheidung weggefallen.

Tipp

Eine für die betriebsbedingte Kündigung erforderliche unternehmerische Entscheidung, wonach der Arbeitsplatz eines Arbeitnehmers wegfällt, bedarf aus arbeitsrechtlicher Sicht grundsätzlich keiner besonderen Form. Aus Gründen der Beweisbarkeit vor Gericht empfiehlt es sich aber immer (insbesondere bei Entscheidungen, die mehrere Arbeitsplätze entfallen lassen), diese Beschlüsse schriftlich zu fixieren.

Keine alternative Beschäftigungsmöglichkeit im Unternehmen oder Betrieb?

Nachdem festgestellt wurde, dass alle Arbeitsplätze der in der IT-Abteilung beschäftigten Arbeitnehmer durch die freie Unternehmerentscheidung weggefallen sind, ist nunmehr zu prüfen, ob es im ganzen Betrieb oder Unternehmen für einen der gekündigten Arbeitnehmer freie, vergleichbare Arbeitsplätze gibt, auf die er anstatt einer Kündigung versetzt werden könnte.

Achtung

Im Rahmen der Suche nach alternativen Beschäftigungsmöglichkeiten ist darauf zu achten, dass hier im ganzen Unternehmen und nicht nur im betroffenen Betrieb oder Betriebsteil gesucht wird. Es ist weiter zu beachten, dass eine vergleichbare Stelle im Unternehmen frei sein muss. Es ist nicht erforderlich, dass man eine derartige Stelle erst schafft bzw. frei kündigt. Vergleichbar sind Stellen, auf die der Arbeitgeber den zu kündigenden Arbeitnehmer per Direktionsrecht einseitig versetzen kann.

Alternative Beschäftigung der 23 Informatiker
Eine alternative Beschäftigung der 23 zu kündigenden Informatiker ist im vorliegenden Fall nicht gegeben, da ausschließlich in der IT-Abteilung derartig spezialisierte Informatiker beschäftigt waren. In keiner anderen Abteilung der A-GmbH sind mit denen von Informatikern zu besetzenden vergleichbare freie Arbeitsplätze vorhanden, sodass es für die 23 Informatiker keine alternativen Beschäftigungsmöglichkeiten unternehmensweit gibt.

Alternative Beschäftigung des IT-Leiters
Der IT-Leiter ist im vorliegenden Fall Informatiker und zusätzlich Abteilungsleiter der IT-Abteilung.

keine alternative Beschäftigungsmöglichkeit

2

Es stellt sich also die Frage, ob es für ihn im Unternehmen oder Betrieb der A-GmbH einen freien, vergleichbaren Arbeitsplatz gibt. Selbst wenn man davon ausgeht, dass er vergleichbar wäre mit den anderen Abteilungsleitern der A-GmbH (durchaus problematisch, da er als Informatiker auch als Abteilungsleiter nicht unbedingt vergleichbar ist mit allen anderen Abteilungsleitern), kommt vorliegend eine alternative Beschäftigungsmöglichkeit des IT-Leiters nicht in Betracht, da es keine freie Stelle als Abteilungsleiter bei der A-GmbH gibt.

kein freier Arbeitsplatz

Alternative Beschäftigung der Sekretärinnen A und B
Beide Sekretärinnen der IT-Abteilung sind zwar vergleichbar mit der C und ihrem Arbeitsplatz. Jedoch ist der Arbeitsplatz nicht frei. Aus diesem Grund gibt es auch für die Damen A und B keine alternativen Beschäftigungsmöglichkeiten bei der A-GmbH.

Kündigung als Ultima Ratio

Nachdem es innerhalb der A-GmbH keine vergleichbaren freien Arbeitsplätze gibt, ist nun ist zu prüfen, ob es zur Verwirklichung der Entscheidung, die IT-Abteilung stillzulegen, andere geeignete Maßnahmen als die Beendigungskündigung gibt. Die Beendigungskündigung darf insoweit nur das letzte Mittel zur Stilllegung der IT-Abteilung sein.

Änderungskündigung, Umschulung möglich?

Daher fragt es sich insbesondere, ob die Arbeitnehmer der IT-Abteilung einvernehmlich oder auch per Änderungskündigung durch den Arbeitgeber in der A-GmbH zu geänderten, evtl. auch „niedrigwertigeren" Tätigkeiten weiterbeschäftigt werden könnten. Die Rechtsprechung verlangt vom Arbeitgeber sogar die Weiterbeschäftigung an einem freien Arbeitsplatz nach zumutbaren Umschulungs- oder Weiterbildungsmaßnahmen.

Ergebnis

Im vorliegenden Fall ist vorliegend jedoch auch zu geänderten, evtl. „niedrigwertigeren" Arbeitsbedingungen keine Weiterbeschäftigungsmöglichkeit in der A-GmbH möglich. Insbesondere kommt eine Weiterbeschäftigung der Sekretärinnen auf dem Arbeitsplatz der C nicht in Betracht, da dieser nicht frei ist.

In keinem Fall trifft den Arbeitgeber eine Verpflichtung, einen der Arbeitnehmer der IT-Abteilung zur Vermeidung einer Kündigung zu besseren Arbeitsbedingungen auf einem freien „Beförderungsarbeitsplatz“ weiterzubeschäftigen. Weitere Möglichkeiten zur Vermeidung einer Kündigung gibt es also nicht.

7. Schritt: Richtige Sozialauswahl

Nachdem im Vorfeld bereits festgestellt wurde, dass es für keinen der 26 Arbeitnehmer der IT-Abteilung freie vergleichbare oder ähnliche Beschäftigungsmöglichkeiten gibt, bleibt nun im Rahmen der Sozialauswahl die Frage zu klären, ob bei den geplanten Kündigungen aller 26 Arbeitnehmer soziale Gesichtspunkte ausreichend berücksichtigt worden sind.

Wie erstellen Sie einen Pool vergleichbarer Arbeitnehmer?

horizontale Vergleichbarkeit

Zunächst ist herauszufinden, welche Arbeitnehmer der A-GmbH in einen Pool der miteinander horizontal vergleichbaren Arbeitnehmer gebracht werden müssen.

Direktionsrecht des Arbeitgebers

Alle Arbeitnehmer, die horizontal miteinander vergleichbar sind, also „betriebshierarchisch“ auf einer Stufe stehen müssen im Rahmen der Sozialauswahl miteinander vergleichen werden. Die Arbeitnehmer sind aber nur dann horizontal vergleichbar, wenn sie der Arbeitgeber allein aufgrund seines Direktionsrechtes ohne weiteres mit der weggefallenen Arbeit betrauen könnte.

Das Direktionsrecht des Arbeitgebers richtet sich u.a. auch nach dem Arbeitsvertrag des Arbeitnehmers; insbesondere danach, ob dem Arbeitgeber hierin die Zuweisung vergleichbarer Tätigkeiten im Betrieb oder Unternehmen zugesagt sind (Versetzungsklausel) und danach, wie konkret die auszuübende Tätigkeit im Arbeitsvertrag beschrieben ist.

Beispiel

Ist eine Arbeitnehmerin nach ihrem Arbeitsvertrag *z.B.* als „Teamassistentin" eingestellt, ohne dass ihre Arbeit einer bestimmten Abteilung zugewiesen wurde, ist sie mit allen Teamassistentinnen und Teamassistenten des Betriebes horizontal vergleichbar.

Arbeitsvertrag ist relevant

Andererseits führt eine sehr konkrete Stellenbeschreibung ohne Versetzungsvorbehalt im Arbeitsvertrag zu einer sehr beschränkten Vergleichbarkeit im Betrieb. Der Arbeitnehmer mit einer sehr beschränkten Vergleichbarkeit (d.h. mit eingeschränktem Direktionsrecht des Arbeitgebers) nimmt im Falle einer betriebsbedingten Kündigung demnach auch nur sehr eingeschränkt an einer Sozialauswahl teil.

Achtung
Im Gegensatz zu dem Prüfungspunkt alternativer Beschäftigungsmöglichkeiten im Betrieb oder Unternehmen ist die Frage nach dem Pool vergleichbarer Arbeitnehmer grundsätzlich nur betriebsbezogen vorzunehmen.

Pool „Informatiker"

Alle 23 Informatiker sind aufgrund ihrer horizontalen Vergleichbarkeit im Rahmen der Sozialauswahl miteinander zu vergleichen, da sie ähnliche Arbeit leisten und der Arbeitgeber unproblematisch den einen Informatiker mit dem anderen per Direktionsrecht austauschen könnte. Weitere Arbeitnehmer des Betriebes sind mit den hoch spezialisierten Informatikern der IT-Abteilung nicht vergleichbar. Insbesondere ist es im vorliegenden Fall nicht ersichtlich, dass der Arbeitsvertrag eines der Informatiker dem Arbeitgeber die Zuweisung anderer z.B. kaufmännischer oder volkswirtschaftlicher Arbeit im Betrieb der A-GmbH erlauben würde.

Pool „IT-Leiter"

keine Vergleichbarkeit mit anderen Arbeitnehmern

Es fragt sich nun, in welchen Pool vergleichbarer Arbeitnehmer der IT-Leiter aufzunehmen ist, d.h., mit wem aus der A-GmbH er vergleichbar ist.

Je nach genauem Aufgabengebiet und Arbeitsvertrag ist der IT-Leiter allenfalls mit den übrigen Abteilungsleitern der A-GmbH horizontal vergleichbar. Aufgrund seiner Spezialisierung auf dem IT-Gebiet ist er im vorliegenden Fall jedoch nicht mit anderen (z.B. kaufmännischen) Abteilungsleitern vergleichbar. Es ist nicht zu erwarten, dass der Arbeitgeber im Arbeitsvertrag des IT-Leiters eine Versetzungsmöglichkeit auf andere Abteilungsleiterstellen vorgesehen hat, da ihm diese Versetzung aufgrund der mangelnden Erfahrungen außerhalb der IT-Abteilung keine Vorteile bringen würde. Eine Vergleichbarkeit mit den operativ tätigen Informatikern findet nicht statt, da der IT-Leiter und die In-

formatiker nicht horizontal auf einer Stufe stehen, sondern betriebshierarchisch einander über- bzw. untergeordnet sind. Aus diesem Grund ist der IT-Leiter mit keinem anderen Arbeitnehmer der A-GmbH vergleichbar.

Achtung

Je höher in der betrieblichen Hierarchie die Arbeitnehmer stehen, umso weniger vergleichbar sind sie in der Regel mit anderen Arbeitnehmern und umso leichter fällt dem Arbeitgeber die Sozialauswahl.

Pool „Sekretärinnen"

Vergleichbarkeit mit anderen Sekretärinnen des Betriebes

Beide Sekretärinnen der IT-Abteilung, A und B, sind sicherlich horizontal miteinander vergleichbar. Darüber hinaus ist jedoch auch noch die Sekretärin C mit A und B vergleichbar. Zwar arbeitet C außerhalb der IT-Abteilung, die Vergleichbarkeit der Arbeitnehmer ist im Rahmen der Sozialauswahl jedoch auf alle Arbeitnehmer des Betriebes zu erstrecken. Demnach besteht der Sekretärinnenpool aus den Damen A, B und C. Weitere Sekretärinnen der A-GmbH wären sicherlich auch mit A, B und C vergleichbar. Dem Fall nach gibt es aber bei der A-GmbH keine weiteren Sekretärinnen.

Wie vergleichen Sie die Sozialdaten?

vier Kriterien

Nachdem nun die vergleichbaren Arbeitnehmer je einem Pool zugeordnet wurden, sind jetzt die Sozialdaten der sich im jeweiligen Pool befindlichen Arbeitnehmer der A-GmbH miteinander zu vergleichen und zu gewichten. Dies geschieht anhand der Kriterien:

- Dauer der Betriebszugehörigkeit
- Lebensalter
- Unterhaltsverpflichtungen
- Schwerbehinderung.

Achtung

Durch die in dem „Gesetz zu Reformen am Arbeitsmarkt" bzw. der „agenda 2010" vorgenommene Änderung des KSchG wird die Sozialauswahl nunmehr ausschließlich anhand der aufgeführten vier Kriterien überprüft. Darüber hinaus gehende soziale Gesichtspunkte, wie z.B. Gesundheitszustand, pflegebedürftige Angehörige, etc. werden nicht mehr berücksichtigt. Weitere Einzelheiten finden Sie auf Seite 30.

Gewichtung der Kriterien

Das BAG hat in seiner früheren Rechtsprechung darauf hingewiesen, dass dem Kriterium der Betriebszugehörigkeit die größte Gewichtung beizumessen ist. Es folgen an zweiter Stell die Kriterien Lebensalter und Unterhaltsverpflichtungen. Welchen Stellenwert das Kriterium der Schwerbehinderung besitzt, ist derzeit noch offen.
Aufgrund des den Schwerbehinderten jedoch ohnehin zustehenden besonderen Kündigungsschutzes nach dem SGB IX spricht einiges dafür, dass es bei der Betriebszugehörigkeit als wichtigstem Kriterium der Sozialauswahl verbleibt, während die anderen Kriterien in etwa auf gleicher Stufe stehen dürften.

Ergebnis: Vergleich der Sozialdaten Pool „Informatiker"

Vergleich entfällt

Innerhalb des Pools der Informatiker erübrigt sich ein Vergleich der Sozialdaten, da allen Informatikern der IT-Abteilung gekündigt werden soll. Informatiker außerhalb der IT-Abteilung sind in der A-GmbH nicht beschäftigt, daher auch nicht im Pool der Informatiker enthalten und nehmen deshalb auch nicht an der Sozialauswahl teil.

Ergebnis: Vergleich der Sozialdaten Pool „IT-Leiter"

Sozialauswahl erübrigt sich.

Im Pool aller vergleichbaren IT-Leiter der A-GmbH befindet sich nur der eine IT-Leiter der IT-Abteilung. Da allen Arbeitnehmern der IT-Abteilung gekündigt werden soll, erübrigt sich auch hier eine Sozialauswahl.

Ergebnis: Vergleich der Sozialdaten Pool „Sekretärinnen"

Sozialauswahl findet zwischen A, B und C statt.

Im Pool der vergleichbaren Sekretärinnen befinden sich neben den in der IT-Abteilung beschäftigten A und B auch noch die außerhalb der Abteilung beschäftigte, aber mit A und B vergleichbare C.
Hier fragt es sich nun, ob durch die geplante Stilllegung der IT-Abteilung beiden Sekretärinnen A und B gekündigt werden kann oder ob vorrangig C gekündigt werden muss und eine der Damen A bzw. B auf der Stelle der C weiterarbeiten darf.
Ein Vergleich der Sozialdaten der drei Damen ergibt Folgendes:

- *Frau A ist seit 20 Jahren im Betrieb der A-GmbH beschäftigt, 45 Jahre alt, verheiratet und hat 2 unterhaltspflichtige Kinder.*
- *Frau B ist 2 Jahre im Betrieb der A-GmbH beschäftigt und ledig.*
- *Frau C ist 5 Jahre im Betrieb der A-GmbH beschäftigt, 28 Jahre alt, verheiratet und hat 2 unterhaltspflichtige Kinder.*

Nach einem Vergleich der vier Kriterien der Sozialauswahl Betriebszugehörigkeit, Lebensalter, Unterhaltsverpflichtungen, Schwerbehinderung kommt man zu folgendem Ergebnis:

Ergebnis

Da die A wesentlich sozial stärker ist als C und B, muss vor einer Kündigung der A den Damen C und B gekündigt werden. Frau A wird nach der Stilllegung der IT-Abteilung dann die Tätigkeit der C außerhalb der IT-Abteilung verrichten.

8. Schritt: Leistungsträgerklausel

keine Anwendung der Leistungsträgerklausel

Für die neu in das Gesetz aufgenommene Leistungsträgerklausel ist im vorliegenden Fall kein Anwendungsbereich gegeben. Insbesondere sind dem Fall nach keine Arbeitnehmer der IT-Abteilung aus der Sozialauswahl herauszunehmen, deren Weiterbeschäftigung, insbesondere wegen ihrer Kenntnisse, Fähigkeiten und Leistungen oder zur Sicherung einer ausgewogenen Personalstruktur des Betriebes, im berechtigten betrieblichen Interesse liegt. Vielmehr soll die komplette IT-Abteilung stillgelegt werden, ohne Rücksicht auf evtl. Leistungsträger.

Zu Einzelheiten zur Leistungsträgerklausel siehe Kapitel 1, Seite 45. Beachte hier auch die Ausführungen zur Vereinbarkeit von KSchG und AGG (Seite 34 ff. und Seite 261 ff.).

Ergebnis

Im vorliegenden Fall kann also allen Arbeitnehmern der IT-Abteilung gekündigt werden bis auf Frau A, die zukünftig die Arbeit der an ihrer Stelle zu kündigenden Frau C erledigt.

9. Schritt: Wie ist der Betriebsrat zu beteiligen?

Betriebsrat muss zu jeder Kündigung gehört werden.

Nach § 102 BetrVG ist der Betriebsrat vor jeder Kündigung anzuhören. Es ist insbesondere aufgrund der im Vorfeld durchgeführten Beratungen mit dem Betriebsrat (Interessenausgleich / Sozialplan / Massenentlassung) nicht überflüssig, den Betriebsrat wegen jeder auszusprechenden Kündigung erneut anzuhören.

Im vorliegenden Fall muss der Arbeitgeber den Betriebsrat demnach über jede einzelne Kündigung vorher förmlich anhören und seine Stellungnahme abwarten.

Tipp

Die Anhörung des Betriebsrats kann im Einzelfall schwierig sein. Dem Betriebsrat sind im Rahmen der Anhörung alle Gründe, die aus Sicht des Arbeitgebers die Kündigung rechtfertigen, bekannt zugeben (so genannte subjektive Determination). Allein durch die Anhörung des Betriebsrats muss dieser in der Lage sein, sich ein vollständiges Bild von der beabsichtigten Kündigung machen zu können.

(Einzelheiten zur Betriebsratsanhörung siehe Seite 283.)

Muster: Anhörung des Betriebsrats

siehe CD-ROM

An den Betriebsrat der [Firma]
über den Betriebsratsvorsitzenden [Name]
im Hause

Sehr geehrte Damen und Herren,

wir beabsichtigen den/der [Vorname und Name des Arbeitnehmers], geboren am ..., wohnhaft in ..., [ledig/verheiratet/geschieden], [Anzahl] Kinder, bei uns als [Position] beschäftigt, ordentlich, fristgerecht zum ... aus betriebsbedingten Gründen zu kündigen.

Die Kündigung ist aus folgenden Gründen erforderlich:

[Hier sind alle Kündigungsgründe anzugeben auf die die Kündigung gestützt werden soll. Insbesondere die Sozialauswahl und Sozialdaten aller vergleichbarer Arbeitnehmer angeben.]

Wir bitten um abschließende Stellungnahme.

____

(Ort, Datum, Unterschrift des GF)

Abschließende Stellungnahme des Betriebsrats:

Gegen die beabsichtigte Kündigung haben wir keine / folgende Bedenken / erheben wir aus folgenden Gründen Widerspruch ...

______________________________ ______________________________

(Ort, Datum, Unterschrift des GF) (Unterschrift des Betriebsratsvorsitzenden)

10. Schritt: Welche Fristen sind bei der Kündigung zu beachten?

Die Kündigungsfrist eines Arbeitsverhältnisses richtet sich grundsätzlich nach § 622 BGB.

Hiernach kann das Arbeitsverhältnis eines Arbeitnehmers mit einer Frist von vier Wochen zum 15. oder Ende eines Kalendermonats gekündigt werden.

vier Wochen

Für ältere Arbeitnehmer verlängert sich je nach Dauer der Betriebszugehörigkeit die *arbeitgeberseitige* Kündigungsfrist nach dem Schema des § 622 Abs. 2 BGB. Zeiten, die vor Vollendung des 25. Lebensjahres liegen, werden bei der Betriebszugehörigkeit allerdings nicht mitgerechnet.

ältere Arbeitnehmer

Eine Verlängerung der gesetzlichen Kündigungsfristen ist per Einzelarbeitsvertrag oder Tarifvertrag möglich. Eine Verkürzung der Kündigungsfristen ist dagegen nur durch einen Tarifvertrag oder bei Vorliegen besonderer Voraussetzungen möglich, *z.B.* Probezeit, Aushilfsarbeitnehmer, Kleinbetriebe.

Verlängerung, Verkürzung der Kündigungsfrist

Achtung

Die Kündigungsfrist des Arbeitnehmers selbst verlängert sich nicht automatisch in Abhängigkeit von der Dauer der Betriebszugehörigkeit, sondern beträgt grundsätzlich vier Wochen zum 15. oder Ende eines Kalendermonats.

Eine Verlängerung der Kündigungsfristen durch den Arbeitnehmer ist allerdings möglich durch Regelung in einem Tarifvertrag bzw. Einzelarbeitsvertrag. Dabei ist jedoch zu beachten, dass die Kündigungsfrist des Arbeitnehmers nicht länger sein darf, als die des Arbeitgebers.

Im vorliegenden Fall liegt keine Verlängerung oder Verkürzung der gesetzlichen Kündigungsfristen per Tarifvertrag oder Einzelarbeitsvertrag vor, sodass es bei der gesetzlichen Kündigungsfrist des § 622 Abs. 2 BGB bleibt.

Die gesetzlichen Kündigungsfristen der Arbeitnehmer der A-GmbH sind demnach abhängig von ihrer Betriebszugehörigkeit unterschiedlich lang.

Ergebnis

11. Schritt: Wie muss die Kündigungserklärung aussehen?

Seit dem 1. Mai 2000 bedarf grundsätzlich jede Kündigung zu ihrer Wirksamkeit der Schriftform, § 623 BGB.

keine Kündigung per Fax oder E-Mail

Schriftform bedeutet, dass die Kündigung vom Aussteller eigenhändig durch Namensunterschrift oder mittels notariell beglaubigten Handzeichens unterzeichnet sein muss. Fax oder E-Mail genügen insoweit dem Schriftformerfordernis nicht.

> **Achtung**
>
> Die Kündigung muss unbedingt unterschrieben sein und dem zu Kündigenden tatsächlich zugehen. Eine Kündigung per Fax oder E-Mail ist nicht möglich.

Es ist wichtig, dass die Kündigung von einem Kündigungsberechtigten unterschrieben ist. Das ist regelmäßig der Geschäftsführer, Prokurist oder Personalleiter.

keine Begründung

Eine Begründung für die Kündigung ist nicht vorgeschrieben und sollte in die Kündigungserklärung auch nicht aufgenommen werden.

Widerspruch des Betriebsrats

Sollte jedoch der Betriebsrat einer Kündigung widersprochen haben, muss der Arbeitgeber dem Kündigungsschreiben eine Abschrift der Stellungnahme des Betriebsrats beifügen.

Einzelheiten zu Zugang und Wirksamkeit der Kündigungserklärung siehe Grundlagenkapitel , Seite 278.

Muster: Kündigungsschreiben

siehe CD-ROM

Sehr geehrte/r Frau/Herr,

hiermit kündigen wir das zwischen uns am ... abgeschlossene Arbeitsverhältnis unter Einhaltung der gesetzlichen Kündigungsfrist zum ...

Wir weisen darauf hin, dass Sie nach § 37 b SGB III verpflichtet sind, sich nach Erhalt dieses Kündigungsschreibens unverzüglich bei der zuständigen Agentur für Arbeit (ehemals Arbeitsamt) als Arbeitsuchender zu melden, da andernfalls Ihr Anspruch auf Arbeitslosengeld gemindert werden kann. Sie sind zudem verpflichtet, selbst bei der Suche nach einem anderen Arbeitsplatz aktiv zu werden.

Mit freundlichen Grüßen

Geschäftsführer, Datum

2.4 Prüfschema

Das Prüfschema ist eine Tabelle, die nicht nur über alle wichtigen Prüfungspunkte, sondern auch über die rein organisatorischen Fragen („Was?") informiert, darüber hinaus Aufschluss gibt, in wessen Zuständigkeitsbereich („Wer?") die betreffenden Prüfungsschritte und Maßnahmen fallen, und zudem eine Zeitschiene („Bis wann?") enthält, in der Termine und Fristen eingetragen werden können.

siehe CD-ROM

	Was?	Wer?	Bis wann?
1.	Ist das KSchG anzuwenden?		
2.	Unternehmerische Entscheidung	Geschäftsführung	
3.	Fallen durch unternehmerische Entscheidung Arbeitsplätze weg?	Geschäftsführer/ Personalleiter	
4.	Liegt eine interessenausgleichs- und sozialplanpflichtige Betriebsänderung vor?	Personalleiter mit Betriebsrat	Mind. 3 Monate vor beabsichtigtem Kündigungsbeginn
5.	Liegt eine anzeigepflichtige Massenentlassung vor? Dann muss die zuständige Agentur für Arbeit (ehemals Arbeitsamt) informiert werden	Personalleiter	Spätestens 2 Monate vor Ausspruch der Kündigungen
6	Ist es notwendig, den Betriebsrat über die Entlassungen zu informieren	Personalleiter	
7	Welche Arbeitnehmer sind auf diesen Arbeitsplätzen beschäftigt?	Personalleiter	
8	Besteht für bestimmte Arbeitnehmer Sonderkündigungsschutz?	Personalleiter	
9	Gibt es alternative Beschäftigungsmöglichkeiten im Betrieb oder Unternehmen?	Personalleiter	
10	Gibt es unternehmensweit eine andere Weiterbeschäftigungsmöglichkeit?	Personalleiter	
11	Sind andere Maßnahmen außer der Beendigungskündigung möglich?	Personalleiter	
12	Welche Arbeitnehmer im Betrieb sind miteinander horizontal vergleichbar?	Personalleiter mit Fachvorgesetzten	

	Was?	Wer?	Bis wann?
13	Gewichtung der Sozialdaten	Personalleiter	
14	Anhörung des Betriebsrats vor der Kündigung	Personalleiter	Mindestens 1 Woche vor beabsichtigter Kündigung
15	Welche Kündigungsfrist gilt?	Personalleiter	
16	Schriftliche Kündigungserklärung	Personalleiter oder Geschäftsführer	
17	Persönliche Aushändigung des Originals an Empfänger	Personalleiter oder bevollmächtigter Bote	
18	Empfangsbestätigung bzw. bei Verweigerung: Zugang der Kündigung durch Zeugen sichern (Aktennotiz)	Personalleiter	

2.5 Arbeitsmittel auf der CD-ROM

Prüfschema

Das Prüfschema (siehe oben) steht Ihnen auf der CD-ROM zur Verfügung. Öffnen Sie es in Ihrer Textverarbeitungssoftware, tragen Sie in die Spalten „Wer?“ die jeweils Verantwortlichen namentlich ein und in und in die Spalte „Wann?“ einen konkreten Termin. Und selbstverständlich können Sie die Datei auch ausdrucken und speichern oder an alle Beteiligten wie ein Protokoll verteilen.

Muster: Interessenausgleich für die A-GmbH

In diesem Muster sind die zentralen Aspekte eines Interessensausgleichs, der zwischen Ihnen und dem Betriebsrat ausgehandelt werden muss,

Muster: Kündigungsschreiben

siehe CD-ROM

Tragen Sie in das Muster die persönlichen Daten des zu kündigenden Mitarbeiters ein. Berechnen Sie (z.B. mit dem Fristenrechner auf der CD-ROM) den Termin der Kündigung oder tragen Sie eine Standardformulierung („zum nächstmöglichen Zeitpunkt“ oder

„fristgerecht“) ein. Vergessen Sie nicht zu unterschreiben. Dann überreichen Sie die schriftliche Kündigung im Original (genaue Informationen zu Inhalt, Form, Zugang u.s.w. einer Kündigung siehe Grundlagenkapitel, ab Seite 261).

Muster: Anhörung des Betriebsrats

Tragen Sie die persönlichen Daten des zu kündigenden Mitarbeiters ein und führen Sie die in eckige Klammern gesetzte Anweisung aus: Hier sind alle Kündigungsgründe anzugeben auf die die Kündigung gestützt werden soll. Geben Sie insbesondere die Sozialauswahl und Sozialdaten aller vergleichbarer Arbeitnehmer an.

> **Achtung**
> Es ist wichtig, dass die Betriebsratsanhörung immer genau auf den Einzelfall abgestimmt ist.

3 Kündigung bei Betriebsübergang

Überblick

Die Kündigung des Arbeitsverhältnisses eines Arbeitnehmers durch den Veräußerer oder Erwerber wegen des Übergangs eines Betriebes oder Betriebsteils ist nach § 613 a Abs. 4 Satz 1 BGB unwirksam. Die Kündigung des Arbeitsverhältnisses aus anderen Gründen (z.B. betriebsbedingten Gründen) bleibt hiervon aber unberührt.
Gerade die Fragen, ob ein Betriebsübergang vorliegt und wie die Kündigung wegen des Betriebsübergangs von einer Kündigung aus anderen Gründen abzugrenzen ist, sind im Einzelfall schwer zu beantworten.

3.1 Beispiele für den Betriebsübergang

Ein Betriebsübergang gem. § 613 a BGB kann u.a. in den folgenden Fällen stattfinden:

- Veräußerung eines ganzen Betriebes
- Veräußerung eines Betriebsteils
- Übernahme eines wesentlichen Teils des Personals
- Verschmelzung zweier Betriebe

Im Folgenden erhalten Sie zu den einzelnen Fallgruppen eine kurze Beschreibung und konkrete Beispiele.

Veräußerung eines ganzen Betriebes

ganzer Betrieb

Veräußert der Inhaber eines Betriebes seinen Betrieb mit allen materiellen und immateriellen Gütern komplett an einen Erwerber, kann ein Betriebsübergang vorliegen.

Veräußerung eines Betriebsteils

abgrenzbarer Betriebsteil

Auch wenn „nur" ein abgrenzbarer Teil eines Betriebes an den Erwerber veräußert wird, liegt für diesen Teil des Betriebes ein Betriebsübergang mit den vorgesehenen Rechtsfolgen vor.

Übernahme eines nach Zahl und Sachkunde wesentlichen Teils des Personals

Gerade bei Dienstleistungsbetrieben, die kaum über nennenswerte Betriebsmittel verfügen, kann es schon zu einem Betriebsübergang kommen, wenn vom Erwerber nur ein nach Zahl und Sachkunde wesentlicher Teil des Personals übernommen wird. Dienstleistungsbetriebe

Verschmelzung zweier Betriebe

Sollte ein Betrieb mit einem anderen verschmelzen, verweist das Umwandlungsgesetz insoweit auf die Vorschriften des Betriebsübergangs. Umwandlungsgesetz

3.2 Welche Kriterien bietet die Rechtsprechung?

Die Frage, ob ein Betriebsübergang vorliegt, wird von den Gerichten anhand der beiden folgenden Kriterien geprüft:

- Tatbestand des Betriebsübergangs
- Rechtsfolge des Betriebsübergangs

1. Kriterium: Tatbestand des Betriebsübergangs

Ein Betriebsübergang muss nach der Richtlinie der EG über die „Wahrung von Ansprüchen der Arbeitnehmer beim Übergang von Unternehmen, Betrieben und Betriebsteilen“ sowie der Rechtsprechung des EuGH europarechtskonform ausgelegt werden. EG-Richtlinie

Unter den Begriffen Unternehmen, Betrieb und Betriebsteil wird von EuGH und BAG eine *„wirtschaftliche Einheit“* verstanden. Wirtschaftliche Einheit ist die *„organisierte Gesamtheit von Personen und Sachen zur Ausübung einer wirtschaftlichen Tätigkeit mit eigener Zielsetzung“* ist. Ein Übergang liegt demnach vor, wenn die wirtschaftliche Einheit nach dem Übergang ihre *„Identität gewahrt“* hat. wirtschaftliche Einheit

Tipp

Nach der Auslegung der Richtlinie wird die Frage nach den tatbestandlichen Voraussetzungen eines Betriebsübergangs demnach in folgenden drei Stufen geprüft:

1. Stellt die auf eine andere Person übergegangene Organisation eine *„wirtschaftliche Einheit"* dar?
2. Worin liegen ihre *„identitätsprägenden Merkmale"*?
3. Hat der Inhaberwechsel diese *identitätsprägenden Merkmale bewahrt*, d.h. unberührt gelassen?

Umstände des Einzelfalls

Bei der wichtigen Frage, ob eine wirtschaftliche Einheit identitätswahrend übergegangen ist, sind die gesamten Umstände des Einzelfalls zu berücksichtigen. Es ist eine Gesamtbewertung mindestens aller im Folgenden aufgeführten sieben Teilaspekte vorzunehmen.

1. Art des betreffenden Unternehmens oder Betriebes? (z.B. Produktionsbetrieb, Dienstleistungsbetrieb, Handel, etc.)
2. Übergang von materiellen Betriebsmitteln? (z.B. Immobilien, Maschinen, etc.)
3. Wert der immateriellen Aktiva im Zeitpunkt des Übergangs? (z.B. Know-how, Lizenzen, etc.)
4. Übernahme der Hauptbelegschaft durch den neuen Inhaber?
5. Übergang der Kundschaft? (z.B. Stammkunden, einzelne Kunden, etc.)
6. Grad der Ähnlichkeit zwischen den vor und nach dem Übergang tatsächlich verrichteten Tätigkeiten?
7. Dauer einer evtl. Unterbrechung dieser Tätigkeiten? (Beachte: Betriebsstilllegung schließt Übergang aus).

Tipp

Vereinfacht ist hier die Frage zu beantworten, ob sich der Erwerber „in ein gemachtes Nest legt" (dann Betriebsübergang) oder aber eine völlig neue Organisation aufbaut (dann kein Betriebsübergang).

Wahrung der wirtschaftlichen Einheit

Ein Betriebsübergang, der die Rechtsfolgen des § 613 a BGB auslöst, liegt demnach dann vor, wenn von einem neuen Betriebsinhaber eine durch ein Rechtsgeschäft übernommene bestehende wirtschaftliche Einheit gewahrt und tatsächlich weitergeführt wird.

Ein erforderliches Rechtsgeschäft liegt dann vor, wenn der Erwerber die tatsächliche Leitungsmacht des Betriebes übernimmt. tatsächliche Leitungsmacht

Es ist jedoch zu beachten, dass die Rechtsprechung dem von einem Betriebsübergang betroffenen Arbeitnehmer ein *Widerspruchsrecht* zubilligt. Widerspruchsrecht des Arbeitnehmers

Nach § 613 a Abs. VI BGB kann der Arbeitnehmer dem Übergang des Arbeitsverhältnisses innerhalb eines Monats nach Zugang der Unterrichtung des Arbeitgebers über den Betriebsübergang (der Arbeitgeber muss alle vom Betriebsübergang betroffenen Arbeitnehmer vor dem Betriebsübergang in Textform über die Einzelheiten des bevorstehenden Betriebsübergangs unterrichten) schriftlich gegenüber dem alten oder neuen Betriebsinhaber widersprechen. Widerspruchsfrist, Form, Adressat

Achtung

Der bisherige Arbeitgeber oder der neue Inhaber hat die von einem Betriebsübergang betroffenen Arbeitnehmer vor dem Übergang in Textform zu unterrichten über:

1. den Zeitpunkt oder den geplanten Zeitpunkt des Übergangs,
2. den Grund für den Übergang,
3. die rechtlichen, wirtschaftlichen und sozialen Folgen des Übergangs für die Arbeitnehmer und
4. die hinsichtlich der Arbeitnehmer in Aussicht genommenen Maßnahmen.

Im Rahmen eines Betriebsübergangs geht das zum Veräußerer bestehende Arbeitsverhältnis dann nicht auf den Erwerber über, wenn der Arbeitnehmer dem Betriebsübergang innerhalb eines Monats nach Zugang der Unterrichtung schriftlich gegenüber dem neuen oder alten Betriebsinhaber widerspricht. kein Übergang des Arbeitsverhältnisses auf den Erwerber

Achtung

In einem solchen Fall des Widerspruchs gegen einen Betriebsübergang bleibt das Arbeitsverhältnis zum Veräußerer bestehen. Nicht selten besteht dann aber ein betriebsbedingter Kündigungsgrund des Veräußerers, da eine weitere Beschäftigung beim Veräußerer u. U. nicht mehr besteht.

2. Kriterium: Rechtsfolge des Betriebsübergangs

Bestehende Arbeitsbedingungen müssen beibehalten werden.

Geht ein Betrieb oder Betriebsteil (auf Dauer angelegte wirtschaftliche Einheit, s.o.) durch Rechtsgeschäft auf einen anderen Inhaber über (Wahrung der wirtschaftlichen Identität der betreffenden wirtschaftlichen Einheit, s.o.), dann tritt der neue Betriebsinhaber grundsätzlich in alle Rechte und Pflichten aus den im Zeitpunkt des Übergangs bestehenden Arbeitsverhältnissen ein, § 613 a Abs. 1 Satz 1 BGB. Das heißt, dass die bestehenden Arbeitsbedingungen grundsätzlich beibehalten werden müssen.

Kündigung wegen Betriebsübergang ist unzulässig, nicht aber Kündigung aus anderen Gründen.

Außerdem sind Kündigungen des Arbeitsverhältnisses eines Arbeitnehmers durch den bisherigen Arbeitgeber oder durch den neuen Inhaber *wegen* des Betriebsübergangs oder Betriebsteilübergangs unwirksam. Das Recht zur Kündigung des Arbeitsverhältnisses *aus anderen Gründen* (als denen des Betriebsübergangs) ist aber möglich, § 613 a Abs. IV BGB.

Eine Kündigung ist „wegen des Betriebs(-teil-)übergangs" ausgesprochen, wenn der Betriebsübergang die überwiegende Ursache, also der eigentliche Beweggrund, für die Kündigung ist. Maßgeblich sind dabei die Verhältnisse beim Zugang der Kündigungserklärung.

Achtung

Der Betriebsübergang selbst darf nicht der Kündigungsgrund sein!

Es ist jedoch möglich, dass eine Kündigung ausgesprochen wird, wenn es neben dem Betriebsübergang einen sachlichen Grund gibt, der aus sich heraus die Kündigung rechtfertigt, sodass der Betriebsübergang nur der äußere Anlass, nicht aber tragender Grund für die Kündigung ist.

Betriebsbedingte Kündigung sind zulässig.

Kündigungen, die aus anderen Gründen als dem Betriebsübergang erfolgen, sind also nach wie vor zulässig, da § 613 a BGB den Arbeitnehmer nicht vor Risiken schützen soll, die sich jederzeit unabhängig vom Betriebsübergang ergeben können. Insbesondere führt die Vorschrift nicht zu einem Ausschluss notwendiger unternehmerischer Rationalisierungsmaßnahmen. Insbesondere betriebsbedingte Kündigungen sind demnach weiterhin zulässig.

3.3 Der Fall: Verkauf der Cafeteria

Im September 2003 beschließt das Unternehmen A, seine Cafeteria zum 1.1.2004 an den Catering-Service C zu verkaufen. Es sollen die Küchenmaschinen, das Geschirr, die Tische und Stühle sowie alle Lagerbestände und Vorräte verkauft werden. Insbesondere sollen auch der Koch und fast alle Servicekräfte übernommen werden, damit der Betrieb der Cafeteria für A unverzüglich weitergeführt werden kann. Das Essensangebot des A soll auch bei C weit gehend beibehalten werden.

Kündigung der Servicekraft D

Während der Verkaufsgespräche rieten die Unternehmensberater dem C nur dann zum Kauf der Cafeteria, wenn wenigstens eine Servicekraft des A eingespart, d.h. gekündigt wird.

Um die Cafeteria verkaufsfähig zu machen, erwägt das Unternehmen A (aufgrund des Konzeptes des potentiellen Käufers) eine betriebsbedingte Kündigung der Servicekraft D, die die schlechtesten Sozialdaten aufweist. Die ordentliche Kündigungsfrist der D dauert bis zum 31.3.2004.

Nach der Übernahme

Einstellung einer neuen Servicekraft

Nach der Übernahme der Cafeteria durch C kommt es noch innerhalb der offenen Kündigungsfrist der F dazu, dass aufgrund der großen Essensnachfrage bis zum 1.2.2004 eine neue Servicekraft bei C eingestellt werden muss.

D ist der Meinung, dass sie nun einen Wiedereinstellungsanspruch gegen C auf Weiterbeschäftigung als Servicekraft hätte, da zum Zeitpunkt der Kündigung nicht absehbar war, dass demnächst doch wieder eine Servicekraft mehr beschäftigt werden muss.

Widerspruch gegen Übernahme

Nach Unterrichtung aller Arbeitnehmer der Cafeteria über den Betriebsübergang durch A und C widerspricht die Servicekraft E dem Betriebsübergang auf C. Sie ist der Meinung, es könne ihr nicht zugemutet werden, bei einem neuen Arbeitgeber zu arbeiten, den sie gar nicht kennt. Sie verlangt Weiterbeschäftigung bei A als Servicekraft.

Hieraufhin erwägt A, der E betriebsbedingt zu kündigen, da er nach Verkauf der Cafeteria keine Verwendung für E als Servicekraft im Unternehmen hat.

Was ist zu prüfen?

Es sind somit die folgenden vier Fragen zu prüfen:

1. Liegt ein Betriebsübergang von A auf C vor?
2. Kann das Unternhemen A die Servicekraft D kündigen?

3. Hat D gegen C einen Wiedereinstellungsanspruch?
4. Kann A der Servicekraft E kündigen?

Die Lösung des Falles richtet sich danach, ob ein Betriebsübergang von A auf C stattgefunden hat. Sollte ein Betriebsübergang vorliegen, ist der Erwerber C grundsätzlich verpflichtet, in alle Rechte und Pflichten aus den im Zeitpunkt des Übergangs bestehenden Arbeitsverhältnissen einzutreten. Ferner wäre die Kündigung von Arbeitnehmern wegen des Betriebsübergangs unwirksam.

Frage 1: Liegt ein Betriebsübergang von A auf C vor?

dreistufige Prüfung

Unter Zugrundelegung der Rechtsprechung des EuGH und BAG wird unter Betriebsübergang die Wahrung der wirtschaftlichen Identität der betreffenden wirtschaftlichen Einheit verstanden. Die Frage, ob eine wirtschaftliche Einheit identitätswahrend übergegangen ist, wird in drei Stufen geprüft (s.o.).

1. Schritt: Stellt die auf C übergegangene Organisation eine „wirtschaftliche Einheit" dar?

Unter „wirtschaftlicher Einheit“ versteht die Rechtsprechung die organisierte Gesamtheit von Personen und Sachen zur Ausübung einer wirtschaftlichen Tätigkeit mit eigener Zielsetzung.

Cafeteria ist eine wirtschaftliche Einheit.

Unzweifelhaft stellt nach dieser Definition die Cafeteria eine derartige wirtschaftliche Einheit dar. Es sind Servicekräfte und der Koch zum Ziel, die Arbeitnehmer bei A zu bekochen, innerhalb der A organisiert.

2. Schritt: Worin liegen die identitätsprägenden Merkmale?

Die Frage, worin bei der Cafeteria die Merkmale liegen, die ihre Identität prägen, ist eng verknüpft mit der Frage, ob durch den Inhaberwechsel diese Merkmale unberührt gelassen wurden. Aus diesem Grund wird dieser Prüfungspunkt gleich mit dem 3. Schritt zusammengefasst.

Zu bemerken bleibt allerdings, dass bei einer firmeneigenen Cafeteria nach der Art des Betriebes ganz erhebliches Augenmerk auf das Know-how des Kochs, also die immateriellen Aktiva, und die Stammkundschaft (= Arbeitnehmer der A) zu legen ist.

Es kommt auf das Know-how des Kochs und die Beibehaltung der Stammkundschaft an.

3. Schritt: Hat der Inhaberwechsel die identitätsprägenden Merkmale bewahrt?

Hier sind sämtliche Umstände des Einzelfalls zu berücksichtigen und eine Gesamtbewertung aller Aspekte vorzunehmen.
Insbesondere müssen alle im Folgenden dargestellten sieben Teilaspekte untersucht werden:

1. Art des betreffenden Unternehmens oder Betriebes?
   Vorliegend handelt es sich um einen Catering-Service, also einen Dienstleistungsbetrieb.
   Gerade bei derartigen Dienstleistungsbetrieben kommt es nicht so sehr auf die Betriebsmittel, sondern im Wesentlichen auf die menschliche Arbeitskraft an. So hat die Übernahme des Kochs sowie aller anderen nach Zahl und Sachkunde wesentlichen Teile des Personals, die mit ihrem Know-how wesentlich zum Gelingen der Kantine beitragen, maßgebliches Gewicht bei der Frage, ob ein Betriebsübergang vorliegt.
   Ein weiteres Augenmerk ist bei Dienstleistungsbetrieben auf die Arbeitsorganisation und Betriebsmethoden zu richten. Im vorliegenden Fall wurden alle Know-how-Träger samt der Arbeitsorganisation und den Betriebsmethoden übernommen.

   Dienstleistungsbetrieb menschliche Arbeitskraft

2. Übergang von materiellen Betriebsmitteln?
   Im vorliegenden Fall werden von der C sämtliche Küchenmaschinen, das Geschirr, die Tische und Stühle sowie alle Lagerbestände und Vorräte übernommen.
   Dieses Kriterium spricht also deutlich für einen Betriebsübergang.

   Kücheninventar wird übernommen.

3. Wert der immateriellen Aktiva im Zeitpunkt des Übergangs?
   Zum Wert der immateriellen Aktiva wie Know-how, Lizenzen, etc. macht der Fall keine Ausführungen. Es ist jedoch davon auszugehen, dass gerade in einem Dienstleistungsbetrieb wie dem einer Kantine auf das Know-how des Kochs großer Wert gelegt wird.

   Arbeitsverhältnis des Kochs ist übergegangen.

Nachdem der Koch übergeht, spricht auch dies für einen Betriebsübergang.

4. Übernahme der Hauptbelegschaft?

Arbeitsverhältnisse sind übergegangen.

Im vorliegenden Fall werden (bis auf wenige Arbeitnehmer) sowohl der Koch, als auch sämtliche Servicekräfte der A von C übernommen. Dies spricht auch für einen Betriebsübergang auf C.

5. Übergang der Kundschaft?

Die Stammkunden der A waren alle Arbeitnehmer der A. Daran ändert sich nichts, da auch die C die Cafeteria weiterhin in den Räumlichkeiten der A betreibt.

Kundschaft bleibt gleich.

Aus diesem Grund wird auch die Kundschaft weit gehend gleich bleiben und somit übernommen. Dies spricht für einen Betriebsübergang.

6. Grad der Ähnlichkeit zwischen den vor und nach dem Übergang tatsächlich verrichteten Tätigkeiten?

Essensangebot bleibt gleich.

Auch C wird die Cafeteria weiterbetrieben. Insbesondere soll das Essensangebot des A bei C weit gehend erhalten bleiben.
Dies spricht für einen Betriebsübergang.

7. Dauer einer evtl. Unterbrechung dieser Tätigkeiten?

Betrieb geht weiter.

Dem Sachverhalt des Falles ist zu entnehmen, dass der Betrieb der Cafeteria für A unverzüglich fortgesetzt werden soll. Eine Unterbrechung der Tätigkeiten ist demnach nicht geplant.
Aus diesem Grund spricht auch die unverzügliche Fortführung des Betriebes für einen Betriebsübergang.

Ergebnis

Nach Abwägung aller Umstände des Einzelfalls, insbesondere aber auch der vorgenannten Kriterien, bleibt demnach bei der Fortführung der Cafeteria durch C die wirtschaftliche Identität der ehemals bei A betriebenen Cafeteria gewahrt, da die die Cafeteria prägenden Merkmale durch den Übergang auf C beibehalten, d.h. gewahrt bleiben.
Aus diesem Grund liegt ein Betriebsübergang von A auf C vor.

Frage 2: Kann der Servicekraft D durch A gekündigt werden?

Wie soeben festgestellt wurde, liegt bei der Übernahme der Cafeteria durch C ein Betriebsübergang vor.

Nach § 613 a Abs. IV Satz 1 BGB ist als Rechtsfolge aus einem Betriebsübergang die Kündigung des Arbeitsverhältnisses eines Arbeitnehmers durch den Veräußerer (A) oder durch den Erwerber (C) wegen des Übergangs eines Betriebes oder Betriebsteils unwirksam.

eigenständiges Kündigungsverbot; KSchG findet keine Anwendung.

Die Rechtsprechung geht insoweit von einem eigenständigen Kündigungsverbot aus. Die Konsequenz daraus, dass § 613 a Abs. IV BGB ein eigenständiges Kündigungsverbot enthält, ist u.a., dass die Kündigung wegen eines Betriebsübergangs auch dann unwirksam ist, wenn die D gar keinen oder noch keinen Kündigungsschutz nach dem KSchG genießt. Dies wäre dann der Fall, wenn bei A weniger als 6 Arbeitnehmer beschäftigt sind oder aber D kürzer als 6 Monate im Betrieb der A beschäftigt war. *Beides ist dem Sachverhalt aber nicht zu entnehmen.*

Allerdings bleibt das Recht zur Kündigung des Arbeitsverhältnisses aus anderen Gründen hiervon unberührt.

KSchG ist anwendbar, wenn Kündigung aus anderen Gründen erfolgt.

Wird die Kündigung nicht allein wegen des Betriebsübergangs ausgesprochen, sondern kommen andere Gründe für eine soziale Rechtfertigung in Betracht, ist die Anwendbarkeit des KSchG zu beachten. Im Rahmen der Kündigungsschutzklage werden vom Arbeitsgericht dann jedoch sämtliche Unwirksamkeitsgründe, d.h. auch § 613 a Abs. 4 BGB überprüft.

Es fragt sich hier also, ob die beabsichtigte Kündigung der Servicekraft D unzulässigerweise wegen des Betriebsübergangs oder aus anderen Gründen erfolgen soll.

1. Schritt: Kündigung wegen des Betriebsübergangs ausgeschlossen?

Zugang der Kündigungserklärung

Die Kündigung der D wäre wegen des Betriebsübergangs ausgesprochen, wenn der Betriebsübergang von A auf C die überwiegende Ursache für die Kündigung ist. Maßgeblich sind dabei die Verhältnisse bei Zugang der Kündigungserklärung.

Hierbei darf der Betriebsübergang selbst nicht der eigentliche Kündigungsgrund sein. Zulässig ist es, wenn es neben dem Betriebsübergang einen sachlichen Grund gibt, der „aus sich heraus“ die Kündigung rechtfertigen würde.

C kauft die Cafeteria nur, wenn eine Servicekraft „wegrationalisiert" wird.

Im vorliegenden Fall beabsichtigt A der Servicekraft D zu kündigen, da C die Cafeteria nur dann übernehmen möchte, wenn wenigstens eine Servicekraft gekündigt wird. Seiner Meinung nach kann die anstehende Arbeit nämlich auch mit einer Servicekraft weniger bewerkstelligt werden. Um die Cafeteria verkaufsfähig zu machen, beabsichtigt A daher eine betriebsbedingte Kündigung der sozial schwächsten D.

Betriebsübergang ist nur äußerer Anlass für Kündigung.

Hiernach ist der Betriebsübergang nicht der tragende Grund, sondern nur der äußere Anlass für die beabsichtigte Kündigung.

Kündigungen, die aus anderen Gründen als dem Betriebsübergang erfolgen, sind nach § 613 a Abs. 4 Satz 2 BGB zulässig. § 613 a BGB schützt nämlich die D nicht vor Risiken, die sich auch unabhängig vom Betriebsübergang ergeben können. Insbesondere führt § 613 a BGB nicht zu einem Ausschluss notwendiger unternehmerischer Rationalisierungsmaßnahmen.

Kündigung wäre auch ohne Betriebsübergang unvermeidbar gewesen.

Das BAG hat in diesem Zusammenhang eine betriebsbedingte Kündigung akzeptiert, die zur Durchführung eines Sanierungskonzepts dient, das vom Erwerber (C) stammt, wenn der Veräußerer (A) dieses Konzept auch selbst verwirklichen könnte. In diesem Fall wäre die Kündigung nämlich auch ohne den Betriebsübergang unvermeidbar gewesen.

Vorliegend möchte A aufgrund des Erwerberkonzeptes von C die D aus Rationalisierungsgründen betriebsbedingt entlassen.
Auch ohne den Betriebsübergang hätte A das Konzept verfolgen können, die Cafeteria künftig nunmehr mit einer Servicekraft weniger zu betreiben und die anfallende Arbeit auf die übrig gebliebenen Servicekräfte zu verteilen.

Tipp

Um die Verkaufbarkeit eines Betriebes aufgrund eines Erwerberkonzeptes sicherzustellen, kann im zu veräußernden Betrieb auch im Vorfeld des Verkaufs eine mit betriebsbedingten Kündigungen einhergehende Arbeitsverdichtung erfolgen. Dies muss nicht zwangsläufig eine unwirksame Kündigung wegen des Betriebsübergangs darstellen.

Ergebnis

Aus diesem Grund liegt keine Kündigung wegen des Betriebsübergangs, sondern aus anderen Gründen vor.

2. Schritt: Kündigung aus anderen Gründen gerechtfertigt?

Prüfschema

Soeben wurde festgestellt, dass die geplante Kündigung der D nicht wegen des Betriebsübergangs unwirksam ist.
Es fragt sich jetzt aber, ob die geplante Kündigung der D (entsprechend dem bekannten Prüfschema) wirksam ist.

Besonderer Kündigungsschutz

Derartige besondere Schutznormen für bestimmte Personengruppen sind dem Fall nicht zu entnehmen (siehe Grundlagenkapitel Seite 288). Insbesondere ist die Kündigung der D auch nicht wegen des Betriebsübergangs geplant, sodass von vornherein schon die Unwirksamkeit der Kündigung feststünde.

Soziale Rechtfertigung der Kündigung

Es muss nun im Rahmen der sozialen Rechtfertigung der Kündigung der D geprüft werden, ob die Kündigung sozial gerechtfertigt ist.

Anwendbarkeit des Kündigungsschutzgesetzes?

Dem Fall ist vorliegend nicht zu entnehmen, ob D gem. §§ 1 Abs. 1 Satz 1 und 23 Abs. 1 KSchG mindestens sechs Monate dem Betrieb des A angehörte und A im Durchschnitt mehr als 10 Arbeitnehmer beschäftigt.
Zur Lösung des Falles wird dies aber angenommen.

Unternehmerische Entscheidung?

Es stellt sich hier wieder die Frage, ob es eine unternehmerische Entscheidung gibt, aufgrund der durch die Kündigung der D dem veränderten Arbeitsbedarf Rechnung getragen werden soll.

Arbeitsverdichtung

Vorliegend hat A aufgrund des Erwerberkonzeptes des C die Entscheidung getroffen, die vorhandene Arbeit zukünftig mit weniger Servicekräften zu bewältigen. Die derartige Arbeitsverdichtung stellt eine unternehmerische Entscheidung dar, die zwangsläufig den Entfall überflüssiger Arbeitsplätze zur Folge hat.

3

> **Achtung**
> Die Unternehmerentscheidung darf nicht auf die Kündigung einzelner Arbeitnehmer abzielen. Vielmehr darf die Kündigung der Arbeitnehmer nur das Mittel zur Umsetzung der Unternehmerentscheidung sein. Eine Unternehmerentscheidung, mit der eine Arbeitsverdichtung oder Konzentration erreicht werden soll, ist vom BAG jedoch anerkannt worden.

Keine alternative Beschäftigungsmöglichkeit im Unternehmen?

Freie Arbeitsplätze, auf die die D anstatt einer Kündigung versetzt werden könnte, sind bei A nicht vorhanden.

Kündigung ist Ultima Ratio?

Andere Mittel als die Beendigungskündigung zur Verwirklichung der Unternehmerentscheidung „Arbeitsverdichtung" sind nicht denkbar.

Richtige Sozialauswahl?

Hier fragt es sich nun, ob durch die Kündigung der D soziale Gesichtspunkte ausreichend berücksichtigt wurden.

Ergebnis

Laut Sachverhalt weist die D die schlechtesten Sozialdaten im Betrieb auf, sodass die Sozialauswahl durch die Kündigung der D richtig vorgenommen wurde.

3. Schritt: Beteiligung des Betriebsrats

Zur Frage Beteiligung Betriebsrat, Kündigungsfristen und Kündigungserklärung siehe in Kapitel 1 (Seite 46) und 2 (Seite 79) sowie im Grundlagenkapitel Seite 272 und 283.

Kündigungsfrist

Die Kündigungsfrist der D läuft entsprechend dem Sachverhalt bis zum 31.3.2004.

4. Schritt: Wie muss die Kündigungserklärung aussehen?

Seit dem 1. Mai 2000 bedarf grundsätzlich jede Kündigung zu ihrer Wirksamkeit der Schriftform, § 623 BGB.

Schriftform bedeutet, dass die Kündigung vom Aussteller eigenhändig durch Namensunterschrift oder mittels notariell beglaubigten Handzeichens unterzeichnet sein muss. Fax oder E-Mail genügen insoweit dem Schriftformerfordernis nicht.

keine Kündigung per Fax oder E-Mail

Achtung

Die Kündigung muss unbedingt unterschrieben sein und dem zu Kündigenden tatsächlich zugehen. Eine Kündigung per Fax oder E-Mail ist nicht möglich.

Es ist wichtig, dass die Kündigung von einem Kündigungsberechtigten unterschrieben ist. Das ist regelmäßig der Geschäftsführer, Prokurist oder Personalleiter.

Eine Begründung für die Kündigung ist nicht vorgeschrieben und sollte in die Kündigungserklärung auch nicht aufgenommen werden.

keine Begründung

Sollte jedoch der Betriebsrat einer Kündigung widersprochen haben, muss der Arbeitgeber dem Kündigungsschreiben eine Abschrift der Stellungnahme des Betriebsrats beifügen.

Widerspruch des Betriebsrats

Einzelheiten zu Zugang und Wirksamkeit der Kündigungserklärung siehe Grundlagenkapitel, Seite 278.

Muster: Kündigungsschreiben

siehe CD-ROM

> Sehr geehrte/r Frau/Herr,
>
> hiermit kündigen wir das zwischen uns am ... abgeschlossene Arbeitsverhältnis unter Einhaltung der gesetzlichen Kündigungsfrist zum ...
> Wir weisen darauf hin, dass Sie nach § 37 b SGB III verpflichtet sind, sich nach Erhalt dieses Kündigungsschreibens unverzüglich bei der zuständigen Agentur für Arbeit (ehemals Arbeitsamt) als Arbeitsuchender zu melden, da andernfalls Ihr Anspruch auf Arbeitslosengeld gemindert werden kann. Sie sind zudem verpflichtet, selbst bei der Suche nach einem anderen Arbeitsplatz aktiv zu werden.
>
> Mit freundlichen Grüßen
>
> ____________________
>
> Geschäftsführer, Datum

3

Frage 3: Hat D gegen C einen Wiedereinstellungsanspruch?

Soeben wurde festgestellt, dass die Kündigung der D wirksam war. Dies insbesondere deshalb, da zum Zeitpunkt der Kündigungserklärung die Umsetzung der unternehmerischen Entscheidung eine Kündigung der D notwendig erscheinen ließ.

Einstellung einer zusätzlichen Arbeitskraft

Nun verhält es sich aber so, dass nach der Übernahme der Cafeteria durch C aber noch während der Kündigungsfrist der D, die bis zum 31.3.2004 dauert, zum 1.2.2004 bei C doch eine zusätzliche Servicekraft eingestellt werden muss.

Es fragt sich also, ob dies dazu führt, dass C anstelle einer neu einzustellenden Servicekraft wieder eingestellt werden muss.

Es kommt auf den Zeitpunkt des Zugangs der Kündigung an!

Das BAG geht davon aus, dass die Wirksamkeit einer Kündigung (s.o.) nur nach den objektiven Verhältnissen zum Zeitpunkt des Zugangs der Kündigungserklärung beurteilt werden kann. Später eintretende Veränderungen bezüglich der Kündigungsgründe können die Wirksamkeit einer einmal ausgesprochenen Kündigung nicht mehr beeinflussen. Wenn dem Arbeitnehmer eine wirksame Kündigung zugegangen ist, tritt die Beendigung des Arbeitsverhältnisses unabhängig von der weiteren Entwicklung der Umstände ein.

falsche Prognose

Da auch eine betriebsbedingte Kündigung auf einer Prognose des Arbeitgebers beruht, bei Ablauf der Kündigungsfrist könne er die D nicht mehr weiterbeschäftigen, ist für den Fall, dass sich die Prognose als falsch herausstellt (z.B. weil innerhalb der offenen Kündigungsfrist nun doch ein Arbeitsplatz besetzt werden muss) unter bestimmten Voraussetzungen ein Anspruch des Arbeitnehmers auf Wiedereinstellung vom BAG generiert worden.

Die Voraussetzungen eines Wiedereinstellungsanspruches

Unter den folgenden Voraussetzungen ist ein Wiedereinstellungsanspruch zu bejahen:

Kündigung ist wirksam

1. an sich wirksame betriebsbedingte Kündigung aufgrund Prognoseentscheidung im Zeitpunkt des Zugangs der Kündigungserklärung:

Im vorliegenden Fall ist die Kündigung der D aufgrund der Entscheidung vor dem 1.2.2004 wirksam.

2. Wegfall des Kündigungsgrundes vor Ablauf der Kündigungsfrist: Ist der betriebsbedingte Kündigungsgrund noch während der Kündigungsfrist weggefallen, so hat der Arbeitgeber, jedenfalls wenn er über den Arbeitsplatz bislang nicht disponiert hat, regelmäßig kein schützenswertes Interesse daran, es bei der Beendigung des Arbeitsverhältnisses zu belassen.
   Im vorliegenden Fall ist zum 1.2.2004 der betriebsbedingte Kündigungsgrund weggefallen, da zu diesem Zeitpunkt eine neue Servicekraft die vakante Stelle der D einnehmen soll.

Betriebsbedingter Kündigungsgrund ist weggefallen.

3. Keine entgegenstehenden Interessen des Arbeitgebers: Sollte der Arbeitgeber über den unvorhersehbar wieder frei gewordenen Arbeitsplatz bereits verfügt haben, indem er bereits einen neuen Arbeitnehmer eingestellt hat, könnte ein der Wiedereinstellung des Arbeitnehmers entgegenstehendes Interesse aufseiten des Arbeitgebers bestehen, es sei denn der Arbeitgeber hätte durch eine schnelle Disposition über den freien Arbeitsplatz (obwohl er das Wiedereinstellungsbegehren des Arbeitnehmers kennt) die Wiedereinstellung treuwidrig vereitelt.
   Im vorliegenden Fall wurde über den wieder frei gewordenen Arbeitsplatz bislang nicht disponiert. Aus diesem Grund besteht kein entgegenstehendes, schützenswertes Interesse des Arbeitgebers.

Eine neue Service-Kraft ist noch nicht eingestellt worden.

D hat also einen Anspruch auf Wiedereinstellung bei C.

Ergebnis

Frage 4: Kann A der Servicekraft E kündigen?

Es fragt sich hier, ob die E nach Widerspruch gegen den Betriebsübergang auf C bei A weiterbeschäftigt werden muss, obwohl die Cafeteria bei A gar nicht mehr besteht, oder aber ob A ein betriebsbedingtes Kündigungsrecht hat.

Nach dem Wortlaut des § 613 a BGB tritt der neue Betriebsinhaber in alle zum Zeitpunkt des Betriebsübergangs bestehenden Arbeitsverhältnisse ein, ohne dass es einer Gestaltungserklärung der Beteiligten, insbesondere einer Zustimmung des Arbeitnehmers, bedarf.

keine Zustimmung zum Betriebsübergang erforderlich

Aus diesem Grund billigt die Rechtsprechung dem vom Betriebsübergang betroffenen Arbeitnehmer ein Widerspruchsrecht gegen den Betriebsübergang zu.

Achtung

Das Widerspruchsrecht stellt eine einseitige, empfangsbedürftige Willenserklärung dar. Adressat der Erklärung ist der frühere Arbeitgeber oder der neue Betriebsinhaber. Die Widersprucherklärung hat schriftlich oder elektronisch innerhalb eines Monats nach Zugang der ordnungsgemäßen Unterrichtung über den Betriebsübergang zu erfolgen.

Der wirksam ausgeübte Widerspruch des Arbeitnehmers schließt den Übergang seines Arbeitsverhältnisses auf den Erwerber aus. In einem solchen Fall bleibt das Arbeitsverhältnis zum Veräußerer bestehen.

kein Arbeitsplatz mehr beim alten Arbeitgeber

Fällt infolge des Betriebsübergangs beim alten Arbeitgeber jedoch der Arbeitsplatz weg, läuft der Arbeitnehmer Gefahr, dass der alte Arbeitgeber eine betriebsbedingte Kündigung anspricht, da er keine Beschäftigungsmöglichkeit mehr hat.

Tipp

Es fragt sich aber, inwieweit die Ausschlagung des Arbeitsplatzes beim neuen Arbeitgeber im Rahmen der Sozialauswahl nach § 1 Abs. 3 KSchG zu berücksichtigen ist.

Die Rechtsprechung legt insoweit bei Widerspruch gegen den Betriebsübergang geringere Maßstäbe für die Sozialauswahl innerhalb des veräußernden Betriebes fest. Je geringer die Unterschiede vergleichbarer Arbeitnehmer in der sozialen Schutzbedürftigkeit sind, desto gewichtiger müssen die *Gründe* des widersprechenden Arbeitnehmers sein. Nur wenn dieser beim Erwerber einen baldigen Arbeitsplatzverlust oder eine baldige wesentliche Verschlechterung seiner Arbeitsbedingungen zu befürchten hat, kann er einen Arbeitskollegen, der nicht ganz erheblich weniger schutzwürdig ist, verdrängen.

E bleibt Arbeitnehmerin des A, aber A kann eine Service-Kraft nicht mehr einsetzen.

Im vorliegenden Fall bleibt demnach E zunächst aufgrund ihres Widerspruches gegen den Betriebsübergang weiterhin bei A beschäftigt. Als Gründe für den Widerspruch gibt sie an, dass es ihr nicht zugemutet werden könne, bei einem neuen Arbeitgeber zu arbeiten. Weitere schützenswerte Gründe für einen Widerspruch führt E nicht an.

Nach dem Betriebsübergang der Cafeteria auf C sind allerdings bei A keine Beschäftigungsmöglichkeiten für Servicekräfte mehr vorhanden. Aus diesem Grund kommt eine betriebsbedingte Kündigung der E durch den neuen und alten Arbeitgeber A in Betracht.

1. Schritt: Liegt ein besonderer Kündigungsschutz vor?

kein Kündigungsschutz gem. § 613 a BGB

Für E gilt kein Sonderkündigungsschutz. Insbesondere hat E durch den Widerspruch gegen den Betriebsübergang keinen besonderen Bestandsschutz gem. § 613 a Abs. 4 BGB. Die Ausübung des Widerspruchsrechts enthält nach Auffassung des BAG in der Sache einen Verzicht auf den durch § 613 a BGB erweiterten Bestandsschutz.

2. Schritt: Soziale Rechtfertigung der Kündigung?

Unternehmerentscheidung

Die Anwendbarkeit des KSchG wird im vorliegenden Fall unterstellt. Durch die unternehmerische Entscheidung, die Cafeteria an C zu veräußern, sind bei A sämtliche Arbeitsplätze in der Cafeteria weggefallen.

keine anderen Arbeitsplätze

Alternative Beschäftigungsmöglichkeiten im Betrieb oder Unternehmen des A sind nicht vorhanden, da zum Zeitpunkt des Betriebsübergangs keine Cafeteria mehr besteht.

Ultima Ratio

Die Kündigung der A als letzte Arbeitnehmerin für die Cafeteria ist das letzte Mittel, die Verkaufsentscheidung umzusetzen. Insbesondere ist eine Weiterbeschäftigung der E als Servicekraft auch zu veränderten Arbeitsbedingungen nicht denkbar.

keine vergleichbaren Arbeitnehmer mehr

Da die E die einzige Arbeitnehmerin für die Cafeteria ist, ist die vorzunehmende Sozialauswahl mangels vergleichbarer Arbeitnehmer nur auf E zu beziehen. Darüber hinaus wären mangels eines besonderen Grundes, dem Wechsel des Arbeitgebers zu widersprechen, bei einer doch vorzunehmenden Sozialauswahl auch geringere Anforderungen zu stellen.

Ein Vergleich von Sozialdaten entfällt, da sich nur E im Pool vergleichbarer Arbeitnehmer befindet (alle anderen Arbeitnehmer sind auf C übergegangen).

Ergebnis

A kann also der Servicekraft E betriebsbedingt kündigen.

3

3.4 Prüfschema

Das Prüfschema ist eine Tabelle, die nicht nur über alle wichtigen Prüfungspunkte, sondern auch über die rein organisatorischen Fragen („Was?“) informiert, darüber hinaus Aufschluss gibt, in wessen Zuständigkeitsbereich („Wer?“) die betreffenden Prüfungsschritte und Maßnahmen fallen, und zudem eine Zeitschiene („Bis wann?“) enthält, in der Termine und Fristen eingetragen werden können.

Prüfschema 1: Liegt ein Betriebsübergang vor?

siehe CD-ROM

	Was?	Wer?	Bis wann?
1.	Übergehende Organisation als „wirtschaftliche Einheit" nach:	Personalleiter	
	• Art des betreffenden Unternehmens?		
	• Übergang von materiellen Betriebsmitteln		
	• Wert der immateriellen Aktiva im Zeitpunkt des Übergangs?		
	• Übernahme der Hauptbelegschaft?		
	• Übergang der Kundschaft?		
	• Grad der Ähnlichkeit zwischen den vor und nach dem Übergang tatsächlich verrichteten Tätigkeiten?		
	• Dauer einer evtl. Unterbrechung der Tätigkeiten?		
2.	„Identitätsprägende Merkmale" der Organisation?	Personalleiter	
3.	Wurden durch den Inhaberwechsel die identitätsprägenden Merkmale bewahrt?	Personalleiter	

Prüfschema 2: Kündigung wegen Betriebsübergang?

	Was?	Wer?	Bis wann?
1.	Kündigung *wegen* des Betriebsübergangs verboten!	Personalleiter	
2.	Kündigung aus *anderen* Gründen? (z.B. betriebsbedingte Gründe)	Personalleiter	
3.	Sonderkündigungsschutz?	Personalleiter	
4.	Ist das KSchG anzuwenden?	Personalleiter	
5.	Unternehmerische Entscheidung	Personalleiter	
6.	Alternative Beschäftigungsmöglichkeiten	Personalleiter	
7.	Sozialauswahl (Widerspruch zu berücksichtigen)?	Personalleiter	
8.	Anhörung Betriebsrat	Personalleiter	
9.	Welche Kündigungsfrist ist zu beachten?	Personalleiter	
10.	Schriftliche Kündigung?	Personalleiter	

siehe CD-ROM

Prüfschema 3: Wiedereinstellungsanspruch

	Was?	Wer?	Bis wann?
1.	Liegt eine wirksame Kündigung vor?		
2.	Wegfall des Kündigungsgrundes innerhalb offener Kündigungsfrist?		
3.	Keine entgegenstehenden und schützenswerten Interessen des Arbeitgebers? (z.B. schon über freien Arbeitsplatz disponiert)		

siehe CD-ROM

3.5 Arbeitsmittel auf der CD-ROM

Prüfschema

Das dreiteilige Prüfschema deckt die im vorhergehenden Fall behandelten Fragen ab (siehe oben)

- Liegt ein Betriebsübergang vor?
- Kündigung wegen Betriebsübergang?
- Wiedereinstellungsanspruch

Das Prüfschema steht Ihnen auf der CD-ROM zur Verfügung. Öffnen Sie es in Ihrer Textverarbeitungssoftware, tragen Sie in die Spalten „Wer?" die jeweils Verantwortlichen namentlich ein und in und in die Spalte „Wann?" einen konkreten Termin. Und selbstverständlich können Sie die Datei auch ausdrucken und speichern oder an alle Beteiligten wie ein Protokoll verteilen.

Muster: Kündigungsschreiben

siehe CD-ROM

Tragen Sie in das Muster die persönlichen Daten des zu kündigenden Mitarbeiters ein. Berechnen Sie (z.B. mit dem Fristenrechner auf der CD-ROM) den Termin der Kündigung oder tragen Sie eine Standardformulierung („zum nächstmöglichen Zeitpunkt" oder „fristgerecht") ein. Vergessen Sie nicht zu unterschreiben. Dann überreichen Sie die schriftliche Kündigung im Original. (Genaue Informationen zu Inhalt, Form, Zugang u.s.w. einer Kündigung finden Sie im Grundlagenkapitel, ab Seite 272).

Exkurs: Änderungskündigung

Definition

Die Änderungskündigung ist die Kündigung des Arbeitsverhältnisses verbunden mit einem Angebot, das Arbeitsverhältnis zu geänderten Vertragsbedingungen unter Aufrechterhaltung der Rechte im Übrigen fortzusetzen, § 2 KSchG. Die Änderungskündigung stellt demnach einen zweigleichigen Rechtsakt dar. Die Kündigung des Arbeitsverhältnisses geschieht unter den allgemeinen Voraussetzungen, unter denen auch „normale" Beendigungskündigungen zulässig sind. Darüber hinaus bietet der Arbeitgeber dem Arbeitnehmer jedoch ein neues Arbeitsverhältnis zu veränderten Arbeitsbedingungen an. Die Änderungskündigung ist somit im Vergleich zur Beendigungskündigung eindeutig das mildere Mittel und muss deshalb vor Ausspruch einer Beendigungskündigung auf ihre Möglichkeit und Zweckmäßigkeit hin überprüft werden.

Beispiel

Die A-GmbH hat im Jahr 2000 den hochbezahlten IT-Fachmann F eingestellt. Aufgrund der schlechten Auftragslage 2003, beabsichtigt der Geschäftsführer der A-GmbH durch die Kürzung eines Teils des Gehaltes des IT-Fachmannes Lohnkosten einzusparen und so Arbeitsplätze am Standort zu erhalten. Aus diesem Grund kündigte die A-GmbH das Arbeitsverhältnis mit F und bietet ihm ein neues zu veränderten (geringer entlohnten) Arbeitsbedingungen an.

andere Arbeitsbedingungen

Die Änderungskündigung ist für den Arbeitgeber immer dann das richtige Instrument, wenn er einen Arbeitnehmer zu anderen Arbeitsbedingungen (z.B. zu weniger Lohn, an einem anderen Arbeitsplatz, mit längerer oder kürzerer Arbeitszeit, etc.) beschäftigen möchte, sein Direktionsrecht eine derartige Änderung der Arbeitsbedingungen jedoch nicht zulässt.

Wie kann Ihr Mitarbeiter reagieren?

Der Arbeitnehmer kann in vierfacher Weise auf eine vom Arbeitgeber ausgesprochene Änderungskündigung reagieren.

Ablehnung

1. Der Arbeitnehmer kann das Angebot des Arbeitgebers, zu veränderten Arbeitsbedingungen weiter zu arbeiten, ablehnen. Dann bleibt es bei der ausgesprochenen Beendigungskündigung des Arbeitsverhältnis und der Arbeitnehmer scheidet aus dem Arbeitsverhältnis aus (sofern die Kündigung wirksam war).

Annahme

2. Der Arbeitnehmer kann das Angebot, zu geänderten Arbeitsbedingungen weiterzuarbeiten, annehmen, weil er damit vorbehaltlos einverstanden ist. Zum Ablauf der Kündigungsfrist der Änderungskündigung kommt dann ein Arbeitsvertrag zu den geänderten Arbeitsbedingungen zustande, so wie er angeboten worden ist.

Annahme unter Vorbehalt

3. Annahme unter dem Vorbehalt, dass die Änderung der Arbeitsbedingungen sozial gerechtfertigt ist. In diesem Fall wird nur überprüft, ob die Änderung der Arbeitsbedingungen nach dem KSchG gerechtfertigt war (Änderungsschutzklage). War dem nicht so, behält der Arbeitnehmer seinen alten Arbeitsplatz; war die Änderung sozial gerechtfertigt, weil ein Kündigungsgrund vorlag, kommt ein Arbeitsverhältnis zu geänderten Bedingungen zustande.

Ablehnung

4. Ablehnung des Änderungsangebots, aber Klage gegen die Kündigung als solche insgesamt wegen evtl. Sozialwidrigkeit (Änderungskündigungsschutzklage). Hier wird die gesamte Kündigung überprüft. War die Kündigung sozial nicht gerechtfertigt, bleibt der Arbeitnehmer zu alten Arbeitsbedingungen weiterbeschäftigt; war die Kündigung jedoch sozial gerechtfertigt (weil ein Kündigungsgrund vorlag), ist das gesamte Arbeitsverhältnis beendet. Der Arbeitnehmer hat dann keinen Anspruch, wenigstens zu geänderten Arbeitsbedingungen weiterbeschäftigt zu werden, da er das Änderungsangebot gerade nicht angenommen hat.

schwer durchsetzbar

Für den Arbeitgeber stellt sich die Änderungskündigung jedoch oft als *schwer durchsetzbar* dar. Er muss (im Falle eines Prozesses) nämlich einen (Kündigungs-)grund nach dem KSchG (meist betriebsbedingt) darlegen, der die Änderung der Arbeitsbedingungen als sozial gerechtfertigt erscheinen lässt. Eine betriebsbedingte Änderungskündigung ist jedoch nur wirksam, wenn sich der Arbeitgeber darauf beschränkt, nur solche Änderungen vorzuschlagen, die der Arbeitnehmer billigerweise hinnehmen muss. Gerade die Änderungskündigung zur Lohnkostensenkung setzt voraus, dass sich die Kosten nicht durch andere Rationalisierungsmaßnahmen vermindern lassen.

Muster: Änderungskündigung

siehe CD-ROM

> Sehr geehrter Herr/Sehr geehrte Frau ...
>
> hiermit kündige ich das zwischen uns bestehende Arbeitsverhältnis ordentlich mit Ablauf des ...
>
> Gleichzeitig bieten wir Ihnen den Abschluss eines neuen Arbeitsverhältnisses zu den anliegenden Bedingungen an.
>
> Für den Fall, dass Sie das Änderungsangebot nicht annehmen und es deshalb zu einer Beendigung des Arbeitsverhältnisses kommt, weisen wir Sie darauf hin, dass Sie nach § 37 b SGB III verpflichtet sind, sich nach Erhalt dieses Kündigungsschreibens unverzüglich bei der Bundesagentur für Arbeit als Arbeitsuchender zu melden, da andernfalls Ihr Anspruch auf Arbeitslosengeld gemindert werden kann. Sie sind zudem verpflichtet, selbst bei der Suche nach einem anderen Arbeitsplatz aktiv zu werden.
>
> ______________________________
>
> Ort, Datum, Unterschrift des Geschäftsführers

Arbeitshilfen auf CD-ROM

Muster: Änderungskündigung

Tragen Sie in das Muster die persönlichen Daten des zu kündigenden Mitarbeiters ein. Berechnen Sie (z.B. mit dem Fristenrechner auf der CD-ROM) den Termin der Kündigung oder tragen Sie eine Standardformulierung („zum nächstmöglichen Zeitpunkt“ oder „fristgerecht“) ein. Vergessen Sie nicht zu unterschreiben. Dann überreichen Sie die schriftliche Kündigung im Original (genaue Informationen zu Inhalt, Form, Zugang u.s.w. einer Kündigung siehe Grundlagenkapitel, ab Seite 272).

4 Ihr Mitarbeiter ist häufig krank?

personen-
bedingte
Kündigung

Die Kapitel vier und fünf schildern zwei personenbedingte Kündigungen. Die Krankheit ist der mit Abstand häufigste Fall der personenbedingten Kündigung. Entgegen verbreiteter Ansicht stellt die zur Arbeitsunfähigkeit führende Krankheit eines Arbeitnehmers kein Kündigungshindernis für den Arbeitgeber dar. Die Kündigung ist sowohl während als auch wegen einer Krankheit möglich. An die Zulässigkeit einer Kündigung wegen Krankheit wird von der Rechtsprechung jedoch ein strenger Maßstab angelegt, da der Arbeitnehmer gerade dann häufig ein besonderes Schutzbedürfnis hat.

4.1 Beispiele für krankheitsbedingte Kündigungen

In der Rechtsprechung wurden Fallgruppen entwickelt, die bei Vorliegen der jeweiligen Voraussetzungen zur Wirksamkeit der Kündigung führen. Bei der krankheitsbedingten Kündigung sind das folgende vier Fälle:

- Häufige Kurzerkrankungen
- Langanhaltende Erkrankungen
- Krankheitsbedingte dauernde Leistungsminderung
- Krankheitsbedingte dauernde Leistungsunfähigkeit

Im Folgenden erhalten Sie zu den einzelnen Fallgruppen eine kurze Beschreibung und konkrete Beispiele.

Häufige Kurzerkrankungen

Häufige Kurzerkrankungen liegen vor, wenn der Arbeitnehmer Fehlzeiten von immer wieder einem bis mehreren Tagen aufweist.

kündigungs-
relevante
Fehlzeiten

Diese Fehlzeiten sind dann kündigungsrelevant, wenn sich daraus insgesamt eine Fehlzeitenquote von ca. 20 % bis 30 % der Jahresarbeitszeit ergibt. Die Jahresarbeitszeit beträgt durchschnittlich 220

Tage. Das heißt, dass Fehlzeiten ab ca. 44 Tagen im Jahr kündigungsrelevant sind. Zu berücksichtigen sind die letzten drei Jahre, bei kürzerer Dauer des Arbeitsverhältnisses die ganze Dauer.

Beispiel

Herr H. erscheint oft nicht zur Arbeit. Als Grund gibt er mal Erkältung, mal Rückenprobleme und mal Grippe an.

Beispiel

Frau S. leidet unter einer Bronchitis, die alle paar Wochen erneut zum Ausbruch kommt.

Langanhaltende Erkrankungen

Eine Kündigung kann zulässig sein, wenn die vom Arbeitnehmer geschuldete Leistung infolge einer Erkrankung während einer längeren, zusammenhängenden Zeitfolge nicht erbracht werden kann und das Ende der Arbeitsunfähigkeit nicht abzusehen ist.

Beispiel

Infolge eines Unfalles liegt Herr B. seit sieben Wochen im Krankenhaus. Seine Ärzte sind zuversichtlich, dass er nach dem Aufenthalt in einem Rehabilitationszentrum wieder ganz der Alte ist, können die Dauer des Heilungsprozesses jedoch nicht absehen.

Beispiel

Frau M. ist wegen chronischer Gastritis seit mehreren Monaten arbeitsunfähig krank geschrieben. Der behandelnde Arzt hat festgestellt, dass die Krankheit durch nervlich-seelische Störeinflüsse bedingt ist, deren Heilungschancen nicht vorhersehbar sind.

Krankheitsbedingte dauernde Leistungsminderung

eingeschränkte Arbeitsfähigkeit

Der Arbeitnehmer kann aufgrund gesundheitlicher Beeinträchtigungen seine vertraglich geschuldete Arbeitsleistung nicht mehr in vollem Umfang erbringen. Auch eine solche krankheitsbedingte Minderung der Leistungsfähigkeit vermag eine ordentliche Kündigung zu rechtfertigen. Der Arbeitgeber muss zuerst jedoch prüfen, ob er den Arbeitnehmer bei geänderten Arbeitsbedingungen weiter beschäftigen kann.

Beispiel

Frau N. erscheint nach einem Bandscheibenvorfall wieder an ihrem Arbeitsplatz in der Versandabteilung. Dabei hat sie jedoch eine Bescheinigung ihres Hausarztes, wonach sie keine schweren Gegenstände heben und nicht dauernd im Stehen arbeiten sollte.

Krankheitsbedingte dauernde Leistungsunfähigkeit

dauernde Arbeitsunfähigkeit

Von einer dauernden Leistungsunfähigkeit ist dann auszugehen, wenn der Arbeitnehmer aus gesundheitlichen Gründen überhaupt nicht mehr in der Lage ist, die geschuldete Arbeitsleistung zu erbringen. Dies rechtfertigt aufseiten des Arbeitgebers ebenfalls die ordentliche personenbedingte Kündigung.

Beispiel

Herr H. befindet sich seit neun Monaten in einer psychiatrischen Tagesklinik. Es ist nicht vorhersehbar, dass er seine Arbeit in absehbarer Zeit wieder aufnehmen können wird.

4.2 Welche Kriterien bietet die Rechtsprechung?

Die gerichtliche Überprüfung aller Formen der krankheitsbedingten Kündigung erfolgt nach der ständigen Rechtsprechung des Bundesarbeitsgerichts nach den drei Kriterien:

- Gesundheitsprognose
- Beeinträchtigung betrieblicher Interessen
- Interessenabwägung

1. Kriterium: Ist die Gesundheitsprognose negativ?

negative Zukunftsprognose

Eine krankheitsbedingte Kündigung kann nur dann erklärt werden, wenn die bisherigen negativen Auswirkungen, die „Störung" also, auch für die Zukunft zu erwarten sind. Man spricht von negativer

Zukunftsprognose. Es müssen daher objektive Tatsachen vorliegen, die die Besorgnis, dass weitere Erkrankungen im bisherigen Umfang folgen werden, rechtfertigen.

Achtung

Die personenbedingte Kündigung ist *keine* Sanktion für vergangene Störungen. Nicht wegen der bisherigen Fehlzeiten wird gekündigt, sondern wegen der Besorgnis weiterer Fehlzeiten in der Zukunft.

Indiz plus weitere objektive Anhaltspunkte

Aus den bisherigen Fehlzeiten lässt sich aber unter Umständen schließen, dass der Arbeitnehmer auch in Zukunft im bisherigen Umfang krankheitsbedingt ausfallen wird (so genannte „Indizwirkung"). Neben diesem ersten Indiz müssen aber im Zeitpunkt der Kündigungserklärung noch weitere objektive Anhaltspunkte dafür vorliegen, dass mit einer Wiederherstellung der regelmäßigen Arbeitsfähigkeit in absehbarer Zeit nicht zu rechnen ist. In diesem Zusammenhang kommt es beispielsweise darauf an, an welchen Krankheiten der Arbeitnehmer leidet, welche Behandlungen möglich und gegebenenfalls eingeleitet worden sind und inwieweit der Arbeitnehmer bereit und in der Lage ist, durch sein Verhalten und die Änderung seiner Lebensgewohnheiten zur Wiedergenesung beizutragen.

betriebliches Eingliederungsmanagement

Dabei ist auch zu berücksichtigen, ob der Arbeitgeber alle Möglichkeiten ausgeschöpft hat, um die gesundheitsbedingte Arbeitsunfähigkeit des Arbeitnehmers zu überwinden und weiteren Fehlzeiten entgegenzuwirken. Hierzu muss der Arbeitgeber ein so genanntes „betriebliches Eingliederungsmanagement" durchführen. Dabei hat der Arbeitgeber zusammen mit dem Betriebsrat, bei schwerbehinderten Menschen auch mit der Schwerbehindertenvertretung sowie mit Zustimmung und unter Beteiligung des Arbeitnehmers alle zur Verfügung stehenden Hilfen und Maßnahmen zu beraten. Weiterhin kann es sinnvoll und geboten sein, den Betriebsarzt oder die örtlichen Servicestellen des Integrationsamtes hinzuzuziehen (vgl. Seite 300).

völlig ausgeheilte Erkrankung

Beruhen die Fehlzeiten auf einer Erkrankung, die mittlerweile völlig ausgeheilt ist, und besteht keine Wiederholungsgefahr, können solche Fehlzeiten nicht für eine Begründung der negativen Prognose herangezogen werden.

2. Kriterium: Sind betriebliche Interessen beeinträchtigt?

Weiter kann nur gekündigt werden, wenn die Krankheitszeiten zu einer konkreten Beeinträchtigung betrieblicher Interessen führen, die aufgrund der zu erwartenden Fortdauer der Leistungsstörung ebenfalls fortdauern wird. Diese Beeinträchtigung ist Teil des Kündigungsgrundes. Hierbei kommen zwei Beeinträchtigungen betrieblicher Interessen in Betracht:

erste Beeinträchtigungsart

Wiederholte kurzfristige Ausfallzeiten des Arbeitnehmers können zu „*Betriebsablaufstörungen*" im Produktionsprozess führen.

Beispiel

- Stillstand von Maschinen
- Rückgang von Produktion wegen kurzfristig eingesetzten, erst einzuarbeitenden Ersatzpersonals
- Überlastung des verbliebenen Personals
- Abzug von an sich benötigten Arbeitskräften aus anderen Arbeitsbereichen

Überbrückungsmaßnahmen

Solche schwer wiegenden Störungen sind dann als Kündigungsgrund geeignet, wenn sie nicht durch mögliche Überbrückungsmaßnahmen vermieden werden können. Zu diesen Überbrükkungsmaßnahmen gehören die Neueinstellung einer Aushilfskraft oder der Einsatz eines Arbeitnehmers aus einer vorgehaltenen Personalreserve. Können auf diese Weise Ausfälle überbrückt werden, liegt bereits objektiv *keine* erhebliche Betriebsablaufstörung vor.

Tipp

Ob und in welchem Umfang ein Arbeitgeber eine Personalreserve vorhält, stellt eine freie Unternehmerentscheidung dar. Die Kosten, die der Arbeitgeber zusätzlich für eine Personalreserve aufwendet, werden von den Gerichten aber zu seinen Gunsten im dritten Prüfungsschritt, der Interessenabwägung, berücksichtigt.

zweite Beeinträchtigungsart

Eine Beeinträchtigung betrieblicher Interessen kann auch eine „*erhebliche wirtschaftliche Belastung*" des Arbeitgebers sein. Davon ist auszugehen, wenn mit immer neuen beträchtlichen krankheitsbedingten Fehlzeiten des Arbeitnehmers und entsprechenden Mehraufwendungen für die Beschäftigung von Aushilfskräften zu rechnen ist. Das gilt auch für außergewöhnlich hohe Lohnfortzahlungskosten, die für einen Zeitraum von jährlich mehr als sechs Wochen aufzuwenden sind.

Achtung

Bei der Feststellung, ob außergewöhnlich hohe Lohnfortzahlungskosten vorliegen, ist nur auf die *Kosten des einzelnen Arbeitsverhältnisses* und nicht auf die Gesamtbelastung des Betriebes mit Lohnfortzahlungskosten abzustellen.

dauernde Arbeitsunfähigkeit

Ist der Arbeitnehmer allerdings auf Dauer unfähig, seine vertraglich geschuldete Arbeitsleistung zu erbringen, so braucht der Arbeitgeber nach der Rechtsprechung des Bundesarbeitsgerichtes keine darüber hinausgehende erhebliche Betriebsbeeinträchtigung darzulegen. Damit steht nämlich fest, dass das Arbeitsverhältnis als gegenseitiger Austauschvertrag schon aus diesem Grund ganz erheblich gestört ist.

3. Kriterium: Sie müssen die Interessen gegeneinander abwägen

einzelfallbezogene Interessenabwägung

Schließlich ist noch eine umfassende und auf den konkreten Einzelfall bezogene Interessenabwägung durchzuführen. Dabei ist zu prüfen, ob die Beeinträchtigungen auf Grund der Besonderheiten des Einzelfalles vom Arbeitgeber noch hinzunehmen sind oder ob sie nicht mehr zumutbar sind.

Was sind Interessen des Arbeitnehmers?

Bei der Interessenabwägung sind aufseiten des Arbeitnehmers alle Umstände, die mit seinem Arbeitsverhältnis und seiner Person im Zusammenhang stehen, zu berücksichtigen:

- Ist die Erkrankung auf betriebliche Ursachen zurückzuführen?
- Bedeutet die Kündigung für den Arbeitnehmer aufgrund seines Alters oder bestehender Unterhaltspflichten eine besondere Härte?
- Wie lange besteht das Arbeitsverhältnis bereits ungestört?

Was sind Interessen des Arbeitgebers?

Aufseiten des Arbeitgebers sind alle vom Arbeitnehmer ausgehenden betrieblichen und wirtschaftlichen Beeinträchtigungen zu berücksichtigen:

Arbeitgeberinteressen müssen überwiegen!

- Ist es dem Arbeitgeber zuzumuten, weitere Überbrückungsmaßnahmen vorzunehmen (konkrete betriebliche Situation) oder hält er ohnehin eine Personalreserve vor?
- Besteht die Möglichkeit, den Arbeitnehmer auf einem anderen, „leidensgerechten" Arbeitsplatz weiterzubeschäftigen?
- Hatte der Arbeitgeber bei der Einstellung bereits Kenntnis von der Krankheit des Arbeitnehmers?

Welchen Schluss können Sie ziehen?

Wenn die Interessen des Arbeitnehmers im konkreten Einzelfall deutlich die Interessen des Arbeitgebers überwiegen, kann eine Kündigung auch bei Vorliegen der übrigen Voraussetzungen (negative Gesundheitsprognose und erhebliche betriebliche Beeinträchtigungen) unzulässig sein.

4.3 Der Fall: Herr A ist ständig krank

Der 26jährige A ist seit fünf Jahren im Betrieb des B als Sachbearbeiter beschäftigt. In dem Betrieb arbeiten 60 Beschäftigte, seit zwei Jahren besteht ein Betriebsrat. A hat im Jahr 2003 an 68, 2004 an 62, 2005 an 83 und 2006 sogar an 94 Arbeitstagen krankheitsbedingt jeweils tageweise gefehlt. Häufigste Ursachen waren Erkältungen und eine immer wiederkehrende Bronchitis, im Jahr 2003 fiel A sieben Tage am Stück wegen einer Blinddarmoperation aus. Die liegen gebliebene Arbeit des A wurde von seinen Kollegen unter erhöhtem Arbeitseinsatz jedoch ohne Überstunden erledigt. B zahlte in dieser Zeit entsprechende Lohnfortzahlung (95,00 Euro pro Tag). A war wiederholt von B dazu aufgefordert worden, zusammen mit ihm und dem Betriebsrat zu beraten, welche Maßnahmen man ergreifen könnte, um den Fehlzeiten entgegenzuwirken. A hat diese Gesprächsangebote jedoch abgelehnt, da er mit seinem Arbeitgeber nicht über seinen Gesundheitszustand diskutieren wollte.
Was kann B tun und wie sollte er vorgehen?

1. Schritt: Liegt eine besondere Kündigungsschutznorm vor?

Zunächst muss ermittelt werden, welche Rechtsvorschriften im konkreten Fall einschlägig sind. Das hängt zum einen von der Person des Arbeitnehmers ab, zum anderen von der Größe des Betriebes.

besonderer Kündigungsschutz

Die Person des Arbeitnehmers ist für die Frage maßgeblich, ob *besondere Schutznormen* zur Anwendung kommen. Solche Schutznormen für bestimmte Personengruppen können sich aus einem Tarifvertrag, einer Betriebsvereinbarung oder aus dem Gesetz ergeben.
Insbesondere bei einer Kündigung wegen Krankheit kommt es in der Praxis häufig vor, dass der Arbeitnehmer schwerbehindert oder schwerbehinderten Menschen gleichgestellt ist. In diesen Fällen kommen die besonderen Kündigungsschutzregelungen des Sozialgesetzbuches IX zur Anwendung §§ 85 ff.). Der Arbeitgeber muss hier zunächst die Zustimmung des Integrationsamtes zur Kündigung beantragen und erhalten.

Weitere Beispiele

- Frau im Mutterschutz (§ 9 Mutterschutzgesetz)
- Arbeitnehmer in der Elternzeit (15 Bundeserziehungsgeldgesetz)
- Auszubildende (§ 15 Berufsbildungsgesetz)

Eine vollständige Liste und weitere Ausführungen zu einzelnen Punkten finden Sie auf den Seiten 288 ff.

Im vorliegenden Fall gehört A keiner der besonders geschützten Personengruppen an. Die entsprechenden Sonderregelungen müssen daher auch nicht beachtet werden.

2. Schritt: Wie groß ist der Betrieb?

Anwendbarkeit des KSchG

Der *allgemeine gesetzliche Kündigungsschutz* nach dem Kündigungsschutzgesetz (KSchG) kommt zur Anwendung, wenn im Betrieb regelmäßig mehr als 10 Arbeitnehmer beschäftigt werden und das Arbeitsverhältnis mit dem zu kündigenden Arbeitnehmer bereits länger als sechs Monate besteht.

Achtung

Seit dem ersten Januar 2004 gilt die gesetzliche Neuregelung, durch die der Schwellenwert von 5 auf 10 Arbeitnehmer angehoben wird. Die Regelung betrifft jedoch nur solche Arbeitsverhältnisse, die nach dem 1.1.2004 begründet wurden. Arbeitnehmer in Betrieben mit mehr als fünf und weniger als zehn Beschäftigten, die am 31.12.2003 noch Kündigungsschutz hatten, behalten diesen auch (siehe Seite 298).

Im Betrieb des B sind 60 Mitarbeiter beschäftigt, daher ist die Schwelle von 10 Arbeitnehmern deutlich überschritten. Das Arbeitsverhältnis des A besteht bereits seit fünf Jahren, sodass auch die zeitliche Grenze von einem halben Jahr schon abgelaufen ist. B muss daher die Vorschriften des KSchG beachten.

3. Schritt: Besteht ein Kündigungsgrund im Sinne des KSchG?

Nach dem Kündigungsschutzgesetz (KSchG) ist es grundsätzlich nur dann möglich, ein Arbeitsverhältnis zu beenden, wenn für die Kündigung ein bestimmter Grund vorliegt. Der Grund kann in der Person oder in dem Verhalten des Arbeitnehmers liegen oder auf dringende betriebliche Erfordernisse zurückzuführen sein (Zu den Kündigungsarten siehe auch Seite 22).

personenbedingter Kündigungsgrund

Die krankheitsbedingte Kündigung beruht auf einem Grund, der in der Person des Arbeitnehmers liegt. Wie bereits erwähnt, geht die Rechtsprechung bei der Frage, ob die Krankheit eine Kündigung rechtfertigt, in drei Prüfungsschritten vor:

- negative Prognose
- Beeinträchtigung betrieblicher Interessen
- Interessenabwägung

Zur Vorbereitung einer krankheitsbedingten Kündigung sollten Sie die von der Rechtsprechung entwickelten Kriterien genau prüfen.

Negative Gesundheitsprognose

Zunächst ist also eine negative Gesundheitsprognose erforderlich, d.h., es darf in absehbarer Zeit nicht mit einer Verringerung der häufigen Kurzerkrankungen auf ein zumutbares Maß zu rechnen sein.

Achtung

Maßgeblicher Zeitpunkt für die negative Prognose ist der Zugang der Kündigungserklärung beim Arbeitnehmer. Die spätere tatsächliche Entwicklung kann nicht mehr zur Bestätigung oder Korrektur herangezogen werden, um Zweifel zu beseitigen.

Die Prognose darf in ihrer Aussage nicht unsicher sein, sondern sie muss eindeutig negativ sein. Und es kommt dabei nicht auf die subjektive Sicht des Arbeitgebers, sondern darauf an, wie der weitere Verlauf aufgrund objektiver Tatsachen und medizinischer Erkenntnisse zu beurteilen ist.

eindeutig negative Prognose aufgrund objektiver Tatsachen

Achtung

Im Fall einer gerichtlichen Auseinandersetzung kommt es bei der Frage, ob die Kündigung rechtmäßig war, nicht auf den Kenntnisstand des Arbeitgebers an, sondern auf den objektiven Gesundheitszustand des Arbeitnehmers zum Zeitpunkt der Kündigung. Ist die Gesundheitsprognose also *objektiv* negativ, spielt es für die Rechtmäßigkeit der Kündigung keine Rolle, ob der Arbeitgeber dies auch wusste.

Für die konkrete Vorgehensweise bedeutet dies: Die Häufigkeit der Erkrankungen in der Vergangenheit kann regelmäßig als erstes Indiz für die zukünftige Entwicklung genutzt werden. Bei der Erstellung der negativen Prognose ist jedoch die Art der früheren Krankheiten genau zu beachten. Soweit der Arbeitnehmer häufig wegen chronischer Leiden fehlt, ist die Wiederholungsgefahr gegeben. Nicht relevant sind dagegen zurückliegende Erkrankungen, denen ihrer Art nach keine Wiederholungsqualität zukommt.

Erstes Indiz plus weitere objektive Anhaltspunkte

Beispiel

Bei Erkrankungen,

- die von einem Sport- oder Verkehrsunfall herrühren
- oder bei denen eine Operation notwendig wurde (wie z.B. eine Blinddarmoperation)
- oder die nach Durchführung von Rehabilitationsmaßnahmen oder Kuren geheilt worden sind,

kann in der Regel davon ausgegangen werden, dass die betreffende Krankheit in Zukunft nicht mehr vorkommt, sie also in der Vergangenheit abgeschlossen ist. Solche Fehlzeiten rechtfertigen keine negative

Prognose, es sei denn, die gesundheitlichen Beschwerden des Arbeitnehmers im Zeitpunkt der beabsichtigten Kündigung sind noch die Spätfolgen eines Unfalls bzw. einer fehlgeschlagenen Operation, Rehabilitation oder Kur.

Auflistung der Fehlzeiten

Zur Feststellung der Krankheitsursache kann auch die Durchführung eines betrieblichen Eingliederungsmanagements (BEM) hilfreich sein. Seit Mai 2004 ist der Arbeitgeber zur Einleitung eines solchen Verfahrens gesetzlich verpflichtet, wenn der Arbeitnehmer innerhalb eines Jahres länger als sechs Wochen – zusammenhängend oder infolge mehrerer Krankheitszeiten – arbeitsunfähig erkrankt war. Zunächst muss der Arbeitnehmer hierfür jedoch seine Zustimmung erteilen. Weigert sich der Arbeitnehmer, ist das Verfahren bereits an dieser Stelle beendet (vgl. Ausführungen zum BEM im Grundlagenkapitel, Seite 300).

Tipp

Die Einleitung und Durchführung des betrieblichen Eingliederungsmanagements sollten gut dokumentiert werden. Hat der Arbeitgeber ein solches Verfahren nämlich nicht versucht, kann dies zu seinen Lasten im gerichtlichen Verfahren berücksichtigt werden. Auch die Reaktionen des Arbeitnehmers und gegebenenfalls gefundene Lösungsansätze und Maßnahmen sollten schriftlich festgehalten werden. Eine Dokumentationspflicht ergibt sich zudem aus der gesetzlichen Regelung selbst.

In dem vorliegenden Fall hat A mehrfach das Angebot des B abgelehnt, ein solches Verfahren durchzuführen. B hatte somit keine Möglichkeit, die Ursache der häufigen Erkrankungen festzustellen und ihnen gegebenenfalls entgenenzuwirken.

Stehen dem Arbeitgeber neben den Fehlzeiten der Vergangenheit keine weiteren Tatsachen für die Begründung der negativen Prognose zur Verfügung, sieht es die Rechtsprechungals ausreichend an, wenn er sich darauf beschränkt, diese Fehlzeiten darzulegen.

Beweislast trägt der Arbeitnehmer

Sofern der Arbeitnehmer die negative Prognose bestreiten will, ist es seine Aufgabe darzutun, weshalb die Besorgnis weiterer Erkrankungen nicht besteht. Sind die Umstände umstritten, wird in der Regel ein medizinisches Sachverständigengutachten erforderlich sein, um die negative Gesundheitsprognose zu verifizieren.

Im vorliegenden Fall sind die erheblichen Fehlzeiten des A in den letzten drei Jahren ein deutliches erstes Indiz dafür, dass er auch in Zukunft häufiger ausfallen wird. Diese Annahme wird durch die Art seiner Krankheiten bestätigt: Häufige Erkältungen und eine schon fast chronische Bronchitis lassen auf ein schwaches Immunsystem oder eine ungesunde Lebensweise schließen, die eine Wiederholung befürchten lassen. B hat somit allen Grund, eine negative Prognose zu stellen.

Erhebliche Beeinträchtigung betrieblicher Interessen

Ist die Fehlzeitenprognose nach diesen Grundsätzen begründet, so ist in einem weiteren Schritt zu ermitteln, ob die zu erwartenden Fehlzeiten zu einer erheblichen Beeinträchtigung der betrieblichen Interessen führen. Beide Voraussetzungen ergeben zusammen den Kündigungsgrund.

Äquivalenzstörung: Arbeit gegen Entgelt

Neben Betriebsablaufstörungen, (beispielsweise eine notwendige Umverteilung der Arbeitsplätze) kann auch eine erhebliche wirtschaftliche Belastung des Arbeitgebers ein Kündigungsgrund sein. Das Bundesarbeitsgericht hat mehrfach ausdrücklich klargestellt, dass auch außergewöhnlich hohe Lohnfortzahlungskosten den Arbeitgeber so erheblich belasten können, dass sie eine Kündigung rechtfertigen. Dies ist der Fall, wenn das einzelne Austauschverhältnis – Arbeit gegen Entgelt – auf unbestimmte Zeit ganz erheblich gestört wird. Man spricht dann von einer erheblichen Äquivalenzstörung.

Tipp

Die Ansicht des Bundesarbeitsgerichts, dass allein die Höhe der Entgeltfortzahlungen eine Kündigung rechtfertigen kann, wird nicht von allen Arbeitsgerichten und Stimmen in der Literatur geteilt. Spätestens in der Revision entscheidet jedoch das Bundesarbeitsgericht als letzte Instanz.

Lohnfortzahlung für mehr als sechs Wochen

Von einer solchen Äquivalenzstörung ist auszugehen, wenn für die Zukunft mit immer neuen, außergewöhnlich hohen Lohnfortzahlungskosten zu rechnen ist, die pro Jahr jeweils für einen Zeitraum von mehr als sechs Wochen aufzuwenden sind. Hintergrund der „Sechs-Wochen-Rechtsprechung" ist das Entgeltfortzahlungsgesetz. Darin ist geregelt, dass der Arbeitgeber bei unverschuldeter Krankheit des Arbeitnehmers verpflichtet ist, bis zu sechs Wochen das Arbeitsentgelt weiter zu zahlen. Der Gesetzgeber ist demnach davon ausgegangen, dass ein Arbeitsausfall von sechs Wochen vom Arbeitgeber hingenommen werden muss.

Kosten für unerhebliche und prognose relevante Fehlzeiten

Konkret sind die Kosten wie folgt zu ermitteln:
Auch bei der Kostenermittlung muss zwischen den Kosten für unerhebliche vergangenheitsbezogene Fehlzeiten und Kosten für prognoserelevante Fehlzeiten unterschieden werden.
Ist die genaue Anzahl der prognoserelevanten Fehltage bekannt, sind die dafür anfallenden Kosten zu ermitteln. Die auf die ersten sechs Wochen pro Jahr entfallenden Kosten nennt das Bundesarbeitsgericht „die vom Arbeitgeber hinzunehmende Mindestgrenze“. Die über diese Grenze hinausgehenden Kosten stellen die kündigungsrechtlich relevante „wirtschaftliche Belastung“ des Arbeitgebers dar.

Achtung

Fehlzeiten, die auf einer Erkrankung beruhen, der ihrer Art nach keine Wiederholungsqualität zukommt, dürfen nicht mit eingerechnet werden.

Für unseren Fall bedeutet das: Betriebsablaufstörungen wurden vermieden, indem die Kollegen des A dessen Arbeit erledigen konnten, ohne Überstunden machen zu müssen. Dieser Umstand lässt auf einen großzügigen Personaleinsatz im Betrieb schließen.
Eine erhebliche Beeinträchtigung betrieblicher Interessen könnte sich vorliegend jedoch aufgrund der wirtschaftlichen Belastung durch außergewöhnlich hohe Lohnfortzahlungen ergeben:

- *Im Jahr 2003 hat A sieben Tage wegen einer Blinddarmoperation gefehlt. Hierbei handelt es sich um eine einmalige Behandlung, die sich mit Sicherheit nicht wiederholen wird. Diese sieben Tage können daher nicht mitgezählt werden. Prognoserelevant sind aber die auf Erkältungen und Bronchitis beruhenden 61 Fehltage. Pro Fehltag entstehen dem B Kosten in Höhe von 95,00 Euro. Bei einer Fünf-Tage-Woche fallen in den ersten sechs Wochen somit Kosten in Höhe von 2.850,00 Euro an. Diese Kosten stellen die so genannte „vom Arbeitgeber hinzunehmende Mindestgrenze" dar. Die für die restlichen 31 Fehltage entstehenden Kosten in Höhe von 2.945,00*

Euro kann B dagegen als kündigungsrechtlich relevante „wirtschaftliche Belastung" geltend machen.

- *Im Jahr 2004 hat A an 62 Tagen krankheitsbedingt gefehlt. In diesem Jahr beruhen alle Fehltage auf möglicherweise wiederkehrenden Krankheiten und können daher voll in Ansatz gebracht werden. Die für die ersten sechs Wochen anfallenden Kosten in Höhe von 2.850, 00 Euro müssen vom Arbeitgeber wiederum hingenommen werden. Die darüber hinaus entstehenden Kosten (3.040,00 Euro für 32 Tage) stellen die relevante wirtschaftliche Belastung des B dar.*
- *In den Jahren 2005 und 2006 beruhen die Fehltage ebenfalls auf Krankheiten, die ein hohes Wiederholungsrisiko in sich bergen. Nach Abzug der Kosten für die ersten sechs Wochen können die darüber hinaus entstanden Kosten als wirtschaftliche Belastung herangezogen werden.*

Ergebnis

Die wirtschaftliche Belastung des B mit Entgeltfortzahlungskosten übersteigt die von ihm hinzunehmende Mindestgrenze um mehr als 100 %. Zudem nahm die wirtschaftliche Belastung in den letzten Jahren stetig zu, sodass die Wahrscheinlichkeit einer weiteren außerordentlichen Belastung sehr groß ist. Ein solche Sachlage würde nach bisheriger Rechtsprechung als Kündigungsgrund anerkannt werden.

Tipp

In der Praxis der Instanzgerichte wird der „kritische Wert", der eine Kündigung zu rechtfertigen mag, bei einer die Mindestgrenze überschreitenden Mehrbelastung von 25-45 % angesetzt.

Interessenabwägung

Liegt nach den vorstehenden Grundsätzen eine erhebliche Beeinträchtigung betrieblicher Interessen vor, so ist in einer dritten Stufe zu prüfen, ob diese Beeinträchtigung aufgrund der Besonderheiten des Einzelfalles vom Arbeitgeber ausnahmsweise noch hinzunehmen sind oder ob sie ein solches Ausmaß erreicht haben, dass sie ihm nicht mehr zuzumuten sind.

Arbeitnehmerseite

Bei der Interessenabwägung sind aufseiten des *Arbeitnehmers* die Umstände zu berücksichtigen, die im Zusammenhang mit dem Arbeitsverhältnis stehen. Dabei ist entscheidend, ob die Erkrankung auf betriebliche Ursachen zurückzuführen ist, ob bzw. wie lange das Arbeitsverhältnis zunächst ungestört verlaufen ist, ferner das Alter und der Familienstand des Arbeitnehmers.

keine betriebliche Ursache für Bronchitis

Im vorliegenden Fall kann davon ausgegangen werden, dass die Erkältungen und die Bronchitis nicht auf betriebliche Ursachen zurückzuführen sind, da A als Sachbearbeiter nicht im Freien arbeiten muss oder besonderen körperlichen Belastungen ausgesetzt ist. Aufgrund der Weigerung des A, ein betriebliches Eingliederungsmanagement durchzuführen, konnten andere mögliche Ursachen nicht festgestellt werden. Diese Weigerungshaltung kann zum Nachteil des A berücksichtigt werden. Das Arbeitsverhältnis zwischen A und B besteht erst seit fünf Jahren, von denen zumindest die letzten drei aufgrund der überdurchschnittlichen Fehlzeiten nicht ungestört verlaufen sind. Auch dieser Aspekt kann daher nicht zu Gunsten des A berücksichtigt werden. Das Alter des A von 26 Jahren lässt ebenfalls keinen für ihn günstigeren Eindruck entstehen, da er somit noch recht jung ist.

Arbeitgeberseite

Aufseiten des Arbeitgebers ist bei der Interessenabwägung zu prüfen, ob es ihm zumutbar ist, die erheblichen betrieblichen Beeinträchtigungen durch an sich mögliche weitere Überbrückungsmaßnahmen, wie die Einstellung einer Aushilfskraft, zu verhindern oder den Arbeitnehmer auf einen „leidensgerechten" Arbeitsplatz zu versetzen. Dahinter steckt die Überlegung, dass der personenbedingte Kündigungsgrund vom Arbeitnehmer nicht schuldhaft verursacht wurde und die Kündigung daher die letzte aller denkbaren Maßnahmen sein soll.

Vorhalten einer Personalreserve

Betriebsablaufstörungen können jedoch insbesondere in kleinen Betrieben zu erheblichen Belastungen werden, wenn durch das wiederholte, nicht voraussehbare Fehlen eines Arbeitnehmers der Personaleinsatz kurzfristig verändert werden oder der Arbeitsplatz zeitweise unbesetzt bleiben muss. Insbesondere bei häufigen Kurzerkrankungen ist es schwierig, Aushilfskräfte zu bekommen. Daher halten viele Arbeitgeber eine Personalreserve vor, durch die der kurzfristige Ausfall eines Arbeitnehmers ohne Umsetzungen oder andere organisatorische Maßnahmen überbrückt werden kann. Wie bereits erwähnt, ist der Arbeitgeber nicht verpflichtet, eine Personalreserve vorzuhalten. Tut er es aber dennoch, so werden die dabei entstehenden zusätzlichen Kosten zu seinen Gunsten berücksichtigt. Konkret bedeutet das: Häufig werden durch eine Personalreserve Betriebsablaufstörungen vermieden, sodass es schon an einer Beeinträchtigung betrieblicher Interessen (siehe Seite 112) und damit an einem Kündigungsgrund fehlt. Ist die vorhandene Personalreserve aber nicht mehr ausreichend und kommt es daher doch zu Betriebsablaufstörungen, so sind von diesem Arbeitgeber weniger Überbrückungsmaßnahmen zu verlangen, als von einem Arbeitgeber, der seinen Personaleinsatz knapp kalkuliert.

großzügiger Personaleinsatz spricht zu Gunsten des B!

Im vorliegenden Fall können die Ausfallzeiten des A von seinen Kollegen überbrückt werden, ohne dass sie Mehrarbeit leisten müssen. Durch einen großzügigen Personaleinsatz konnte B also verhindern, dass es bei kurzzeitigen Ausfällen einzelner Arbeitnehmer zu Betriebsablaufstörungen kommt. Dieses organisatorische Konzept ist auch bei der Beurteilung der Zumutbarkeit der Belastung mit erheblichen Lohnfortzahlungskosten zu Gunsten des B zu berücksichtigen. Schließlich ist B mit größeren Personalkosten belastet, als ein Arbeitgeber, der von vorneherein weniger Personal einsetzt.

keine Versetzung möglich

Die Versetzung des A auf einen „leidensgerechten" Arbeitsplatz muss hier nicht in Erwägung gezogen werden, da seine momentane Tätigkeit keine körperlichen Anstrengungen erfordert.

Die Interessenabwägung fällt daher insgesamt zu Gunsten des B aus.

Ergebnis

Die Voraussetzungen des Kündigungsgrundes „häufige Kurzerkrankungen" liegen hier also vor.

4. Schritt: Wie muss der Betriebsrat beteiligt werden?

Anhörung des Betriebsrats

Vor jeder Kündigung ist der Betriebsrat zu beteiligen (Seite 283). Die Anhörung muss in jedem Fall erfolgen, bevor die Kündigung ausgesprochen wird, damit die Meinung des Betriebsrats vom Arbeitgeber auch noch berücksichtigt werden kann.

Tipp

Die Anhörung des Betriebsrats unterliegt keinem Formerfordernis. Aus Beweisgründen empfiehlt sich jedoch eine schriftliche Anhörung.

Der Arbeitgeber muss dem Betriebsrat die Person des zu kündigenden Arbeitnehmers, die Art der Kündigung und den Kündigungsgrund mitteilen.

stichhaltige Mitteilung des Sachverhalts

Nach der ständigen Rechtsprechung des Bundesarbeitsgerichts muss der Arbeitgeber den Kündigungssachverhalt so genau umschreiben, dass der Betriebsrat ohne eigene Nachforschungen in die Lage versetzt wird, die Stichhaltigkeit des Kündigungsgrundes zu überprüfen. Dabei muss der Arbeitgeber nur solche Gründe mitteilen, die ihn zum Ausspruch der Kündigung veranlassen und aus seiner subjektiven Sicht den Kündigungsentschluss tragen.

Achtung

In einem späteren Kündigungsschutzverfahren kann sich der Arbeitgeber nur auf die Gründe berufen, die er dem Betriebsrat mitgeteilt hat. Daher ist es ratsam, alle objektiven Tatsachen, die eine Kündigung rechtfertigen können, dem Betriebsrat auch mitzuteilen.

detaillierte Aufführung der Fehlzeiten und voraussichtliche Krankheitsprognose

Bei einer Kündigung wegen häufiger Kurzerkrankungen muss der Arbeitgeber dem Betriebsrat nicht nur die bisherigen krankheitsbedingten Fehlzeiten des Arbeitnehmers, sondern auch die hierdurch entstandenen und künftig zu erwartenden betrieblichen Auswirkungen darlegen. Dabei müssen die Fehlzeiten im Einzelnen aufgeführt werden, die Nennung der Fehlzeitensumme pro Jahr genügt nicht. Schließlich muss die voraussichtliche Krankheitsprognose nach dem derzeitigen Kenntnisstand des Arbeitgebers mitgeteilt werden.
Das Anhörungsschreiben des B an den kann sich an folgendem Muster orientieren:

Achtung

Gerade die Betriebsratsanhörungen müssen immer genau auf den Einzelfall abgestimmt sein. Bei einem komplett ausformulierten Mustertext besteht die Gefahr, dass bei wörtlicher Übernahme Fehler entstehen, die möglicherweise sogar prozessentscheidend sein können.

Anhörungsschreiben an den Betriebsrat immer genau auf den Einzelfall abstimmen

Muster: Anhörungsschreiben an den Betriebsrat bei personenbedingter Kündigung

siehe CD-ROM

An den Betriebsrat
z.Hd. Frau /Herrn Betriebsratsvorsitzende/n

Die Betriebsleitung beabsichtigt, den/die Arbeitnehmer/in
Name/Vorname ....
Personalnummer ....
geb. am .... in.......................
wohnhaft in der ....-Straße, Nr. ...., in ....(Ort)
Familienstand ....
.... unterhaltspflichtige Kinder
beschäftigt in unserem Unternehmen seit ....
zuletzt als.......... in Abteilung ....

nach Abschluss des Anhörungsverfahrens unter Einhaltung der Kündigungsfrist von .... Wochen / .... Monaten ordentlich zum ....

zu kündigen.

Der beabsichtigten Kündigung liegt im Einzelnen folgender Sachverhalt zugrunde:

....

....

....

(Es folgt die Angabe sämtlicher Umstände, die für die Kündigungsentscheidung des Arbeitgebers maßgebend sind. Der Betriebsrat muss dadurch in die Lage versetzt werden, ohne eigene Nachforschungen die Stichhaltigkeit der Kündigungsgründe zu überprüfen. Die Angaben müssen vollständig und wahrheitsgemäß sein.)

Der Betriebsrat wird gebeten, schnellstmöglich die unten bereits formularmäßig vorbereitete Stellungnahme abzugeben.

....	....
Ort / Datum	Unterschrift

Anlagen

- Personalakte
- Entwurf des Kündigungsschreibens
- Formular Stellungnahme

Stellungnahme des Betriebsrats

Der Betriebsrat hat dieses Anhörungsschreiben am .... erhalten und zur Kenntnis genommen.

Der Betriebsrat stimmt der beabsichtigten Kündigung zu.
Der Betriebsrat erhebt gegen die beabsichtigte Kündigung Widerspruch.
Die Gründe sind auf einem gesonderten Beiblatt aufgeführt.
Der Betriebsrat wird keine Erklärung hierzu abgeben.

(Zutreffendes bitte ankreuzen)

....
Ort / Datum Unterschrift

Widerspruch durch Betriebsrat

Nachdem B seinem Betriebsrat den Anhörungsbogen übermittelt hat, muss er eine abschließende Stellungnahme, maximal jedoch eine Woche abwarten, bevor er dem A kündigen darf. Eine Ablehnung durch den Betriebsrat hindert B nicht daran zu kündigen. Sie hat jedoch Auswirkungen auf einen eventuellen Weiterbeschäftigungsanspruch des B bis zum rechtskräftigen Abschluss eines Kündigungsschutzverfahrens.

6. Schritt: Welche Fristen sind zu beachten?

Als Nächstes muss B ermitteln, welche Frist er bei der Kündigung beachten muss und zu welchem Endtermin er A die Kündigung aussprechen darf.

gesetzliche Kündigungsfrist gem. § 622 BGB

Für die Kündigung von Arbeitsverhältnissen gelten gesetzlich vorgeschriebene Fristen. Diese werden von § 622 BGB geregelt. Danach beträgt die Grundkündigungsfrist vier Wochen zum Ende eines Monats oder zum 15. eines Monats.

Beispiel

Eine Kündigung, die am 27. Mai ausgesprochen wird, kann erst zum 30. Juni erfolgen. Um den 15. August als Kündigungstermin zu halten, muss die Kündigung spätestens am 18. Juli ausgesprochen werden.

Verlängerung, Verkürzung

Die Kündigungsfrist verlängert sich für ältere Arbeitnehmer in Abhängigkeit von der Dauer der Betriebszugehörigkeit. Zeiten, die vor

Vollendung des 25. Lebensjahres liegen, werden bei der Beschäftigungsdauer nicht mitgerechnet. Darüber hinaus ist eine Verlängerung der gesetzlichen Fristen auch durch den einzelnen Arbeitsvertrag ohne weiteres möglich. Eine Verkürzung der Fristen ist dagegen nur durch einen Tarifvertrag oder bei Vorliegen besonderer Voraussetzungen möglich, etwa während der Probezeit. Schließlich gibt es noch Sonderkündigungsfristen für bestimmte Personengruppen wie beispielsweise schwerbehinderte Menschen oder Elternzeitberechtigte (siehe hierzu Seite 288).

Für B bedeutet das vorliegend, dass er zunächst ermitteln muss, ob die gesetzliche Kündigungsfrist durch einen einschlägigen Tarifvertrag oder durch eine abweichende Individualvereinbarung verlängert oder verkürzt wurde.
Da der Sachverhalt hierzu keine weiteren Informationen enthält, ist von der gesetzlichen Grundkündigungsfrist von vier Wochen auszugehen. Aufgrund der Tatsache, dass A seit fünf Jahren bei B beschäftigt ist, könnte sich diese Grundfrist gemäß § 622 Abs.2 Nr.2 BGB auf zwei Monate verlängert haben. Da A aber erst 26 Jahre alt ist und die Beschäftigungszeiten vor der Vollendung des 25. Lebensjahres in diesem Zusammenhang nicht berücksichtigt werden, bleibt es bei der vierwöchigen Grundfrist.

7. Schritt: Wie muss die Kündigungserklärung aussehen?

Nachdem B nun alle erforderlichen Prüfungsschritte vollzogen und durchlaufen hat, steht dem Ausspruch der Kündigung nichts mehr im Wege.

Schriftform ist notwendig

Bei der Kündigungserklärung handelt es sich um eine einseitige, empfangsbedürftige Willenserklärung, die mit ihrem Zugang beim Arbeitnehmer wirksam wird. Seit dem 1.5.2000 erfordert jede Kündigung nach § 623 BGB zu ihrer Wirksamkeit die Schriftform. Sie muss erkennen lassen, zu welchem Zeitpunkt das Arbeitsverhältnis beendet sein soll. Dabei genügt es, wenn sich der letzte Tag des Beschäftigungsverhältnisses ermitteln lässt.

keine Begründung, aber evtl. Stellungnahme des Betriebsrats erforderlich

Eine Begründung der Kündigung ist für ihre Wirksamkeit nach dem Gesetz grundsätzlich nicht erforderlich. Hat der Betriebsrat der Kündigung jedoch widersprochen, muss der Arbeitgeber dem Kündigungsschreiben eine Abschrift der Stellungnahme des Betriebsrats beifügen. Sinn dieser Vorschrift ist es, den Arbeitnehmer in die Lage zu versetzen, seine Aussichten im Kündigungsschutzprozess besser beurteilen zu können.
Im vorliegenden Fall könnte die Kündigung folgendermaßen aussehen

Muster: Kündigungsschreiben

siehe CD-ROM

Sehr geehrter Herr A,

hiermit kündige ich den zwischen uns am .... abgeschlossenen Arbeitsvertrag unter Einhaltung der gesetzlichen Kündigungsfrist zum nächstmöglichen Termin.

Der Betriebsrat ist vor Ausspruch der Kündigung angehört worden. Er hat der Kündigung zugestimmt.

Wir weisen darauf hin, dass Sie nach § 37 b SGB III verpflichtet sind, sich nach Erhalt dieses Kündigungsschreibens unverzüglich bei der zuständigen Agentur für Arbeit (ehemals Arbeitsamt) als Arbeitsuchender zu melden, da andernfalls Ihr Anspruch auf Arbeitslosengeld gemindert werden kann. Sie sind zudem verpflichtet, selbst bei der Suche nach einem anderen Arbeitsplatz aktiv zu werden.

Mit freundlichen Grüßen

Ort, Datum   Unterschrift

Weitere Voraussetzung für eine wirksame Kündigungserklärung ist, dass sie dem Empfänger zugeht. Der Zeitpunkt, zu dem die Kündigung zugeht, ist darüber hinaus entscheidend für den Beginn der Kündigungsfrist.

Tipp

Den Zugang der Kündigung hat bei einer gerichtlichen Auseinandersetzung der Arbeitgeber zu beweisen. Es ist daher zu empfehlen, die Kündigung persönlich oder mittels eines Boten, der von dem Inhalt des Briefes Kenntnis hat, zu übergeben. Die Übermittlung per Einschreiben beinhaltet dagegen immer ein Risiko: Weder mit dem Übergabe-Einschreiben (Postbote versucht das Schreiben dem zu Kündigenden persönlich zu übergeben, sonst wird ein Benachrichtigungszettel in den

Briefkasten eingeworfen) noch mit dem Einwurf-Einschreiben (der Postbote wirft den Einschreibebrief in den Briefkasten und vermerkt dies in einer Liste) kann ein voller Zugangsbeweis erbracht werden. Legt der Arbeitgeber den Auslieferungsbeleg vor, wird lediglich nachgewiesen, dass irgendein Brief übermittelt wurde. Wird der Zusteller als Zeuge benannt, kann er sich in der Regel nicht mehr erinnern, außerdem kann er auch den Inhalt des Schreibens nicht bezeugen.

4.4 Prüfschema

Das Prüfschema ist eine Tabelle, die nicht nur über alle wichtigen Prüfungspunkte, sondern auch über die rein organisatorischen Fragen („Was?") informiert, darüber hinaus Aufschluss gibt, in wessen Zuständigkeitsbereich („Wer?") die betreffenden Prüfungsschritte und Maßnahmen fallen, und zudem eine Zeitschiene („Bis wann?") enthält, in der Termine und Fristen eingetragen werden können.

siehe CD-ROM

	Was?	Wer?	Bis wann?
	Bestehen besondere Kündigungsverbote oder Beschränkungen?		
	• aufgrund Arbeitsvertrag		
	• Betriebsvereinbarung		
	• Tarifvertrag oder -Gesetz		
	Findet das Kündigungsschutzgesetz Anwendung?		
	• mehr als 10 Beschäftigte		
	• Wartezeit von 6 Monaten abgelaufen		
	Liegt eine negative Gesundheitsprognose vor (und damit ein Grund im Sinne des KSchG)?		
	• Ist der Arbeitnehmer schon seit längerer Zeit erkrankt und ist das Ende der Erkrankung nicht absehbar? *oder*		
	• Ist der Arbeitnehmer aufgrund einer Erkrankung dauerhaft nicht in der Lage, seine vertraglich geschuldete Arbeitsleistung zu erbringen? *oder*		

	Was?	Wer?	Bis wann?
	• Ist der Arbeitnehmer in den letzten drei Jahren mehr als 20 % der Arbeitstage arbeitsunfähig erkrankt und ist auch in Zukunft mit entsprechenden Fehlzeiten zu rechnen?		
	⇒ Wenn keiner der Fälle zutrifft, kann nicht krankheitsbedingt gekündigt werden.		
	Liegt eine erhebliche Beeinträchtigung betrieblicher Interessen vor (und damit ein Grund im Sinne des KSchG)?		
	• Führen die krankheitsbedingten Ausfälle zu erheblichen betrieblichen Beeinträchtigungen (z.B. Betriebsablaufstörungen)? *oder*		
	• Führen die krankheitsbedingten Ausfälle zu erheblichen wirtschaftlichen Belastungen (z.B. außergewöhnlich hohe Lohnfortzahlungskosten)?		
	⇒ Wenn nein, kann nicht krankheitsbedingt gekündigt werden.		
	Interessenabwägung		
	• Können die betrieblichen Beeinträchtigungen mit zumutbaren Maßnahmen überbrückt bzw. vermieden werden? ⇒ Wenn ja, kann nicht krankheitsbedingt gekündigt werden.		
	• Sind zu Gunsten des Arbeitnehmers besondere Umstände (z.B. betriebliche Ursache der Krankheit, lange Betriebszugehörigkeit) zu berücksichtigen? ⇒ Wenn ja, kann die krankheitsbedingte Kündigung im Einzelfall unzulässig sein.		
	Welche Kündigungsfristen sind zu beachten?		
	• aufgrund Arbeitsvertrag,		
	• Tarifvertrag,		
	• Betriebsvereinbarung,		
	• Gesetz		

	Was?	Wer?	Bis wann?
	Information des Betriebsrats durch Arbeitgeber/Personalleiter (vor Ausspruch der Kündigung)		
	• Personalien des AN		
	• Art und Gründe der Kündigung		
	• Kündigungsfrist		
	Abschließende Stellungnahme des Betriebsrats? (Max. 1 Woche ab Information)		
	• Betriebsrat hat abschließende Stellungnahme ausdrücklich abgegeben, *oder*		
	• nach Ablauf einer Woche (ordentliche Kündigung), wenn sich der BR nicht äußert.		
	Ausspruch der Kündigung durch den Arbeitgeber/ermächtigten Vertreter		
	• unbedingt schriftlich		
	• Inhalt: Kündigungsart und Kündigungsfrist		
	• eigenhändige Unterzeichnung der Kündigungserklärung durch Kündigungsberechtigten selbst *oder* eigenhändige Unterzeichnung durch bevollmächtigten Vertreter		
	Kündigungserklärung/Kündigungsbestätigung		
	• Kündigungserklärung wurde zugestellt?		
	• Kündigungsbestätigung wurde vom Arbeitnehmer unterschrieben?		

4.5 Arbeitsmittel auf der CD-ROM

Prüfschema

Das Prüfschema (siehe oben) steht Ihnen auf der CD-ROM zur Verfügung. Öffnen Sie es in Ihrer Textverarbeitungssoftware, tragen Sie in die Spalten „Wer?“ die jeweils Verantwortlichen namentlich ein und in und in die Spalte „Wann?“ einen konkreten Termin. Und selbstverständlich können Sie die Datei auch ausdrucken und speichern oder an alle Beteiligten wie ein Protokoll verteilen.

Muster: Anhörung des Betriebsrats

Tragen Sie die persönlichen Daten des zu kündigenden Mitarbeiters ein und geben Sie sämtliche Umstände an, die für Ihre Kündigungsentscheidung maßgebend sind.
Ziel ist, dass der Betriebsrat dadurch in die Lage versetzt wird, ohne eigene Nachforschungen die Stichhaltigkeit der Kündigungsgründe zu überprüfen.
Die Angaben müssen vollständig und wahrheitsgemäß sein.

Achtung

Es ist wichtig, dass die Betriebsratsanhörung immer genau auf den Einzelfall abgestimmt ist. Passen Sie daher das Muster genau den Gegebenheiten an!

Muster: Kündigungsschreiben

siehe CD-ROM

Tragen Sie in das Muster die persönlichen Daten des zu kündigenden Mitarbeiters ein. Berechnen Sie (z.B. mit dem Fristenrechner auf der CD-ROM) den Termin der Kündigung oder tragen Sie eine Standardformulierung („zum nächstmöglichen Zeitpunkt“ oder „fristgerecht“) ein. Vergessen Sie nicht zu unterschreiben. Dann überreichen Sie die schriftliche Kündigung im Original. (Genaue Informationen zu Inhalt, Form, Zugang u.s.w. einer Kündigung finden Sie im Grundlagenkapitel, ab Seite 272).

5 Ihr Mitarbeiter ist alkoholisiert

Das Problem „Alkohol im Betrieb" ist leider keine Seltenheit. Der Anteil der alkoholkranken Mitarbeiter wird bundesweit auf etwa 5 % geschätzt, weitere 10 % der Belegschaft sind als alkoholgefährdet anzusehen. Für den Arbeitgeber bedeutet dies ein erhöhtes Ausfall- und damit Kostenrisiko. Alkoholkranke fehlen im Durchschnitt 16-mal häufiger am Arbeitsplatz, sind 3,5-mal so oft in Betriebsunfälle verwickelt und 2,5-mal so häufig krank wie Nichtalkoholiker. Diese Belastungen fordern betriebliche Gegenmaßnahmen geradezu heraus. Nach der Rechtsprechung des Bundesarbeitsgerichts kommt in den meisten Fällen nur eine personenbedingte Kündigung in Betracht, die Grenzen zur verhaltensbedingten Kündigung sind jedoch teilweise fließend.

5.1 Beispiele für Kündigungen wegen Alkohol

In diesen Fällen kann der Alkoholkonsum eines Arbeitnehmers einen Grund für eine Kündigung darstellen:

- außerdienstlicher Alkoholkonsum
- Alkoholkonsum während der Arbeit
  - bei Vorliegen einer Alkoholkrankheit
  - bei nur gelegentlichem Alkoholkonsum

Im Folgenden erhalten Sie zu den einzelnen Fallgruppen eine kurze Beschreibung und konkrete Beispiele.

Außerdienstlicher Alkoholkonsum

Kündigung nur im Ausnahmefall

Der außerdienstliche Alkoholkonsum kann wie ein sonstiges außerdienstliches Verhalten nur in Ausnahmefällen eine verhaltens- bzw. personenbedingte Kündigung rechtfertigen. Dies ist der Fall, wenn aufgrund des privaten Alkoholkonsums Pflichten aus dem Arbeitsverhältnis beeinträchtigt werden. Generell darf der Mitarbeiter in seiner Freizeit nur so viel Alkohol trinken, dass er am folgenden Arbeitstag seinen Vertragspflichten uneingeschränkt nachkommen kann. Die Folgen des Alkoholkonsums dürfen also während der Arbeitszeit nicht nachwirken.

Beispiel

Herr B. ist von Beruf Kraftfahrer. Als solcher hat er seine Arbeit grundsätzlich nüchtern anzutreten.

Die Fähigkeit zur vertragsgemäßen Leistungserfüllung entfällt, wenn dem Berufskraftfahrer, Außendienstmitarbeiter, Verkehrspiloten oder sonstigen Mitarbeiter, der zur Erfüllung seiner arbeitsvertraglichen Aufgaben auf die Benutzung eines Kraftfahrzeuges angewiesen ist, die Fahrerlaubnis bzw. Fluglizenz wegen außerbetrieblichen Alkoholkonsums entzogen wird.

einmaliger Unfall mit Privat-PKW reicht nicht aus

Die hochgradige Alkoholisierung im Privatbereich lässt Rückschlüsse auf die Zuverlässigkeit bzw. Eignung eines Berufskraftfahrers zu. Nach Ansicht des Bundesarbeitsgerichts soll es indessen bei einem U-Bahn-Führer zur Kündigung nicht ausreichen, wenn er in betrunkenem Zustand einmalig mit seinem Privat-PKW einen Verkehrsunfall verursacht.

Alkoholkonsum während der Arbeit

Wird während der Arbeit Alkohol getrunken, muss bei einer Kündigung danach unterschieden werden, ob der Arbeitnehmer an einer Alkoholkrankheit leidet, oder ob er nur gelegentlich zur Flasche greift.

Vorliegen einer Alkoholkrankheit

personenbedingte Kündigung

Nach der Rechtsprechung des Bundesarbeitsgerichts kommt bei Vorliegen einer Alkoholkrankheit wegen des suchtbedingt fehlenden Verschuldens des Arbeitnehmers regelmäßig nur eine personenbedingte Kündigung in Betracht. Aus dem Verlust der Selbstkontrolle bei einem Alkoholabhängigen folgt, dass der Alkoholabhängige nicht verhaltensbedingt gekündigt werden kann, wenn er gegen arbeitsvertragliche Pflichten verstößt. Die Alkoholkrankheit kann jeweils nach dem Grad und der Schwere der Erkrankung eine Kündigung wegen einer lang anhaltenden Erkrankung oder häufiger Kurzerkrankungen rechtfertigen.

Beispiel

Der alkoholkranke Werkzeugmacher W muss wegen alkoholbedingter Ausfälle häufig nach Hause geschickt werden. Oft erscheint er auch gar nicht erst zur Arbeit.

Gelegentlicher Alkoholkonsum

verhaltensbedingte Kündigung

Leidet der Arbeitnehmer nicht an einer Suchterkrankung, greift aber während der Arbeitszeit trotzdem gerne mal zur Flasche, kann dies eine verhaltensbedingte Kündigung rechtfertigen. Dies ist der Fall, wenn ein betriebliches Alkoholverbot besteht oder der Verzicht auf den Alkohol aufgrund der besonderen Anforderungen des Arbeitsplatzes unbedingt erforderlich ist.
Die Voraussetzungen der verhaltensbedingten Kündigung werden in den Kapiteln sieben bis neun ausführlich erläutert.

Beispiel

Im Betrieb B existiert eine Betriebsvereinbarung, nach der es verboten ist, alkoholische Getränke auf das Betriebsgelände zu bringen und dort zu konsumieren. A wurde dennoch wiederholt dabei ertappt, in seiner Mittagspause eine Flasche Bier zu trinken.

Beispiel

K hat bei seiner Tätigkeit als Kranführer aus Versehen einen Hebel falsch bedient, sodass eine zentnerschwere Betonplatte heruntergefallen ist und zwei seiner Kollegen schwer verletzt hat. Wie sich nach dem Unfall herausstellte, hatte er in der Mittagspause zuvor zwei Flaschen Bier getrunken und eine Blutalkoholkonzentration von 0,4 Promille.

5.2 Welche Kriterien bietet die Rechtsprechung?

Die mit der Alkoholsucht begründete Kündigung folgt im Grundsatz den gleichen Voraussetzungen wie die krankheitsbedingte Kündigung (Gesundheitsprognose, betriebliche Interessen, Interessenabwägung), im Detail weist sie aber einige Besonderheiten auf.

1. Kriterium: Liegt eine Alkoholerkrankung vor?

physische oder psychische Abhängigkeit

Zunächst muss natürlich erst einmal festgestellt werden, ob eine Alkoholerkrankung vorliegt. Das Bundesarbeitsgericht geht von einer krankhaften Alkoholabhängigkeit aus, wenn der gewohnheitsmäßige, übermäßige Alkoholgenuss trotz besserer Einsicht nicht aufgegeben oder reduziert werden kann. Wesentliches Merkmal dieser Erkrankung sei die physische oder psychische Abhängigkeit vom Alkohol, die sich vor allem im Verlust der Selbstkontrolle und in der Unfähigkeit zur Abstinenz äußert.

Die Wissenschaft unterscheidet zwischen drei Trinkertypen, die als alkoholkrank bezeichnet werden:

süchtiger Trinker, Spiegeltrinker, Quartalstrinker

- Der *süchtige Trinker* (so genannte Gamma-Alkoholiker) kann seinen Alkoholkonsum nicht mehr steuern. Er erleidet einen Kontrollverlust und versetzt sich immer wieder in Rauschzustände. Es sind allerdings auch alkoholfreie Perioden möglich, die sogar mehrere Monate andauern können.
- Der *Spiegeltrinker* (so genannte Delta-Alkoholiker) muss immer einen bestimmten Alkoholspiegel in seinem Körper halten, anderenfalls kommt es zu heftigen Entzugserscheinungen wie Übelkeit oder Zittern der Hände. Er konsumiert in der Regel gleichmäßig ein bestimmtes Alkoholquantum, ohne dabei in schwere Rauschzustände zu verfallen. Er ist zur Abstinenz unfähig, behält aber die Kontrolle über sein Trinkverhalten.
- Der *Quartalstrinker* (so genannte Epsilon-Alkoholiker) hat in regelmäßigen Abständen Krisentage, die den Beginn einer Trinkphase einleiten. Nach Beginn dieser Trinkphase kommt es zum Kontrollverlust, zum hemmungslosen Trinken und zu Erinnerungslücken. Zwischen den einzelnen Trinkphasen kann er wochenlang ohne Alkohol leben.

Zulässigkeit von Alkoholtests

Für den Arbeitgeber ist die Feststellung der Alkoholabhängigkeit eines Mitarbeiters in der Regel nicht einfach. Der Arbeitnehmer ist nicht verpflichtet, im laufenden Arbeitsverhältnis routinemäßigen Blutuntersuchungen zur Klärung einer Abhängigkeit zuzustimmen, soweit dies nicht gesetzlich vorgeschrieben ist.

Tipp

Auch bei konkretem Verdacht ist die Durchführung eines Alkoholtests nur mit der Einwilligung des Arbeitnehmers zulässig. Nach Auffassung des Bundesarbeitsgerichts darf der Alkoholisierungsgrad aber aufgrund der Arbeits- und Lebenserfahrung aus der Art und Weise, wie der Mitarbeiter seinen Arbeitspflichten nachkommt und aus seinem sonstigen Verhalten (Alkoholfahne, lallende Sprache, schwankender Gang) abgeleitet werden. Zu Beweiszwecken sollte der Arbeitgeber dabei einen sachverständigen Zeugen (z.B. den Sicherheitsbeauftragten) und möglichst auch ein Mitglied des Betriebsrats hinzuziehen.

2. Kriterium: Ist die Gesundheitsprognose negativ?

An die für jede krankheitsbedingte Kündigung erforderliche negative Gesundheitsprognose sind bei Suchterkrankungen geringere Anforderungen zu stellen. Der alkoholkranke Mitarbeiter hat – wie eingangs dargestellt – häufiger Fehlzeiten als ein Nichtalkoholiker.

Durchführung einer Entziehungskur

Umstritten ist, ob der Arbeitgeber dem Mitarbeiter vor Ausspruch der Kündigung die Möglichkeit zu einer Entziehungskur bieten muss. Letztlich ist dies eine Frage der Verhältnismäßigkeit: Zeigt sich der Mitarbeiter von Anfang an nicht therapiebereit, indem er seine Erkrankung bis zuletzt verheimlicht, oder weigert er sich bereits, eine betriebsinterne Beratungsstelle aufzusuchen, ist eine solche Pflicht des Arbeitgebers abzulehnen. Gleiches dürfte gelten, wenn der Mitarbeiter bereits mehrere Entzugsversuche hinter sich hat und regelmäßig wieder rückfällig wurde. In den übrigen Fällen wird der Arbeitgeber in der Regel verpflichtet sein, dem Arbeitnehmer die Durchführung einer Entziehungskur anzubieten und auch deren Erfolg abzuwarten.

Dieser Ansatz wird von der gesetzlichen Verpflichtung des Arbeitgebers, ein betriebliches Eingliederungsmanagement (BEM) durchzuführen, wenn der Arbeitnehmer länger als sechs Wochen innerhalb eines Jahres arbeitsunfähig krank ist bestätigt. Der Arbeitgeber hat in diesen Fällen mit dem Betriebsrat und gebebenfalls der Schwerbehindertenvertretung zu beraten, wie die Arbeitsunfähigkeit überwunden und in welcher Weise einer erneuten Arbeitsunfähigkeit vorgebeugt werden kann. Auch eine dauerhafte Arbeitsunfähigkeit steht der Durchführung eines solchen Verfahrens nicht zwangsläufig entgegen (vgl. Ausführungen zum BEM im Grundlagenkapitel, Seite 300).

Tipp

Maßgeblich ist auch hier der Zeitpunkt, an dem die Kündigung zugeht. Erklärt sich der Arbeitnehmer erst danach zu einer Entziehungskur bereit, führt dies nicht zu einer Korrektur der negativen Gesundheitsprognose und berührt die Wirksamkeit der Kündigung nicht.

3. Kriterium: Sind betriebliche Interessen beeinträchtigt?

Selbstgefährdung, Gefährdung anderer

Bei der Frage, ob betriebliche Interessen beeinträchtigt sind, es also zu Betriebsstörungen oder wirtschaftlichen Belastungen kommt, gelten gegenüber der „normalen" krankheitsbedingten Kündigung keine Besonderheiten (s.o. Seite 112). Bei einer Alkoholsucht ergeben sich häufig Gründe der Selbstgefährdung und der Gefährdung anderer Personen. Hierdurch ist die Einsatzfähigkeit eines an Trunksucht leidenden Arbeitnehmers erheblich eingeschränkt.

4. Kriterium: Sie müssen die Interessen gegeneinander abwägen

zwei Erfahrungs- und Abwägungsgrundsätze

Schließlich bedarf es auch hier einer umfassenden Interessenabwägung, in die einerseits alle betrieblichen Umstände und andererseits die Interessen des Arbeitnehmers an der Erhaltung des Arbeitsplatzes einzubeziehen sind (vgl. Seite 113). Das Bundesarbeitsgericht geht dabei von zwei Erfahrungs- und Abwägungsgrundsätzen aus:

- Chronische Erkrankungen treten mit zunehmendem Alter häufiger auf. Daher sind die betrieblichen Störungen bei der Fortdauer des Arbeitsverhältnisses verstärkt zu erwarten.
- Hat der Arbeitgeber die Alkoholerkrankung bei der Einstellung des Mitarbeiters gekannt, muss er wesentlich längere Ausfallzeiten als üblich hinnehmen.

weitere Gesichtspunkte für Interessenabwägung

Im Rahmen der Interessenabwägung ist des Weiteren zu berücksichtigen, welche Umstände zur Trunksucht geführt haben, ob die Heilungsaussichten durch die Kündigung noch verschlechtert werden und ob der Arbeitnehmer seine Sucht „verschuldet" hat, indem er nach einer zunächst erfolgreichen Therapie wieder rückfällig geworden ist. Wie bereits dargestellt, ist die Therapiebereitschaft schon bei der negativen Prognose zu berücksichtigen, bei der Interessenabwägung kommt es auch darauf an, ob der Arbeitgeber eine solche angeboten hat und ob er weitere Maßnahmen versucht hat, die zu einer Vermeidung der Kündigung führen könnten.

Beispiele

- Anbieten von Beratungsstellen
- Versetzung auf einen leichteren Arbeitsplatz

5.3 Der Fall: Herr A ist mal wieder betrunken

Der 47jährige A arbeitet seit sechs Jahren im Betrieb des B, in dem insgesamt 120 Mitarbeiter beschäftigt sind. Zunächst war er als Elektriker beschäftigt. Nachdem er jedoch wegen wiederholtem Alkoholgenuss für diese Tätigkeit nicht mehr tragbar war, wurde er nach fünf Jahren mit der Zustimmung des Betriebsrats in den Bereich Energiebetriebe als so genannter Kesselgänger versetzt. Der Versetzung waren mehrere Ermahnungen und Personalgespräche vorausgegangen. A hatte dabei zugegeben, bereits seit längerer Zeit ein Alkoholproblem zu haben. Im Rahmen seiner neuen Tätigkeit musste er unter anderem die Kessel kontrollieren und Ventile regulieren. Doch auch bei dieser Aufgabe wurde A bereits häufiger so betrunken angetroffen, dass er an Bewusstseinsstörungen litt und seine Arbeit nicht mehr zuverlässig ausführen konnte. In einem weiteren Personalgespräch schlug A das Angebot, eine Therapie zu machen, aus. Er lehnte es auch ab, den Betriebsrat oder anderer Beratungsstellen hinzuzuziehen, um mit ihnen die Möglichkeiten zur Überwindung der Arbeitsunfähigkeit zu beraten.

Was kann B tun?

In diesem Fall wird B als vernünftiger Arbeitgeber das Arbeitsverhältnis mit A beenden wollen. Folgende Punkte sollte er dabei beachten:

1. Schritt: Welche Rechtsvorschriften sind anwendbar?

Die Feststellung, welche Rechtsvorschriften im konkreten Fall einschlägig sind, hängt zum einen von der Person des Arbeitnehmers ab, zum anderen von der Größe des Betriebes.

Liegt ein besonderer Kündigungsschutz vor?

besonderer Kündigungsschutz

Die Person des Arbeitnehmers ist für die Frage maßgeblich, ob *besondere Schutznormen* zur Anwendung kommen. Solche Schutznormen für bestimmte Personengruppen können sich aus einem Tarifvertrag, einer Betriebsvereinbarung oder aus dem Gesetz ergeben. Bei personenbedingten Kündigungen ist insbesondere darauf zu achten, ob der Arbeitnehmer schwerbehindert oder schwerbehinderten Menschen gleichgestellt ist. In diesen Fälen sind die besonderen Schutzvorschriften des Sozialgesetzbuches IX zu beachten (§§ 85 ff.) und die vorherige Zustimmung des Integrationsamtes einzuholen.

Beispiele

- Frau im Mutterschutz (§ 9 Mutterschutzgesetz)
- Arbeitnehmer in der Elternzeit (§ 15 Bundeserziehungsgeldgesetz)
- Auszubildende (§ 15 Bundesbildungsgesetz)

Eine vollständige Liste und weitere Ausführungen zu einzelnen Punkten finden Sie auf den Seiten 288 ff.

Im vorliegenden Fall gehört A keiner der besonders geschützten Personengruppen an. Die entsprechenden Sonderregelungen müssen daher auch nicht beachtet werden.

Der *allgemeine gesetzliche Kündigungsschutz* nach dem Kündigungsschutzgesetz (KSchG) kommt zur Anwendung, wenn im Betrieb regelmäßig mehr als 10 Arbeitnehmer beschäftigt werden und das Arbeitsverhältnis mit dem zu kündigenden Arbeitnehmer bereits länger als sechs Monate besteht.

KSchG findet Anwendung

Im Betrieb des B werden 120 Mitarbeiter beschäftigt, sodass der Schwellenwert von 10 Mitarbeitern deutlich überschritten ist. A arbeitet seit sechs Jahren dort, damit ist auch die zeitliche Grenze von sechs Monaten verstrichen.

B muss daher die gesetzlichen Vorschriften des Kündigungsschutzgesetzes beachten.

Liegt ein Kündigungsgrund im Sinne des KSchG vor?

Nach dem Kündigungsschutzgesetz ist es grundsätzlich nur dann möglich, ein Arbeitsverhältnis zu beenden, wenn für die Kündigung ein bestimmter Grund vorliegt. Der Grund kann in der Person oder in dem Verhalten des Arbeitnehmers liegen oder auf dringende betriebliche Erfordernisse zurückzuführen sein (vgl. Seite 9)

Abgrenzung personen-/verhaltensbedingte Kündigung

Die Kündigung wegen einer Alkoholerkrankung beruht auf einem Grund, der in der Person des Arbeitnehmers liegt. Maßgebliches Abgrenzungskriterium gegenüber einer verhaltensbedingten Kündigung ist die Frage, ob der Mitarbeiter sein Tun noch willentlich steuern kann. Ist dies wie bei einer Krankheit nicht der Fall, kommt nur eine personenbedingte Kündigung in Betracht. Daher sollte zunächst festgestellt werden, ob überhaupt eine Alkoholerkrankung, die aufgrund ihres Suchtcharakters nicht mehr vom Arbeitnehmer kontrolliert werden kann, vorliegt. Ist eine solche Suchterkrankung diagnostiziert, geht die Rechtsprechung auch hier in drei Prüfungsschritten vor:

- Negative Prognose
- Beeinträchtigung betrieblicher Interessen
- Interessenabwägung

Zur Vorbereitung einer Kündigung wegen einer Alkoholkrankheit sollten die von der Rechtsprechung entwickelten Kriterien genau überprüft werden.

Vorliegen einer Suchterkrankung

physische oder psychische Abhängigkeit

Das Bundesarbeitsgericht geht in ständiger Rechtsprechung von einer krankhaften Alkoholabhängigkeit aus, wenn der gewohnheitsmäßige, übermäßige Alkoholgenuss trotz besserer Einsicht nicht aufgegeben oder reduziert werden kann. Dabei sei das wesentliche Merkmal dieser Erkrankung die physische oder psychische Abhängigkeit vom Alkohol, die sich vor allem im Verlust der Selbstkontrolle und in der Unfähigkeit zur Abstinenz äußert.

Gibt der Arbeitnehmer nicht von sich aus eine Alkoholerkrankung zu, kann es für den Arbeitgeber schwierig sein, die Symptome zu deuten. Er ist dann darauf beschränkt den Alkoholisierungsgrad aufgrund der Arbeits- und Lebenserfahrung aus der Art und Weise, wie der Mitarbeiter seinen Arbeitspflichten nachkommt und aus seinem sonstigen Verhalten abzuleiten.

A hat Alkoholproblem zugegeben

Im vorliegenden Fall hat A bereits anlässlich seiner Versetzung zugegeben, ein Alkoholproblem zu haben. Auch die Tatsache, dass er trotz mehrmaliger Verwarnungen nicht bereit oder in der Lage war, seinen Alkoholkonsum einzuschränken und damit sogar in Kauf nahm, eine weniger qualifizierte Tätigkeit übernehmen zu müssen, deutet darauf hin, dass er sich in einer Abhängigkeit befindet.

Negative Gesundheitsprognose

Zum Kündigungsgrund gehört die aufgrund objektiver Umstände festzustellende Tatsache, dass nach dem Kündigungstermin mit weiteren Störungen zu rechnen ist. Für die Prognose im Hinblick auf die weitere Entwicklung einer Alkoholabhängigkeit sind weniger strenge Anforderungen zu stellen, als bei anderen Krankheiten. Nach ständiger Rechtsprechung des Bundesarbeitsgerichts kommt es entscheidend darauf an, ob der Arbeitnehmer zum Zeitpunkt der Kündigung bereit ist, eine Entziehungskur bzw. Therapie durchzuführen. Lehnt er dies ab, kann erfahrungsgemäß davon ausgegangen werden, dass er von seiner Alkoholabhängigkeit nicht geheilt wird.

A hat Entziehungskur abgelehnt

A hat vorliegend das Angebot, eine Entziehungskur zu machen, abgelehnt und damit zu verstehen gegeben, dass er nicht therapiebereit ist. Auch die Durchführung eines betrieblichen Eingliederungsmanagements hat er verweigert. Die Gesundheitsprognose ist daher eindeutig negativ. Auch wenn A sich nach Ausspruch der Kündigung besinnt und eine Therapie beginnt, kommt es in einem späteren Rechtsstreit nicht zu einer Korrektur dieser Prognose.

Erhebliche Beeinträchtigung betrieblicher Interessen

Zum Kündigungsgrund der personenbedingten Kündigung gehört des Weiteren, dass durch die personenbedingten Gründe künftig betriebliche oder wirtschaftliche Interessen des Arbeitgebers konkret beeinträchtigt werden. Die Beeinträchtigung kann auf mangelnder Arbeitsfähigkeit, mangelnder persönlicher Eignung oder Mängeln in der fachlichen Eignung beruhen. Auf Grund dieser Umstände muss zur sozialen Rechtfertigung der Kündigung die sichere Wahrscheinlichkeit bestehen, dass das Arbeitsverhältnis als Austauschverhältnis zukünftig erheblich gestört werden wird.

alkoholbedingte Unzuverlässigkeit des A

Aus dem Sachverhalt ergibt sich, dass die Tätigkeit des A die Kontrolle der Kessel und gegebenenfalls die Regulierung der Ventile umfasste. Auch wenn es sich dabei um keine schwere Tätigkeit handelt, ist sie doch mit einiger Verantwortung verbunden. Bei auftretenden Störfällen musste A diese erkennen und selbstständig beheben. Kommt er dieser Verpflichtung nicht ordnungsgemäß nach, so kann es jederzeit zu kritischen Situationen sowohl für andere Mitarbeiter als auch für die Anlagen kommen. B müsste daher wegen der erkannten Unzuverlässigkeit des A, der sogar unter zeitweise Bewusstseinsstörungen leidet, zusätzliche Kontrollen veranlassen und dennoch ständig in Sorge leben, dass trotz aller Überwachung in der Zwischenzeit eine kritische Situation entstehen könne, die durch die alkoholbedingten Ausfallerscheinungen des Klägers bedingt ist.
A ist demnach für seine Tätigkeit selbst dann nicht mehr einsetzbar, wenn B zur Überbrückung noch zusätzliche Kontrollgänge einführt. Auch in Zukunft kann mit keiner Besserung der Situation gerechnet werden, da zunächst die Ursache der Unzuverlässigkeit - also die Alkoholerkrankung – behandelt werden müsste.

Interessenabwägung

Wird eine Kündigung auf Gründe in der Person des Arbeitnehmers gestützt, so ist schließlich zu prüfen, ob die Unzulänglichkeiten des Arbeitnehmers so gewichtig sind, dass hierdurch betriebliche oder wirtschaftliche Interessen des Arbeitgebers derart beeinträchtigt sind, dass die Fortsetzung des Arbeitsverhältnisses für den Arbeitgeber nicht mehr billigenswert und angemessen und damit unzumutbar ist.
Wie bereits erwähnt, ist im Rahmen der Interessenabwägung auch zu berücksichtigen, welche Umstände zur Trunksucht geführt haben, ob die Heilungsaussichten durch die Kündigung noch verschlechtert werden und ob der Arbeitnehmer seine Sucht „verschuldet" hat, indem er nach einer zunächst erfolgreichen Therapie wieder rückfällig geworden ist.

keine weitere Versetzungsmöglichkeit

Im vorliegenden Fall ist nicht ersichtlich, dass die Trunksucht des A auf betriebliche Ursachen zurückzuführen ist. Selbst wenn er mit seiner ursprünglichen Tätigkeit als Elektriker überfordert gewesen sein sollte, wurde ihm die Möglichkeit gegeben, sich bei einer leichteren Tätigkeit zu bewähren.

B hat durch mehrere Personalgespräche versucht, auf B einzuwirken. Zu Gunsten des B kann auch ganz klar berücksichtigt werden, dass er schon einmal zu einer Versetzung des A bereit war und somit bewiesen hat, dass er die Kündigung tatsächlich als letztes Mittel betrachtet. Aufgrund der Tatsache, dass A bereits Bewusstseinsstörungen hat, wird man wohl davon ausgehen dürfen, dass die Möglichkeit einer weiteren Versetzung von B nicht in Betracht gezogen werden muss, auch wenn sicher nicht auszuschließen ist, dass der Verlust des Arbeitsplatzes die Heilungschancen des A möglicherweise noch verschlechtert.

wenig Aussicht auf Heilung

Des Weiteren muss man von dem Erfahrungssatz ausgehen, dass chronische Erkrankungen mit zunehmendem Alter häufiger auftreten und die betrieblichen Störungen bei der Fortdauer des Arbeitsverhältnisses verstärkt zu erwarten sind. A ist bereits 47 Jahre alt und offensichtlich seit mehreren Jahren alkoholkrank. In diesem Alter ist eine vollständige Heilung weniger wahrscheinlich als beispielsweise bei einem Zwanzigjährigen.

Ergebnis

Die Voraussetzungen für einen personenbedingten Kündigungsgrund im Sinne des Kündigungsschutzgesetzes liegen hier somit vor.

2. Schritt: In welcher Form ist der Betriebsrat zu beteiligen?

Anhörung vor Kündigung

Vor jeder Kündigung muss der Betriebsrat beteiligt werden (vgl. Übersicht Seite 283). Die Anhörung hat in jedem Fall zu erfolgen, bevor die Kündigung ausgesprochen wird, damit die Meinung des Betriebsrats vom Arbeitgeber auch noch berücksichtigt werden kann.

Tipp

Die Anhörung des Betriebsrats unterliegt keinem Formerfordernis. Aus Beweisgründen empfiehlt sich jedoch eine schriftliche Anhörung.

Der Arbeitgeber muss dem Betriebsrat die Person des zu kündigenden Arbeitnehmers, die Art der Kündigung und den Kündigungsgrund mitteilen.

stichhaltige Unterrichtung des Betriebsrats

Nach der ständigen Rechtsprechung des Bundesarbeitsgerichts muss der Arbeitgeber den Kündigungssachverhalt so genau umschreiben, dass der Betriebsrat ohne eigene Nachforschungen in die Lage versetzt wird, die Stichhaltigkeit des Kündigungsgrundes zu überprüfen. Dabei muss der Arbeitgeber nur solche Gründe mitteilen, die ihn zum Ausspruch der Kündigung veranlassen und aus seiner subjektiven Sicht den Kündigungsentschluss tragen.

Achtung

In einem späteren Kündigungsschutzverfahren kann sich der Arbeitgeber nur auf die Gründe berufen, die er dem Betriebsrat mitgeteilt hat. Daher ist es ratsam, alle objektiven Tatsachen, die eine Kündigung rechtfertigen können, dem Betriebsrat auch mitzuteilen.

Bei einer krankheitsbedingten Kündigung muss der Arbeitgeber demnach die Tatsachen unterbreiten, die seiner Ansicht nach eine negative Gesundheitsprognose stützen. Da bei der krankheitsbedingten Kündigung auch die erhebliche Beeinträchtigung betrieblicher Interessen Teil des Kündigungsgrundes ist, sind auch die Tatsachen, aus denen sich eine derartige erhebliche Beeinträchtigung betrieblicher Interessen ergibt, dem Betriebsrat mitzuteilen.

Achtung

Gerade die Betriebsratsanhörungen müssen immer genau auf den Einzelfall abgestimmt sein.

Muster: Anhörung des Betriebsrats bei personenbedingter Kündigung

siehe CD-ROM

An den Betriebsrat
z.Hd. Frau /Herrn Betriebsratsvorsitzende/n

Die Betriebsleitung beabsichtigt, den/die Arbeitnehmer/in
Name/Vorname ....
Personalnummer ....
geb. am .... in.......................
wohnhaft in der ....-Straße, Nr. ...., in ....(Ort)

Familienstand ....
.... unterhaltspflichtige Kinder
beschäftigt in unserem Unternehmen seit ....
zuletzt als......... in Abteilung ....

nach Abschluss des Anhörungsverfahrens unter Einhaltung der Kündigungsfrist von .... Wochen / .... Monaten ordentlich zum ....

zu kündigen.

Der beabsichtigten Kündigung liegt im Einzelnen folgender Sachverhalt zugrunde:

....
....
....

(Es folgt die Angabe sämtlicher Umstände, die für die Kündigungsentscheidung des Arbeitgebers maßgebend sind. Der Betriebsrat muss dadurch in die Lage versetzt werden, ohne eigene Nachforschungen die Stichhaltigkeit der Kündigungsgründe zu überprüfen. Die Angaben müssen vollständig und wahrheitsgemäß sein.)

Der Betriebsrat wird gebeten, schnellstmöglich die unten bereits formularmäßig vorbereitete Stellungnahme abzugeben.

....
Ort / Datum Unterschrift

Anlagen
- Personalakte
- Entwurf des Kündigungsschreibens
- Formular Stellungnahme

Stellungnahme des Betriebsrats

Der Betriebsrat hat dieses Anhörungsschreiben am .... erhalten und zur Kenntnis genommen.

Der Betriebsrat stimmt der beabsichtigten Kündigung zu.
Der Betriebsrat erhebt gegen die beabsichtigte Kündigung Widerspruch.
Die Gründe sind auf einem gesonderten Beiblatt aufgeführt.
Der Betriebsrat wird keine Erklärung hierzu abgeben.

(Zutreffendes bitte ankreuzen)

....
Ort / Datum Unterschrift

3. Schritt: Welche Kündigungsfristen sind zu beachten?

Als Nächstes muss B ermitteln, welche Frist er bei der Kündigung beachten muss und zu welchem Endtermin er A die Kündigung aussprechen darf.

gesetzliche Kündigungsfrist

Für die Kündigung von Arbeitsverhältnissen gelten gesetzlich vorgeschriebene Fristen. Diese werden von § 622 BGB geregelt. Danach beträgt die Grundkündigungsfrist vier Wochen zum Ende eines Monats oder zum 15. eines Monats.

Beispiel

Eine Kündigung, die am 27. Mai ausgesprochen wird, kann erst zum 30. Juni erfolgen. Um den 15. August als Kündigungstermin zu halten, musste die Kündigung spätestens am 18. Juli ausgesprochen werden.

Verlängerung, Verkürzung der Kündigungsfrist

Die Kündigungsfrist verlängert sich für ältere Arbeitnehmer in Abhängigkeit von der Dauer der Betriebszugehörigkeit. Zeiten, die vor Vollendung des 25. Lebensjahres liegen, werden bei der Beschäftigungsdauer nicht mitgerechnet. Darüber hinaus ist eine Verlängerung der gesetzlichen Fristen auch durch den einzelnen Arbeitsvertrag ohne weiteres möglich. Eine Verkürzung der Fristen ist dagegen nur durch einen Tarifvertrag oder bei Vorliegen besonderer Voraussetzungen möglich, etwa während der Probezeit. Schließlich gibt es noch Sonderkündigungsfristen für bestimmte Personengruppen wie beispielsweise schwerbehinderte Menschen oder Elternzeitberechtigte (vgl. Seite 288).

Für B bedeutet das hier: B muss zunächst ermitteln, ob die gesetzliche Kündigungsfrist durch einen einschlägigen Tarifvertrag oder durch eine abweichende Individualvereinbarung verlängert oder verkürzt wurde.

Ergebnis

Da der Sachverhalt hierzu keine weiteren Informationen enthält, ist von der gesetzlichen Grundkündigungsfrist von vier Wochen auszugehen. Da das Arbeitsverhältnis zwischen A und B bereits seit sechs Jahren besteht, verlängert sich die Frist gemäß § 622 Abs. 2 Nr. 2 BGB auf zwei Monate zum Ende eines Kalendermonats.

4. Schritt: Wie sollte die Kündigungserklärung aussehen?

B hat alle Prüfungsschritte durchlaufen und kann nun endlich zur Tat schreiten. Der Ausspruch der Kündigungserklärung sollte immer der letzte der Verfahrensschritte sein.

Schriftform ist notwendig

Bei der Kündigungserklärung handelt es sich um eine einseitige, empfangsbedürftige Willenserklärung, die mit ihrem Zugang beim Arbeitnehmer wirksam wird. Seit dem 1.5.2000 erfordert jede Kündigung nach § 623 BGB zu ihrer Wirksamkeit die Schriftform. Sie muss erkennen lassen, zu welchem Zeitpunkt das Arbeitsverhältnis beendet sein soll. Dabei genügt es, wenn sich der letzte Tag des Beschäftigungsverhältnisses ermitteln lässt.

keine Begründung, aber evtl. Stellungnahme des Betriebsrats

Eine Begründung der Kündigung ist für ihre Wirksamkeit nach dem Gesetz grundsätzlich nicht erforderlich. Hat der Betriebsrat der Kündigung jedoch widersprochen, muss der Arbeitgeber dem Kündigungsschreiben eine Abschrift der Stellungnahme des Betriebsrats beifügen. Sinn dieser Vorschrift ist, den Arbeitnehmer in die Lage zu versetzen, seine Aussichten im Kündigungsschutzprozess besser beurteilen zu können.

Im vorliegenden Fall könnte die Kündigung folgendermaßen aussehen:

Muster: Kündigungsschreiben

siehe CD-ROM

Sehr geehrter Herr A,

hiermit kündige ich den zwischen uns am .... abgeschlossenen Arbeitsvertrag unter Einhaltung der gesetzlichen Kündigungsfrist zum nächstmöglichen Termin.

Der Betriebsrat ist vor Ausspruch der Kündigung angehört worden. Er hat der Kündigung zugestimmt.

Wir weisen darauf hin, dass Sie nach § 37 b SGB III verpflichtet sind, sich nach Erhalt dieses Kündigungsschreibens unverzüglich bei der zuständigen Agentur für Arbeit (ehemals Arbeitsamt) als Arbeitsuchender zu melden, da andernfalls Ihr Anspruch auf Arbeitslosengeld gemindert werden kann. Sie sind zudem verpflichtet, selbst bei der Suche nach einem anderen Arbeitsplatz aktiv zu werden.

Mit freundlichen Grüßen

B (Ort und Datum)

Tipp

Den Zugang der Kündigung hat bei einer gerichtlichen Auseinandersetzung der Arbeitgeber zu beweisen. Es ist daher zu empfehlen, die Kündigung persönlich oder mittels eines Boten, der von dem Inhalt des Briefes Kenntnis hat, zu übergeben. Die Übermittlung per Einschreiben beinhaltet dagegen immer ein Risiko: weder mit dem Übergabe-Einschreiben (Postbote versucht das Schreiben dem zu Kündigenden persönlich zu übergeben, sonst wird ein Benachrichtigungszettel in den Briefkasten eingeworfen) noch mit dem Einwurf-Einschreiben (der Postbote wirft den Einschreibebrief in den Briefkasten und vermerkt dies in einer Liste) kann ein voller Zugangsbeweis erbracht werden. Legt der Arbeitgeber den Auslieferungsbeleg vor, wird lediglich nachgewiesen, dass irgendein Brief übermittelt wurde. Wird der Zusteller als Zeuge benannt, kann er sich in der Regel nicht mehr erinnern, außerdem kann er auch den Inhalt des Schreibens nicht bezeugen.

5.4 Prüfschema

Das Prüfschema ist eine Tabelle, die nicht nur über alle wichtigen Prüfungspunkte, sondern auch über die rein organisatorischen Fragen („Was?") informiert, darüber hinaus Aufschluss gibt, in wessen Zuständigkeitsbereich („Wer?") die betreffenden Prüfungsschritte und Maßnahmen fallen, und zudem eine Zeitschiene („Bis wann?") enthält, in der Termine und Fristen eingetragen werden können.

Weitere Voraussetzung für eine wirksame Kündigungserklärung ist, dass sie dem Empfänger zugeht. Der Zeitpunkt, zu dem die Kündigung zugeht, ist darüber hinaus entscheidend für den Beginn der Kündigungsfrist.

siehe CD-ROM

	Was?	Wer?	Bis wann?
	Bestehen besondere Kündigungsverbote oder Beschränkungen?		
	aufgrund Arbeitsvertrag,		
	Betriebsvereinbarung		
	Tarifvertrag oder -Gesetz		
	Findet das Kündigungsschutzgesetz Anwendung?		
	mehr als 10 Beschäftigte?		
	Wartezeit von 6 Monaten abgelaufen		
	Liegt eine Alkoholerkrankung vor (und damit ein Grund im Sinne des KSchG)?		
	• süchtiger Trinker		
	• Spiegeltrinker		
	• Quartalstrinker		
	⇒ Wenn nein, kommt keine personenbedingte, möglicherweise aber eine verhaltensbedingte Kündigung in Betracht.		
	Liegt eine erhebliche Beeinträchtigung betrieblicher Interessen (und damit ein Grund im Sinne des KSchG)?		
	• Führen die krankheitsbedingten Ausfälle zu erheblichen betrieblichen Beeinträchtigungen (z.B. Betriebsablaufstörungen)? *oder*		
	• Führen die krankheitsbedingten Ausfälle zu erheblichen wirtschaftlichen Belastungen (z.B. außergewöhnlich hohe Lohnfortzahlungskosten)?		
	⇒ Wenn nein, kann nicht krankheitsbedingt gekündigt werden.		
	Interessenabwägung		
	• Können die betrieblichen Beeinträchtigungen mit zumutbaren Maßnahmen überbrückt bzw. vermieden werden? • ⇒ Wenn ja, kann nicht krankheitsbedingt gekündigt werden.		

	Was?	Wer?	Bis wann?
	• Sind zu Gunsten des Arbeitnehmers besondere Umstände (z.B. betriebliche Ursache der Krankheit, lange Betriebszugehörigkeit) zu berücksichtigen? • ⇒ Wenn ja, kann die krankheitsbedingte Kündigung im Einzelfall unzulässig sein.		
	Welche Kündigungsfristen sind zu beachten?		
	• aufgrund Arbeitsvertrag		
	• Tarifvertrag		
	• Betriebsvereinbarung		
	• Gesetz		
	Information des Betriebsrats durch Arbeitgeber/Personalleiter (vor Ausspruch der Kündigung)		
	• Personalien des AN		
	• Art und Gründe der Kündigung		
	• Kündigungsfrist (s.o.)		
	Abschließende Stellungnahme des Betriebsrats? (Max. 1 Woche ab Information)		
	• Betriebsrat hat abschließende Stellungnahme ausdrücklich abgegeben, *oder*		
	• nach Ablauf einer Woche (ordentliche Kündigung), wenn sich der BR nicht äußert.		
	Ausspruch der Kündigung durch den Arbeitgeber/ermächtigten Vertreter		
	• unbedingt schriftlich		
	• Inhalt: Kündigungsart und Kündigungsfrist		
	• eigenhändige Unterzeichnung der Kündigungserklärung durch Kündigungsberechtigten selbst *oder* eigenhändige Unterzeichnung durch bevollmächtigten Vertreter		
	Kündigungserklärung/Kündigungsbestätigung		
	• Kündigungserklärung wurde zugestellt?		
	• Kündigungsbestätigung wurde vom Arbeitnehmer unterschrieben?		

5

5.5 Arbeitsmittel auf der CD-ROM

Prüfschema

Das Prüfschema (siehe oben) steht Ihnen auf der CD-ROM zur Verfügung. Öffnen Sie es in Ihrer Textverarbeitungssoftware, tragen Sie in die Spalten „Wer?“ die jeweils Verantwortlichen namentlich ein und in und in die Spalte „Wann?“ einen konkreten Termin. Und selbstverständlich können Sie die Datei auch ausdrucken und speichern oder an alle Beteiligten wie ein Protokoll verteilen.

Muster: Anhörung des Betriebsrats

Tragen Sie die persönlichen Daten des zu kündigenden Mitarbeiters ein und geben Sie sämtliche Umstände an, die für Ihre Kündigungsentscheidung maßgebend sind.
Ziel ist, dass der Betriebsrat dadurch in die Lage versetzt wird, ohne eigene Nachforschungen die Stichhaltigkeit der Kündigungsgründe zu überprüfen.
Die Angaben müssen vollständig und wahrheitsgemäß sein.

> **Achtung**
> Es ist wichtig, dass die Betriebsratsanhörung immer genau auf den Einzelfall abgestimmt ist. Passen Sie daher das Muster genau den Gegebenheiten an!

Muster: Kündigungsschreiben

siehe CD-ROM

Tragen Sie in das Muster die persönlichen Daten des zu kündigenden Mitarbeiters ein. Berechnen Sie (z.B. mit dem Fristenrechner auf der CD-ROM) den Termin der Kündigung oder tragen Sie eine Standardformulierung („zum nächstmöglichen Zeitpunkt“ oder „fristgerecht“) ein. Vergessen Sie nicht zu unterschreiben. Dann überreichen Sie die schriftliche Kündigung im Original (genaue Informationen zu Inhalt, Form, Zugang u.s.w. einer Kündigung siehe Grundlagenkapitel, ab Seite 272).

6 Ihr Mitarbeiter kommt häufig zu spät?

Es kommt auf den Einzelfall an.

In den Kapiteln sechs und sieben werden Fälle verhaltensbedingter Kündigungen behandelt. Das Verhalten von Arbeitnehmern gibt oftmals Anlass zu Überlegungen des Arbeitgebers, ob arbeitsrechtliche Konsequenzen bis hin zur Kündigung gezogen werden müssen. Entsprechend der unterschiedlichen Verhaltensbereiche hat sich eine umfangreiche Kasuistik und Rechtsprechung entwickelt, die eine individuelle Bewertung in jedem Einzelfall notwendig macht. Hierbei lassen sich zwar Fallgruppen bilden, die eine Einordnung des jeweiligen Einzelfalles und seine Behandlung erleichtern können. Eine eindeutige und abschließende Zuordnung von Fällen ist aber in der Praxis weder erforderlich noch immer durchführbar, da das Verhalten des Arbeitnehmers Störungen in mehreren Bereichen verursachen kann.

6.1 Beispiele für verhaltensbedingte Kündigungen

Die Gründe, die zu verhaltensbedingten Kündigungen führen können, lassen sich in fünf Fallgruppen unterteilen. Verschaffen Sie sich hier zunächst einen Überblick:

- Störungen im Leistungsbereich
- Verstöße gegen die betriebliche Ordnung
- Störungen im Vertrauensbereich
- Verletzung arbeitsvertraglicher Nebenpflichten
- Relevantes außerdienstliches Verhalten

Im Folgenden erhalten Sie zu den einzelnen Fallgruppen eine kurze Beschreibung und konkrete Beispiele.

Störungen im Leistungsbereich

willentlich steuerbares Verhalten

Hier kommt der Arbeitnehmer seinen nach dem Arbeitsvertrag geschuldeten Hauptpflichten nicht nach. Das beanstandete Verhalten muss dabei vom Arbeitnehmer willentlich steuerbar sein, andernfalls kommt nur eine personenbedingte Kündigung in Betracht (siehe Kapitel vier und fünf). Als Faustformel zur Abgrenzung bietet sich an: Will der Arbeitnehmer seiner Verpflichtung nachkommen, kann dies jedoch nicht (personenbedingte Gründe); oder könnte der Arbeitnehmer dies zwar, will aber nicht (verhaltensbedingte Gründe).

Beispiel

Im Betrieb des B gibt es ein Leistungsbewertungssystem. Arbeitnehmer A liegt mit seinen Leistungen regelmäßig 50 % unterhalb des Wertes „Normalleistung". Beruht die Minderleistung auf einem vorwerfbaren Nichtausschöpfen seiner persönlichen Leistungsfähigkeit, liegt ein verhaltensbedingter Grund vor. Legt A hingegen dar, dass er trotz unterdurchschnittlicher Leistungen seine persönliche Leistungsfähigkeit voll ausschöpft, kommt nur eine personenbedingte Kündigung nach den dort geltenden Regeln in Betracht (vgl. Kapitel vier und fünf).

Beispiel

Kraftfahrer K fährt im Dienst unter Alkoholeinfluss. Dies stellt ein vorwerfbares Verhalten dar, solange K nicht an krankhafter Trunksucht leidet. Ist dies der Fall, kommen die Regeln zur krankheitsbedingten Kündigung zur Anwendung (siehe Fall vier).

Verstöße gegen die betriebliche Ordnung

Verstöße gegen betriebliche Ordnung / Störung des Betriebsfriedens

Hier verstößt das Verhalten des Arbeitnehmers gegen Grundsätze der betrieblichen Ordnung. Hierunter fallen z.B. Störungen des technischen Ablaufs, der Betriebsorganisation sowie der Zusammenarbeit mit Kollegen und Vorgesetzten. Von der betrieblichen Ordnung zu unterscheiden ist die Störung des Betriebsfriedens, die keine zwingende Voraussetzung für eine verhaltensbedingte Kündigung ist, sondern nur ein Umstand, der im Rahmen der vorzunehmenden Interessenabwägung zu berücksichtigen ist (s.u. Seite 160).

Beispiel

Arbeitnehmer A verstößt gegen das betriebliche Rauchverbot in der Abteilung Verpackung und Versand.

Beispiel

Arbeitnehmer A ist Mitglied der Partei X und betreibt in Wahlkampfzeiten politische Agitation im Betrieb.

Störungen im Vertrauensbereich

Hierunter fallen solche Handlungen des Arbeitnehmers, die die für das Arbeitsverhältnis notwendige Vertrauensgrundlage zerstören. In solchen Fällen kommt oftmals auch eine außerordentliche Kündigung in Betracht (vgl. Kapitel neun und zehn). Im Vertrauensbereich kann auch ein außerdienstliches Verhalten relevant werden.

auch außerordentliche Kündigung möglich

Beispiel

Arbeitnehmer A fälscht im Rahmen der im Betrieb geltenden Vertrauensarbeitszeit seine eigenhändig vorzunehmende Zeiterfassung.

Beispiel

Einkäufer A aus der Beschaffungsabteilung nimmt von Firmenzulieferern Schmiergelder entgegen, bevor er ihnen Aufträge erteilt.

Beispiel

Die Buchhalterin H nimmt Falschbuchungen zu Ihrem Vorteil vor.

Verletzung arbeitsvertraglicher Nebenpflichten

Neben den vertraglichen (Haupt-) Leistungspflichten hat der Arbeitnehmer auch begleitende Nebenpflichten einzuhalten, die unter dem Sammelbegriff Treuepflicht des Arbeitnehmers zusammengefasst werden und dahingehend zu verstehen sind, dass der Arbeitnehmer die im Zusammenhang mit dem Arbeitsverhältnis stehenden betrieblichen Interessen so zu wahren hat, wie dies gegenüber Kollegen und Vorgesetzten billigerweise erwartet werden kann. Bei einem Verstoß hiergegen kommt ebenfalls eine verhaltensbedingte Kündigung in Betracht, wobei Überschneidungen zur betrieblichen Ordnung, zum Vertrauensbereich und zum außerdienstlichen Verhalten möglich sind.

Treuepflicht

Beispiel

Arbeitnehmer A begeht ein systematisches Anfeinden, Schikanieren und Diskriminieren seines Kollegen K, damit dieser von sich aus kündige (so genanntes Mobbing).

Beispiel

Der in einer Werbeagentur beschäftigte Werbekaufmann H eröffnet eine eigene Agentur, die in Wettbewerb zum Unternehmen seines Arbeitgebers B tritt.

Relevantes außerdienstliches Verhalten

Auch ein Verhalten des Arbeitnehmers außerhalb des Betriebes und der Arbeitszeit kann eine verhaltensbedingte Kündigung rechtfertigen, wenn es störende Auswirkungen auf das Arbeitsverhältnis oder das Geschehen im Betrieb hat.

Beispiel

Arbeitnehmer A gibt als Privatmann ein Zeitungsinterview mit geschäftsschädigenden Äußerungen über das Unternehmen seines Arbeitgebers B.

Beispiel

Dem als Kraftfahrer angestellten K wird wegen privater Verkehrsdelikte die Fahrerlaubnis entzogen.

6.2 Welche Kriterien bietet die Rechtsprechung?

Die gerichtliche Überprüfung aller Formen der verhaltensbedingten Kündigung erfolgt nach der ständigen Rechtsprechung des Bundesarbeitsgerichts anhand folgender Kriterien:

- Liegt überhaupt ein kündigungsrelevantes Verhalten des Arbeitnehmers vor?
- Muss der Arbeitnehmer vorher abgemahnt worden sein und angehört werden?

- Überwiegen die Interessen des Arbeitgebers die Arbeitnehmerinteressen?
- Lässt sich die verhaltensbedingte Störung nur durch eine Kündigung des Arbeitnehmers beseitigen?

1. Kriterium: Liegt ein kündigungsrelevantes Verhalten vor?

keine vertrauensvolle Zusammenarbeit mehr möglich

Einen verbindlichen Katalog von Verhaltensweisen, die zu einer Kündigung führen, gibt es nicht. Maßgeblich ist immer eine individuelle Betrachtung des Fehlverhaltens des Arbeitnehmers unter Berücksichtigung aller Umstände des Einzelfalls. Die Umstände müssen aus Sicht eines „ruhig und verständig urteilenden Arbeitgebers" die Kündigung objektiv als „billigenswert und angemessen" erscheinen lassen. Wichtig ist dabei, dass die Gründe bei der verhaltensbedingten ordentlichen Kündigung anders als bei einer außerordentlichen Kündigung nicht erforderlich machen müssen, dass die Fortsetzung des Arbeitsverhältnisses für den Arbeitgeber absolut unzumutbar geworden ist. Vielmehr genügt es, dass eine vertrauensvolle Fortführung des Arbeitsverhältnisses für die Zukunft ausgeschlossen erscheint.

Achtung
Das begangene Fehlverhalten des Arbeitnehmers kann alleine nicht die Kündigung begründen, weil diese keine Bestrafung für die Vergangenheit darstellen soll. Vielmehr muss sich aus dem Fehlverhalten auch eine Belastung des Arbeitsverhältnisses für die Zukunft ergeben (Prognose).

Fehlverhalten des Arbeitnehmers

In der Regel muss das Fehlverhalten dem Arbeitnehmer vorwerfbar sein, d.h., dieser muss schuldhaft gehandelt haben, wobei auch eine fahrlässige Pflichtwidrigkeit genügt. Ausnahmsweise kann aber auch ein schuldloses bzw. nicht erwiesen schuldhaftes Verhalten eine Kündigung rechtfertigen, wenn z.B. der Arbeitnehmer objektiv eine störende Situation schafft, die zu einer Belastung für das Arbeitsverhältnis führt.

Beispiel

Arbeitnehmer A verhält sich in den dienstlichen Umkleideräumen, wo es in der Vergangenheit bereits zu mehreren Diebstählen gekommen ist, so eigenartig, dass ein objektiver Diebstahlsverdacht entsteht, den A auch nicht ausräumen kann.

betriebsbedingte Kündigung

Hierbei muss aber von solchen Anlässen unterschieden werden, die primär betriebliche Ursachen haben; insoweit kommt nur eine betriebsbedingte Kündigung in Betracht.

Beispiel

Arbeitnehmer A wird Opfer eines Entlassungsbegehrens von Kollegenseite an Betriebsinhaber B, ohne hierfür eine vorwerfbare Ursache gesetzt zu haben (so genannte Druckkündigung).

2. Kriterium: Abmahnung

Androhung von Konsequenzen im Wiederholungsfall

Abmahnung bedeutet, dass der Arbeitgeber in einer für den Arbeitnehmer unmissverständlichen Art und Weise das Fehlverhalten beanstandet und für den Wiederholungsfall Konsequenzen für das Arbeitsverhältnis ankündigt.

Hinweis- und Beanstandungsfunktion

pflichtwidriges, pflichtgemäßes Verhalten

Das Fehlverhalten muss konkret und deutlich beschrieben werden. Es sollte dabei so verfahren werden, dass zunächst das beanstandete (pflichtwidrige) Verhalten dargestellt und anschließend das erwartete (pflichtgemäße) Verhalten beschrieben wird.

Beispiel

Ein Arbeitnehmer, der zu spät zur Arbeit erscheint, sollte zunächst auf sein Zu-spät-Kommen unter Angabe von Datum und Uhrzeit hingewiesen werden. Anschließend ist ihm der geltende Arbeitsbeginn mitzuteilen. (Vgl. nachfolgender Fall). Im Falle einer Beleidigung sind die genauen Umstände und beteiligten Personen sowie etwaige gefallene Worte des Arbeitnehmers zu beschreiben bzw. zu zitieren.

Achtung

Pauschale Behauptungen ohne Tatsachenangabe (z.B. „Sie sind zu spät zur Arbeit erschienen") oder bloße Werturteile („Sie haben Ihren Vorgesetzten in inakzeptabler Weise beleidigt") reichen – als auch im Streitfalle belastbare – Grundlage für nachfolgende arbeitsrechtliche Konsequenzen nicht aus.

Mahnfunktion

Anschließend ist der Arbeitnehmer aufzufordern, sein Verhalten in der Zukunft zu ändern.

Beispiel

Aufforderung an den Arbeitnehmer, künftig zur vereinbarten Arbeitszeit am Arbeitsplatz zu erscheinen und die Tätigkeit aufzunehmen bzw. (im vorliegenden Fall einer Beleidigung) Aufforderung, sich künftig an die Verhaltensregeln der Betriebsgemeinschaft zu halten.

Warn- und Androhungsfunktion

Konsequenzen müssen nicht im Einzelnen benannt sein.

Schließlich müssen in der Abmahnung konkrete arbeitsrechtliche Konsequenzen angedroht werden. Für den Arbeitnehmer muss unmissverständlich deutlich werden, dass ihm im Wiederholungsfalle Konsequenzen für den Bestand seines Arbeitsverhältnisses drohen. Diese Konsequenzen müssen dabei aber nicht im Einzelnen benannt werden.

Beispiel

Es genügt z.B. die Formulierung „Im Wiederholungsfalle müssen Sie mit arbeitsrechtlichen Sanktionen bis hin zur ordentlichen oder außerordentlichen Kündigung rechnen."

Ohne eine solche Warnung liegt eine bloße *Ermahnung* vor, die keine ausreichende Voraussetzung für eine spätere Kündigung im Wiederholungsfalle ist (sofern dort nicht ausnahmsweise eine Abmahnung ohnehin entbehrlich ist).

Dokumentationsfunktion

Abmahnung sollte zur Personalakte genommen werden.

In der Abmahnung wird zudem der gesamte Vorfall festgehalten, was für eine spätere Kündigung (im Wiederholungsfall) von entscheidender Bedeutung sein kann. Sie sollte daher stets schriftlich erteilt und zur Personalakte des betroffenen Arbeitnehmers genommen werden.

Tipp

Eine Abmahnung kann durchaus in höflicher Form abgefasst werden, was oftmals eher zum Ziel eines vertragsgemäßen Verhaltens des Arbeitnehmers in der Zukunft führen dürfte. Formulierungen wären z.B.: „Zu unserem Bedauern mussten wir feststellen ...", „Im Wiederholungsfalle sehen wir uns leider gezwungen ..."

Anhörung des Arbeitnehmers

Anhörung vor Kündigung

Eine Anhörung des Arbeitnehmers vor Ausspruch einer verhaltensbedingten Kündigung ist nicht zwingend vorgeschrieben, sollte vom Arbeitgeber jedoch (bei Bedarf) zur vollständigen Ermittlung des Sachverhalts und Beseitigung etwaiger Unklarheiten vorgenommen werden, um in einem späteren Rechtstreit überraschende Einwände von Arbeitnehmerseite möglichst auszuschließen.

3. Kriterium: Interessenabwägung

Es bedarf einer umfassenden Abwägung der Interessen des Arbeitgebers an der Beendigung des Arbeitsverhältnisses zur Beseitigung der Störung einerseits und dem Arbeitnehmerinteresse an der Fortsetzung des Arbeitsverhältnisses andererseits.

Maßgebliche Kriterien aufseiten des Arbeitgebers

Die Interessenabwägung sollte nach den nachstehenden Kriterien erfolgen:

- Art und Umfang der betrieblichen Störung
- eine Wiederholungsgefahr
- die Wahrung der Arbeits- und Betriebsdisziplin
- die Funktionsfähigkeit des Betriebes
- Eintritt und Höhe eines Vermögensschadens
- Schädigung des Ansehens des Unternehmens
- Schutz von Belegschaft, Kunden u.Ä.

Maßgebliche Kriterien aufseiten des Arbeitnehmers

Das Fehlverhalten des Arbeitnehmers ist anhand der folgenden Kriterien zu beurteilen:

- Ursache, Art, Schwere und Dauer des Fehlverhaltens,
- die Dauer seiner Betriebszugehörigkeit,
- sein Lebensalter,
- etwaige Unterhaltsverpflichtungen,
- sonstige Folgen einer Kündigung,
- die Arbeitsmarktlage,
- sein bisheriges Verhalten sowie
- ein etwaiges (organisatorisches) Mitverschulden des Arbeitgebers.

4. Kriterium: Beseitigung der verhaltensbedingten Störung

Versetzung, Änderungskündigung

Eine Kündigung stellt immer nur das letzte in Betracht kommende Mittel zur Behebung einer Störung des Arbeitsverhältnisses dar (so genannte Ultima Ratio). Im Falle eines Fehlverhaltens des Arbeitnehmers bedeutet dies, dass eine Kündigung dann nicht gerechtfertigt ist, wenn objektive Anhaltspunkte dafür bestehen, dass sich die Störung auch durch Versetzung (oder Änderungskündigung) auf einen anderen Arbeitsplatz beseitigen lässt. Dies kommt vor allem dann in Betracht, wenn das beanstandete Verhalten im Zusammenhang mit dem unmittelbaren Arbeitsumfeld des Arbeitnehmers steht (Art der Tätigkeit, Kollegenkreis). Handelt es sich dagegen um ein hiervon unabhängiges Fehlverhalten (z.B. im Zusammenhang mit Urlaub, Krankheit oder Arbeitszeit), wird die Versetzung (bzw. Änderungskündigung) in der Regel nicht zur Prognose einer vertrauensvollen Fortführung des Arbeitsverhältnisses in der Zukunft führen.

Kontrollfragen

Zur Absicherung bieten sich für den Arbeitgeber folgende Kontrollfragen an:

- Müsste auch bei anderweitiger Tätigkeit des Arbeitnehmers eine Wiederholung des Pflichtverstoßes angenommen werden?
- Müsste auch bei anderweitigem Kollegenkreis eine Wiederholung des Pflichtverstoßes angenommen werden?

- Würde eine Änderung der Arbeitsbedingungen (z.B. Lage der Arbeitszeit) zu einer Besserung führen?

Zumutbarkeit für Arbeitgeber

Die Versetzung bzw. Änderung der Arbeitsbedingungen muss dem Arbeitgeber jedoch zumutbar sein, was bei vorsätzlichem Verhalten des Arbeitnehmers regelmäßig nicht der Fall ist, ebenso wenig bei einem eigens zu schaffenden Sonderstatus des Arbeitnehmers.

Beispiel

Arbeitnehmer A, der nicht auf seine Zigaretten verzichten möchte, müsste sich als Einziger nicht an das betriebliche Rauchverbot halten.

6.3 Der Fall: Herr A kommt zu spät

Der 27-jährige Arbeitnehmer A ist seit 5 Jahren im Betrieb des B in der Buchhaltung tätig. Im Betrieb sind 50 Arbeitnehmer beschäftigt, einen Betriebsrat gibt es nicht. Es gelten feste Arbeitszeiten, ein Tarifvertrag ist nicht anwendbar. A erschien im Januar an vier Tagen mit ca. 15 Minuten Verspätung zur Arbeit, worauf ihn sein Vorgesetzter V bereits ermahnte und darauf hinwies, dass die Arbeitszeiten auch von A einzuhalten seien. Im Februar erschien A an weiteren drei Tagen mit 30 bis 40 Minuten Verspätung. Er berief sich auf einen geänderten Fahrplan der Bahn, der bei Zugverspätungen keinen Zeitpuffer mehr zulasse. Ein früherer Zug sei ihm nicht zuzumuten, da er dann 45 Minuten früher aufstehen müsste. Außerdem seien seine Verspätungen nur unwesentlich, sodass es dadurch zu keinen Störungen des Betriebsablaufs oder des Betriebsfriedens komme.
Was kann B tun?

Tipp

Nachdem es sich um einen mehrjährigen Betriebsangehörigen handelt, wird das primäre Interesse des B in einer einvernehmlichen Klärung der Situation liegen unter Aufrechterhaltung des Arbeitsverhältnisses mit A. Alternativ stellt sich für B aber auch die Frage, ob das Arbeitsverhältnis unter den gegebenen Umständen aufgelöst werden kann.

1. Schritt: Liegt ein besonderer Kündigungsschutz vor?

Sonderkündigungsschutz

Wie bei jeder Kündigung ist zunächst zu klären, ob Vorschriften des besonderen Kündigungsschutzes zur Anwendung kommen. Solche Schutznormen für bestimmte Personengruppen können sich aus einem Tarifvertrag, einer Betriebsvereinbarung oder aus dem Gesetz ergeben.

Beispiele

- Frau im Mutterschutz
- Arbeitnehmer in der Elternzeit
- Auszubildende

Eine umfassende Liste mit weiteren Ausführungen finden Sie im Grundlagenkapitel auf den Seiten 288 ff.

Im vorliegenden Fall gehört A keiner der besonders geschützten Personengruppen an.

2. Schritt: Findet das Kündigungsschutzgesetz Anwendung?

allgemeiner Kündigungsschutz

Der allgemeine gesetzliche Kündigungsschutz nach dem Kündigungsschutzgesetz kommt zur Anwendung, wenn im Betrieb regelmäßig mehr als zehn Arbeitnehmer beschäftigt werden und das Arbeitsverhältnis mit dem zu kündigenden Arbeitnehmer bereits länger als sechs Monate besteht.

Achtung

Zur Anwendbarkeit des Allgemeinen Gleichbehandlungsgesetzes (AGG) auf Kündigungen siehe Seite 34 ff. und Seite 261 ff.

Im Betrieb des B sind 50 Arbeitnehmer beschäftigt, und das Arbeitsverhältnis des A besteht seit 30 Jahren, sodass die personen- und betriebsbezogenen Anwendbarkeitsvoraussetzungen für das Kündigungsschutzgesetz erfüllt sind, dessen Anforderungen daher im vorliegenden Fall berücksichtigt werden müssen.

3. Schritt: Besteht ein Kündigungsgrund im Sinne des Kündigungsschutzgesetzes?

Nach dem Kündigungsschutzgesetz ist es grundsätzlich nur dann möglich, ein Arbeitsverhältnis zu beenden, wenn für die Kündigung einer der dort genannten Rechtfertigungsgründe vorliegt. Der Grund kann in der Person oder in dem Verhalten des Arbeitnehmers liegen oder auf dringende betriebliche Erfordernisse zurückzuführen sein.

verhaltensbedingte Kündigung

Im vorliegenden Fall kommt eine verhaltensbedingte Kündigung des A in Betracht. Wie oben (siehe Seite 156) dargelegt, müssen dabei folgende Kriterien geprüft werden:

- Liegt überhaupt ein kündigungsrelevantes Verhalten des A vor?
- Muss A vorher abgemahnt worden sein und angehört werden?
- Überwiegen die Interessen des B die Interessen des A?
- Lässt sich die verhaltensbedingte Störung nur durch eine Kündigung des A beseitigen?

4. Schritt: Liegt überhaupt ein kündigungsrelevantes Verhalten des A vor?

Das Verhalten des A muss aus Sicht des „ruhig und verständig urteilenden" B (s.o. Seite 157) die Kündigung als grundsätzlich billigenswerte und angemessene Reaktion erscheinen lassen. *Angesichts der festen Arbeitszeiten, deren Einhaltung zu den arbeitsvertraglichen Pflichten des A gehört, ist das fortgesetzte Zu-spät-Kommen geeignet, eine vertrauensvolle Fortführung des Arbeitsverhältnisses infrage zu stellen. Entgegen der Auffassung des A bedarf es hierfür nicht notwendig einer Störung des Betriebsfriedens; diese spielt aber im Rahmen der vorzunehmenden Interessenabwägung eine Rolle (s.u. Seite 160).*

> **Achtung**
> Es geht nicht um eine „Bestrafung" des A für sein Fehlverhalten, sondern um eine Verhinderung der Belastung des Arbeitsverhältnisses für die Zukunft.

5. Schritt: Liegt eine Abmahnung vor?

Erforderlichkeit einer Abmahnung

Grundsätzlich bedarf es vor jeder verhaltensbedingten Kündigung einer (erfolglosen) vorherigen Abmahnung. Da Grundlage einer verhaltensbedingten Kündigung nicht die Sanktion eines Vorfalls in der Vergangenheit ist, sondern der Wegfall der Grundlage für eine vertrauensvolle Zusammenarbeit in der Zukunft, liegt der primäre Zweck einer Abmahnung in der Wiederherstellung der Vertrauensgrundlage. Dementsprechend ist eine Abmahnung nur in besonderen Ausnahmesituationen entbehrlich, nämlich

- bei besonders schweren Pflichtverletzungen des Arbeitnehmers, deren Rechtswidrigkeit diesem ohne weiteres erkennbar ist und deren Hinnahme durch den Arbeitgeber offensichtlich ausgeschlossen ist;
- bei offenkundigem Unwillen des Arbeitnehmers, sich pflichtgemäß zu verhalten, sowie
- bei fehlender Steuerungsfähigkeit des Verhaltens durch den Arbeitnehmer (sodass eine Ermahnung und Warnung sinnlos wäre).

keine besonders schwere Pflichtverletzung

Im vorliegenden Fall kann nicht angenommen werden, dass das Fehlverhalten des A eine besonders schwere Pflichtverletzung darstellt, deren Hinnahme durch den B offensichtlich ausgeschlossen ist, zumal B die bisherigen Verspätungen des A auch nicht zum Anlass genommen hat, den B zu kündigen. Auch ein offenkundiger Unwille des A zu pflichtgemäßem Verhalten kann nicht unterstellt werden; vielmehr erscheint nicht ausgeschlossen, dass sich A nach entsprechender Androhung arbeitsrechtlicher Konsequenzen doch noch vertragstreu verhalten wird. A muss daher zunächst (erfolglos) abgemahnt worden sein, bevor eine verhaltensbedingte Kündigung in Betracht kommt. Insoweit kommt bislang nur die Rüge des Vorgesetzten V in Betracht.

Wer ist abmahnungsberechtigt?

Die Abmahnung kann nicht nur vom Kündigungsberechtigten, sondern auch vom unmittelbaren Vorgesetzten ausgesprochen werden. Entscheidend ist, ob der Abmahnende dem Arbeitnehmer verbindliche Anweisungen bzgl. des beanstandeten Verhaltens erteilen darf.

Im vorliegenden Fall war auch V als unmittelbarer Vorgesetzter mit Weisungsbefugnissen bezüglich Art und Weise der Arbeitsleistung des A zur Abmahnung berechtigt.

Tipp

Ist der Abmahnende nicht auch zur Kündigung berechtigt, sollte der Kündigungsberechtigte zur Sicherheit dem Abmahnenden eine Vollmacht zur Abmahnung erteilen, die dem Arbeitnehmer dann zusammen mit der Abmahnung auszuhändigen ist.

Notwendiger Inhalt einer Abmahnung

Hinweis-, Mahn- und Warnfunktion

Dem Arbeitnehmer muss der Verstoß gegen seine Vertragspflichten dargelegt worden sein (Hinweisfunktion), er muss zu vertragsgerechtem Verhalten aufgefordert worden sein (Mahnfunktion) und ihm müssen Konsequenzen für den Wiederholungsfall angedroht worden sein (Warn- und Androhungsfunktion), s.o. Seite 159.

bloße Ermahnung

Im vorliegenden Fall wurde A von V zwar auf die Verletzung seiner Pflicht zu pünktlichem Erscheinen am Arbeitsplatz hingewiesen und zur Pünktlichkeit in der Zukunft ermahnt. Es fehlt jedoch eine Warnung für den Wiederholungsfall und die Androhung arbeitsrechtlicher Konsequenzen. Es liegt daher eine bloße Ermahnung vor, die keine ausreichende Voraussetzung für eine spätere Kündigung (im Wiederholungsfall) ist.

Mahnung ist notwendig!

A muss daher nochmals für sein Fehlverhalten abgemahnt werden. Dies sollte zweckmäßigerweise diesmal durch B geschehen, da dieser (im Wiederholungsfall) auch zur Kündigung berechtigt wäre.

Zeitpunkt der Abmahnung

Verwirkung

Für die Zeitspanne zwischen Fehlverhalten und Abmahnung gibt es zwar keine Ausschlussfrist. Unter dem Gesichtspunkt der Verwirkung sollte jedoch nicht länger als vier Wochen mit der Abmahnung gewartet werden, um sich nicht dem Einwand auszusetzen, der Arbeitnehmer habe nach Treu und Glauben nicht mehr damit rechnen müssen, dass sein Verhalten beanstandet werde.

Tipp

Der Arbeitgeber ist insoweit jedenfalls auf der sicheren Seite, wenn er die Abmahnung innerhalb der Zwei-Wochen-Frist für eine außerordentliche Kündigung ausspricht (vgl. Kapitel zehn, Seite 205).

tarifvertragliche Ausschlussfristen

Sehen Tarifverträge Ausschlussfristen für die Geltendmachung von Ansprüchen vor, gelten diese nicht für eine Abmahnung, da diese auf keinem besonderen Anspruch beruht, sondern die Ausübung eines vertraglichen Rügerechts des Arbeitgebers darstellt.

B sollte daher die Abmahnung ohne weitere Verzögerungen aussprechen.

Form der Abmahnung

Dokumentationsfunktion

Eine Abmahnung kann zwar auch mündlich vom Arbeitgeber ausgesprochen werden. Da sie aber für eine spätere Kündigung (im Wiederholungsfall) von entscheidender Bedeutung sein kann, sollte der gesamte Vorfall dokumentiert werden, was zweckmäßigerweise durch eine schriftliche Abmahnung geschieht (Dokumentationsfunktion, s.o. 160). Die Abmahnung kann dabei durchaus in höflicher Form ausgesprochen werden, was oftmals eher zum Ziel eines vertragsgemäßen Verhaltens des Arbeitnehmers in der Zukunft führen dürfte.

Tipp

Wurde eine Abmahnung nur mündlich erteilt, sollte hierüber ein schriftlicher Vermerk erstellt und von ggf. anwesenden Zeugen schriftlich bestätigt werden. Anschließend sollte der Vermerk dem betroffenen Arbeitnehmer als nachträgliche Bestätigung der erteilten Abmahnung übergeben werden, was dieser wiederum durch einen schriftlichen Empfangsvermerk bestätigen sollte.

Abmahnung sollte zu der Personalakte genommen werden

In einem späteren Rechtsstreit kann der Nachweisbarkeit der Pflichtverletzung entscheidende Bedeutung zu kommen. Daher sollten Beweismittel zusammen mit der Abmahnung in die Personalakte aufgenommen werden (z.B. schriftliche Zeugenaussagen, Zeiterfassungsbelege u.ä.)

Achtung

Bei mehreren Pflichtverletzungen desselben Arbeitnehmers sollten immer auch mehrere Abmahnungen erteilt werden, da im Falle der Unwirksamkeit einer der Abmahnungen (z.B. wegen fehlender Nachweisbarkeit des Vorfalls) sonst der gesamte Vorgang aus der Personalakte entfernt werden müsste.

Im vorliegenden Fall sollte B die Abmahnung daher schriftlich erteilen und zur Personalakte des A nehmen

Muster: Abmahnung

siehe CD-ROM

Sehr geehrter Herr....................................,

zu unserem Bedauern müssen wir feststellen, dass Sie am.................... erst um ..... Uhr den Dienst aufgenommen haben.

Durch dieses Verhalten haben Sie gegen Ihre arbeitsvertraglichen Pflichten nach § ...... des Arbeitsvertrags verstoßen.

Wir beanstanden dieses Verhalten und fordern Sie hiermit auf, in Zukunft pünktlich am Arbeitsplatz zu erscheinen und hierdurch Ihren vertraglichen Pflichten ordnungsgemäß nachzukommen. Andernfalls sehen wir uns gezwungen, im Wiederholungsfalle arbeitsrechtliche Maßnahmen bis hin zur Kündigung des Arbeitsverhältnisses zu ergreifen.

Eine Durchschrift dieses Schreibens werden wir zu Ihren Personalakten nehmen.

Mit freundlichen Grüßen

....

Ort, Datum (Abmahnungsberechtigter)

Ich bestätige hiermit, die vorstehende Abmahnung im Original erhalten und zur Kenntnis genommen zu haben. (Ggf. zusätzlich: ...und erkenne die gegen mich erhobenen Vorwürfe in tatsächlicher Hinsicht als zutreffend an.)

....

Ort, Datum (Arbeitnehmer)

Wie müssen Sie die Abmahnung übermitteln?

tatsächliche Kenntnis vom Inhalt

Die Abmahnung wird erst mit der tatsächlichen Kenntnisnahme durch den Arbeitnehmer wirksam. Nur so kann erwartet werden, dass der Arbeitnehmer sein Verhalten der Abmahnung entsprechend anpasst. Hierfür ist jedoch grundsätzlich ausreichend, dass der Arbeitnehmer vom Inhalt der (schriftlichen) Abmahnung hätte Kenntnis nehmen können. Tut er dies in vorwerfbarer Weise nicht, kann er sich später nicht auf einen fehlenden Zugang der Abmahnung berufen.

Tipp

Der Arbeitgeber sollte dem Arbeitnehmer die Abmahnung in Anwesenheit eines Zeugen übergeben und sich den Empfang vom Arbeitnehmer schriftlich bestätigen lassen. Ist im Betrieb ein Betriebsrat vorhanden, ist es sinnvoll, ein Mitglied als Zeugen mit hinzuzuziehen, da der Betriebsrat bei einer späteren Kündigung (im Wiederholungsfall) ohnehin angehört werden muss.

Im vorliegenden Fall sollte B die schriftliche Abmahnung z.B. in Anwesenheit des V dem A übergeben und sich den Empfang schriftlich bestätigen lassen.

Was, wenn sich der Verstoß wiederholt?

leichte Verstöße, lange Betriebszugehörigkeit

Normalerweise genügt eine Abmahnung, d.h., im ersten Wiederholungsfalle kommt bereits eine Kündigung in Betracht. Etwas anderes kann jedoch bei leichten Verstößen oder langer Betriebszugehörigkeit gelten, wo mehrere Verstöße mit entsprechenden Abmahnungen erforderlich sein können.

Achtung

Bei wiederholten Abmahnungen, z.B. von mehreren leichten Verstößen, muss sich die Warnung in der letzten Abmahnung von den vorherigen deutlich unterscheiden, da die bisherigen Abmahnungen ja bislang ohne Folgen für den Arbeitnehmer waren. Soll es sich nach dem Willen des Arbeitgebers um eine letztmalige Abmahnung handeln, muss auch die Androhung arbeitsrechtlicher Konsequenzen entsprechend klar gekennzeichnet werden, z.B. als „letztmalige Abmahnung", die „nunmehr endgültig" im nochmaligen Wiederholungsfalle eine Kündigung nach sich ziehen wird. Dies sollte dann vom Arbeitgeber aber auch tatsächlich eingehalten werden, da andernfalls der Arbeitnehmer künftig nur noch schwerlich damit rechnen muss, dass den ständigen Androhungen auch wirklich Sanktionen folgen.

gleichartiger Verstoß

Der erneute Verstoß muss gleichartig zum abgemahnten Vorfall sein. Wurde der Arbeitnehmer z.B. wegen Zu-spät-Kommens abgemahnt, fehlt es hinsichtlich einer unterlassenen rechtzeitigen Vorlage einer Arbeitsunfähigkeitsbescheinigung in einem späteren Krankheitsfall noch an einer einschlägigen Abmahnung.

Sollte es im vorliegenden Fall nach der erfolgten Abmahnung zu weiteren (nicht nur minimalen) Verspätungen des A kommen, muss B daher grundsätzlich keine nochmalige Abmahnung aussprechen.

Soll der Mitarbeiter angehört werden?

Sachverhaltsaufklärung

Grundsätzlich bedarf es vor Ausspruch einer verhaltensbedingten Kündigung keiner Anhörung des betroffenen Arbeitnehmers. Etwas anderes gilt nur vor Ausspruch einer (außerordentlichen) Verdachtskündigung (vgl. Fall neun). In der Praxis ist aber eine Anhörung zur vollständigen Sachverhaltsaufklärung anzuraten, um in einem späteren Rechtsstreit überraschende Einwände des Gekündigten möglichst auszuschließen.

Im vorliegenden Fall könnten im Rahmen einer Anhörung des A die im Sachverhalt genannten Hintergründe für die mehrmaligen Verspätungen hinterfragt und mögliche Lösungswege für eine spätere Interessenabwägung (siehe nachfolgend) gesucht werden.

6. Schritt: Interessenabwägung

Es bedarf einer Abwägung zwischen dem Interesse des B an einer Beseitigung der Störung durch Kündigung des A einerseits und dem Interesse des A am Erhalt seines Arbeitsplatzes andererseits (s.o. Seite 160).

Im vorliegenden Fall sprechen für A:

- *seine mehrjährige Betriebszugehörigkeit,*
- die (unterstellte) schlechte Arbeitsmarktlage sowie
- (sofern dies nach den Umständen des Falles feststellbar ist:) vergleichsweise geringe Auswirkungen auf die Betriebsabläufe.
- *Für das Interesse des B sprechen:*
- *die Sicherung des Betriebsfriedens und die Wahrung der Arbeitszeitdisziplin sowie*
- *die offenkundige Wiederholungsgefahr.*

Angesichts der Beharrlichkeit des A und die Berufung auf die – sich in absehbarer Zeit nicht ändernden (wegen des Fahrplans der Bahn) – Ursachen seines Verhaltens dürften daher die Interessen des B klar überwiegen. Dies gilt umso mehr, als es dem A ein Leichtes wäre, zur Wahrung seiner Interessen am Erhalt seines Arbeitsplatzes einen früheren Zug zu nehmen und dadurch die Interessen des B ebenfalls zu wahren.

7. Schritt: Kann die verhaltensbedingte Störung beseitigt werden?

Änderungen der Arbeitsbedingungen

Nach dem so genannten Ultima-Ratio-Prinzip darf die Kündigung nur als letztes Mittel zur Beseitigung der vorliegenden Störung des Arbeitsverhältnisses in Betracht kommen. Als vorrangiges Mittel kommt eine Versetzung oder Änderung der Arbeitsbedingungen des Arbeitnehmers in Betracht, sofern dies dem Arbeitgeber zumutbar ist.

keine Sonderbehandlung

Im vorliegenden Fall wäre an eine Änderung der arbeitsvertraglichen Arbeitszeit des A zu denken, z.B. eine Verschiebung nach hinten. In Anbetracht der neuerlichen Verspätungen von 30-40 Minuten müsste aber eine Verlegung um mindestens 45 Minuten in Betracht gezogen werden, um wiederholte Verspätungen auszuschließen und eine vollständige Wiederherstellung des Vertrauensverhältnisses sicher zu stellen. Eine derartige Sonderbehandlung dürfte jedoch zur Unruhe in der Belegschaft führen, die dann ein ähnliches Entgegenkommen des B erwarten könnte. Sollte B keine generelle Flexibilisierung der Arbeitszeiten in seinem Betrieb planen, ist ihm daher eine solche Sonderbehandlung des A nicht zumutbar. Zur Behebung der Störung bleibt daher (im Wiederholungsfall) nur eine Kündigung des A.

8. Schritt: Beteiligung des Betriebsrats

Da im Betrieb des B kein Betriebsrat existiert, sind bezüglich der Kündigung (im Wiederholungsfall) keine Vorschriften des Betriebsverfassungsgesetzes zur Anhörung des Betriebsrats zu beachten.

Besteht jedoch ein Betriebsrat, muss dieser zur Kündigung angehört werden (siehe Kapitel Grundlagen, Seite 283).

Ergebnis

Sollte es nach erfolgter Abmahnung zu einer erneuten Verspätung des A aus gleichem Grunde kommen, kann B somit eine verhaltensbedingte ordentliche Kündigung zum nächsten Kündigungstermin aussprechen. Die gesetzliche Kündigungsfrist würde bei 5-jähriger Betriebszugehörigkeit des 27-jährigen A einen Monat zum Monatsende betragen (die Betriebszugehörigkeit findet erst ab dem 25. Lebensjahr Berücksichtigung, siehe § 622 BGB).

Muster: Kündigung

siehe CD-ROM

Sehr geehrter Herr ...... ,

hiermit kündigen wir das seit .... bestehende Arbeitsverhältnis unter Einhaltung der gesetzlichen Kündigungsfrist von einem Monat ordentlich zum ....

Wir weisen darauf hin, dass Sie nach § 37 b SGB III verpflichtet sind, sich nach Erhalt dieses Kündigungsschreibens unverzüglich bei der zuständigen Agentur für Arbeit (ehemals Arbeitsamt) als Arbeitsuchender zu melden, da andernfalls Ihr Anspruch auf Arbeitslosengeld gemindert werden kann. Sie sind zudem verpflichtet, selbst bei der Suche nach einem anderen Arbeitsplatz aktiv zu werden.

(Ggf.: Bitte bestätigen Sie uns den Erhalt dieses Schreibens auf der in Anlage beigefügten Empfangsbestätigung.)

Mit freundlichen Grüßen

______________ ______________________________

Ort, Datum (Kündigungsberechtigter oder bevollmächtigte Person)

(Ggf.) Anlagen:

Empfangsbestätigung

Vollmacht (Original)

6

6.4 Prüfschema

Das Prüfschema ist eine Tabelle, die nicht nur über alle wichtigen Prüfungspunkte, sondern auch über die organisatorischen Fragen („Was?") informiert, darüber hinaus Aufschluss gibt, in wessen Zuständigkeitsbereich („Wer?") die betreffenden Prüfungsschritte und

Maßnahmen fallen, und zudem eine Zeitschiene („Bis wann?") enthält, in der Termine und Fristen eingetragen werden können.

	Was?	Wer?	Bis wann?
1.	Besteht besonderer Kündigungsschutz?	Personalleitung	
2.	Besteht allgemeiner Kündigungsschutz/ Ist das Kündigungsschutzgesetz anzuwenden?	Personalleitung	
3.	Welches Verhalten wird vorgeworfen?	Inhaber/ Geschäftsführg/ Personalleitung	
4.	Ist das Verhalten für das Arbeitsverhältnis relevant?	Inhaber/ Geschäftsführg/ Personalleitung	
5.	Wurde wegen eines gleichartigen Verhaltens bereits einmal abgemahnt?	Personalleitung	
6.	Liegt eine so schwere Pflichtverletzung vor, dass eine Abmahnung entbehrlich ist?	Personalleitung	
7.	Folgen des Verhaltens/Welche betrieblichen Interessen werden beeinträchtigt?	Personalleitung	
8.	Welche Umstände sprechen für den Arbeitnehmer?	Personalleitung	
9.	Fällt die Abwägung eindeutig zu Gunsten der betrieblichen Interessen aus?	Personalleitung	
10.	Lässt sich die Beeinträchtigung nur durch eine Kündigung beseitigen / Gibt es Alternativen?	Inhaber/ Geschäftsführg./ Personalleitung	
11.	Sind Ziff. 3.-10. hinreichend abgesichert / Beweismittel?	Personalleitung	
12.	Berechnung der Kündigungsfrist	Personalleitung	
13.	Liegt ein so schwerer Pflichtverstoß vor, dass die Fortsetzung des Arbeitsverhältnisses bis zum Ablauf der Kündigungsfrist nicht mehr zumutbar ist / Möglichkeit der außerordentlichen Kündigung?	Inhaber / Geschäftsführg./ Personalleitung	
14.	ggf. Anhörung des Betriebsrats	Personalleitung	
15.	ggf. Einholung einer behördlichen Zustimmung	Personalleitung	
16.	Schriftliche Kündigungserklärung	Personalleitung	
17.	Mitteilung Kündigungsgründe notwendig?	Personalleitung	

siehe CD-ROM

	Was?	Wer?	Bis wann?
18.	Wer unterzeichnet/ Schriftliche Vollmacht notwendig?	Kündigungs-berechtigter/ Bevollmächtigter	
19.	Persönliche Übergabe an Arbeitnehmer?	Personalleitung/ Vertretung	
20.	Empfangsbestätigung / Zeugen / Aktennotiz?	Personalleitung/ Vertretung / Zeugen	
21.	Übermittlung an Arbeitnehmer per Boten?	Bote	
22.	Empfangsbestätigung / Zeugen / Aktennotiz?	Bote/Zeuge	
23.	Übermittlung an Arbeitnehmer per Übergabe- oder Einwurf-Einschreiben?	Post	
24.	Rückschein / Bestätigung Post?	Post/ Personalleitung	
25.	Vollständige Dokumentation des Vorgangs in Personalakte	Personalleitung	

6.5 Arbeitsmittel auf der CD-ROM

Prüfschema

Das Prüfschema (siehe oben) steht Ihnen auf der CD-ROM zur Verfügung. Öffnen Sie es in Ihrer Textverarbeitungssoftware, tragen Sie in die Spalten „Wer?“ die jeweils Verantwortlichen namentlich ein und in und in die Spalte „Wann?“ einen konkreten Termin. Und selbstverständlich können Sie die Datei auch ausdrucken und speichern oder an alle Beteiligten wie ein Protokoll verteilen.

Muster: Abmahnung

Tragen Sie in das Muster die persönlichen Daten des Mitarbeiters ein. Händigen Sie ihm das Original aus und heften Sie eine Kopie zur Dokumentation in der Personalakte ab.

Muster: Anhörung des Betriebsrats

Tragen Sie die persönlichen Daten des zu kündigenden Mitarbeiters ein und geben Sie sämtliche Umstände an, die für Ihre Kündigungsentscheidung maßgebend sind.

Ziel ist, dass der Betriebsrat dadurch in die Lage versetzt wird, ohne eigene Nachforschungen die Stichhaltigkeit der Kündigungsgründe zu überprüfen. Die Angaben müssen vollständig und wahrheitsgemäß sein. Es ist wichtig, dass die Betriebsratsanhörung immer genau auf den Einzelfall abgestimmt ist. Passen Sie daher das Muster genau den Gegebenheiten an!

Muster: Kündigungsschreiben

siehe CD-ROM

Tragen Sie in das Muster die persönlichen Daten des zu kündigenden Mitarbeiters ein. Berechnen Sie (z.B. mit dem Fristenrechner auf der CD-ROM) den Termin der Kündigung oder tragen Sie eine Standardformulierung („zum nächstmöglichen Zeitpunkt“ oder „fristgerecht“) ein. Vergessen Sie nicht zu unterschreiben. Dann überreichen Sie die schriftliche Kündigung im Original (genaue Informationen zu Inhalt, Form, Zugang u.s.w. einer Kündigung siehe Grundlagenkapitel, ab Seite 272).

7 Ihr Mitarbeiter fehlt unentschuldigt?

In diesem Kapitel wird ein weiterer Fall zur verhaltensbedingten Kündigung geschildert. Zu den einleitenden Ausführungen wird auf Kapitel sechs verwiesen.

7.1 Beispiele für verhaltensbedingte Kündigungen

Die Gründe, die zu verhaltensbedingten Kündigungen führen können, lassen sich in fünf Fallgruppen unterteilen.

- Störungen im Leistungsbereich
- Verstöße gegen die betriebliche Ordnung
- Störungen im Vertrauensbereich
- Verletzung arbeitsvertraglicher Nebenpflichten
- Relevantes außerdienstliches Verhalten

Hierzu wird auf die Ausführungen in Kapitel sechs (Seite 153) verwiesen. Verschaffen Sie sich hier einen Überblick.

7.2 Welche Kriterien bietet die Rechtsprechung?

Die gerichtliche Überprüfung aller Formen der verhaltensbedingten Kündigung erfolgt nach der ständigen Rechtsprechung des Bundesarbeitsgerichts anhand folgender Kriterien:

- Liegt überhaupt ein kündigungsrelevantes Verhalten des Arbeitnehmers vor?
- Muss der Arbeitnehmer vorher abgemahnt worden sein und angehört werden?

- Überwiegen die Interessen des Arbeitgebers die Arbeitnehmerinteressen?
- Lässt sich die verhaltensbedingte Störung nur durch eine Kündigung des Arbeitnehmers beseitigen?

Zu den Details wird auf die Ausführungen in Kapitel sechs verwiesen.

7.3 Der Fall: Herr A meldet sich nicht krank

Der 45-jährige türkische Arbeitnehmer A ist seit 5 Jahren im Betrieb des B in der Produktion als einfacher Arbeiter tätig. Im Betrieb sind 60 Mitarbeiter beschäftigt, es gibt einen Betriebsrat. Nach einer einwöchigen Erkrankung im Jahre 2003 kehrt A an seinem Arbeitsplatz zurück und händigt seinem Vorgesetzten V eine entsprechende Arbeitsunfähigkeitsbescheinigung aus. V weist A in einem umgehenden Gespräch auf die geltende gesetzliche Verpflichtung hin, dass die Bescheinigung spätestens am vierten Tag der Arbeitsunfähigkeit dem Arbeitgeber vorzulegen sei und droht ihm für den Wiederholungsfall arbeitsrechtliche Konsequenzen an. Außerdem müsse er sich stets sofort abmelden, wenn er nicht zur Arbeit erscheinen könne. Zwölf Monate später (im Jahr 2004) erkrankt A erneut und erscheint ohne Nachricht nicht zur Arbeit, am dritten Tag seines Fehlens kommt jedoch eine Arbeitsunfähigkeitsbescheinigung per Post. Nach seiner Rückkehr und auf Vorhaltung des V, er habe sich nicht ordnungsgemäß abgemeldet, obwohl er diesbezüglich abgemahnt worden sei, erwidert A, er sei damals sehr aufgeregt gewesen und bei seinen ohnehin schwachen Deutschkenntnissen habe er nur die Verpflichtung zur Übermittelung der Arbeitsunfähigkeitsbescheinigung in Erinnerung behalten. Außerdem sei die – obendrein mündliche – Abmahnung durch den nicht zur Entlassung berechtigten V unwirksam und der Betriebsrat hätte beteiligt werden müssen.

Was kann B tun?

Nachdem es sich um einen mehrjährigen Betriebsangehörigen handelt, wird das primäre Interesse des B in einer einvernehmlichen Klärung der Situation liegen unter Aufrechterhaltung des Arbeitsverhältnisses mit A. Alternativ stellt sich für B aber auch die Frage, ob das Arbeitsverhältnis unter den gegebenen Umständen aufgelöst werden kann.

1. Schritt: Liegt ein besonderer Kündigungsschutz vor?

Sonderkündigungsschutz

Wie bei jeder Kündigung ist zunächst zu klären, ob Vorschriften des besonderen Kündigungsschutzes zur Anwendung kommen. Solche Schutznormen für bestimmte Personengruppen können sich aus einem Tarifvertrag, einer Betriebsvereinbarung oder aus dem Gesetz ergeben.

Beispiele

- Frau im Mutterschutz
- Arbeitnehmer in der Elternzeit
- Auszubildende

Eine umfassende Liste mit weiteren Ausführungen finden Sie auf den Seiten 288 ff.

Im vorliegenden Fall gehört A keiner der besonders geschützten Personengruppen an.

2. Schritt: Kommt der allgemeine gesetzliche Kündigungsschutz zur Anwendung?

allgemeiner Kündigungsschutz

Der allgemeine gesetzliche Kündigungsschutz nach dem Kündigungsschutzgesetz kommt zur Anwendung, wenn im Betrieb regelmäßig mehr als zehn Arbeitnehmer beschäftigt werden und das Arbeitsverhältnis mit dem zu kündigenden Arbeitnehmer bereits länger als sechs Monate besteht.

Achtung

Zur Anwendbarkeit des Allgemeinen Gleichbehandlungsgesetzes (AGG) auf Kündigungen siehe Seite 34 ff. und Seite 261 ff.

Im Betrieb des B sind 60 Arbeitnehmer beschäftigt, und das Arbeitsverhältnis des A besteht seit 5 Jahren, sodass die personen- und betriebsbezogenen Anwendbarkeitsvoraussetzungen für das Kündigungsschutzgesetz erfüllt sind, dessen Anforderungen daher im vorliegenden Fall berücksichtigt werden müssen.

3. Schritt: Besteht ein Kündigungsgrund im Sinne des Kündigungsschutzgesetzes?

Nach dem Kündigungsschutzgesetz ist es grundsätzlich nur dann möglich ein Arbeitsverhältnis zu beenden, wenn für die Kündigung einer der dort genannten Rechtfertigungsgründe vorliegt. Der Grund kann in der Person oder in dem Verhalten des Arbeitnehmers liegen oder auf dringende betriebliche Erfordernisse zurückzuführen sein.

verhaltensbedingte Kündigung

Im vorliegenden Fall kommt eine verhaltensbedingte Kündigung des A in Betracht.
Wie oben (siehe Seite 176) dargelegt, müssen dabei folgende Kriterien geprüft werden:

- Liegt überhaupt ein kündigungsrelevantes Verhalten des A vor?
- Muss A vorher abgemahnt worden sein und angehört werden?
- Überwiegen die Interessen des B die Interessen des A?
- Lässt sich die verhaltensbedingte Störung nur durch eine Kündigung des A beseitigen?

4. Schritt: Liegt ein kündigungsrelevantes Verhalten des A vor?

Das Verhalten des A muss aus Sicht des „ruhig und verständig urteilenden" B (vgl. Kapitel sechs, Seite 157) die Kündigung als grundsätzlich billigenswerte und angemessene Reaktion erscheinen lassen. *A hat gegen die aus dem Gesetz resultierende Verpflichtung zur rechtzeitigen Vorlage einer Arbeitsunfähigkeitsbescheinigung verstoßen, ebenso gegen die gesetzliche Pflicht, sich beim Arbeitgeber unverzüglich abzumelden, wenn er seiner Arbeitsverpflichtung nicht nachkommen kann und die voraussichtliche Dauer seiner Arbeitsunfähigkeit mitzuteilen. Diese Verstöße sind grundsätzlich geeignet, eine vertrauensvolle Fortführung des Arbeitsverhältnisses infrage zu stellen.*

Achtung

Es geht nicht um eine „Bestrafung" des A für sein Fehlverhalten, sondern um eine Verhinderung der Belastung des Arbeitsverhältnisses für die Zukunft.

5. Schritt: Ist eine Abmahnung erforderlich?

Wiederherstellung des Vertrauens möglich?

Grundsätzlich bedarf es vor jeder verhaltensbedingten Kündigung einer (erfolglosen) vorherigen Abmahnung. Da Grundlage einer verhaltensbedingten Kündigung nicht die Sanktion eines Vorfalls in der Vergangenheit ist, sondern der Wegfall der Grundlage für eine vertrauensvolle Zusammenarbeit in der Zukunft, liegt der primäre Zweck einer Abmahnung in der Wiederherstellung der Vertrauensgrundlage.

Wann ist eine Abmahnung nicht notwendig?

Dementsprechend ist eine Abmahnung nur in besonderen Ausnahmesituationen entbehrlich, nämlich

- bei besonders schweren Pflichtverletzungen des Arbeitnehmers, deren Rechtswidrigkeit diesem ohne weiteres erkennbar ist und deren Hinnahme durch den Arbeitgeber offensichtlich ausgeschlossen ist;
- bei offenkundigem Unwillen des Arbeitnehmers, sich pflichtgemäß zu verhalten, sowie
- bei fehlender Steuerungsfähigkeit des Verhaltens durch den Arbeitnehmer (sodass eine Ermahnung und Warnung sinnlos wäre).

keine schweres Fehlverhalten

Im vorliegenden Fall kann im Fehlverhalten des A keine derartig schwere Pflichtverletzung gesehen werden, die eine Abmahnung entbehrlich machen würde. A müsste daher bereits einschlägig abgemahnt worden sein, bevor eine verhaltensbedingte Kündigung in Betracht gezogen werden kann.

Wer ist abmahnungsberechtigt?

Die Abmahnung kann nicht nur vom Kündigungsberechtigten, sondern auch vom unmittelbaren Vorgesetzten ausgesprochen werden. Entscheidend ist, ob der Abmahnende dem Arbeitnehmer verbindliche Anweisungen bzgl. des beanstandeten Verhaltens erteilen darf.

Im vorliegenden Fall ist auch V als unmittelbarer Vorgesetzter mit Weisungsbefugnis bezüglich Art und Weise der Arbeitsleistung des A zur Abmahnung berechtigt.

Wie wird abgemahnt?

Eine Abmahnung kann auch mündlich ausgesprochen werden.

mündliche Abmahnung

Tipp

Wurde die Abmahnung nur mündlich erteilt, sollte hierüber ein schriftlicher Vermerk erstellt und von ggf. anwesenden Zeugen schriftlich bestätigt werden. Anschließend sollte der Vermerk dem betroffenen Arbeitnehmer als nachträgliche Bestätigung der erteilten Abmahnung übergeben werden, was dieser durch einen schriftlichen Empfangsvermerk bestätigen sollte.

In einem späteren Rechtsstreit kann der Nachweisbarkeit der Pflichtverletzung entscheidende Bedeutung zu kommen. Daher sollten Beweismittel zusammen mit der Abmahnung in die Personalakte aufgenommen werden (*z.B.* schriftliche Zeugenaussagen, Zeiterfassungsbelege u.Ä.).

Im vorliegenden Fall konnte V den A somit auch mündlich abmahnen.

Ergebnis

Übermittlung/Kenntnisnahme

Die Abmahnung wird erst mit der tatsächlichen Kenntnisnahme durch den Arbeitnehmer wirksam. Nur so kann erwartet werden, dass der Arbeitnehmer sein Verhalten der Abmahnung entsprechend anpasst. Hierfür ist jedoch grundsätzlich ausreichend, dass der Arbeitnehmer vom Inhalt der (schriftlichen) Abmahnung hätte Kenntnis nehmen können. Tut er dies in vorgreifbarer Weise nicht, kann er sich später nicht auf einen fehlenden Zugang der Abmahnung berufen.

Abmahnung eines ausländischen Arbeitnehmers

Im Falle der schriftlichen Abmahnung eines ausländischen Arbeitnehmers, der der deutschen Sprache nicht ausreichend kundig ist, kann dies zu einiger Rechtsunsicherheit führen. Dies gilt zumindest hinsichtlich des Zeitpunkts des Zugangs der Abmahnung, weil dem Arbeitnehmer die Gelegenheit zur Übersetzung eingeräumt werden muss.

Arbeitgeber trägt Beweislast.

Im vorliegenden Fall wurde die Abmahnung jedoch mündlich ausgesprochen, sodass sich etwaige Unklarheiten hinsichtlich der tatsächlichen Kenntnisnahme auch nachträglich nicht mehr ausräumen lassen dürften. Käme es in einem etwaigen Rechtstreit (um die Rechtmäßigkeit der Kündigung) zu widersprüchlichen Aussagen zum Inhalt der

Abmahnung und deren Kenntnisnahme, würde nach allgemeinen Grundsätzen der B das Risiko fehlender Beweisbarkeit tragen.

Tipp

Auch unter dem Gesichtspunkt der Absicherung des Sachverhalts sollte eine mündliche Abmahnung nachträglich schriftlich dokumentiert, dem Arbeitnehmer übergeben und von ihm Zugang und Kenntnisnahme bestätigt werden.

Für die weitere Untersuchung soll davon ausgegangen werden, dass die Abmahnung dem A wirksam zugegangen ist, unabhängig von der Frage einer später ggf. erforderlichen Beweisbarkeit.

Abmahnungsinhalt/Differenzierung zwischen verschiedenen Fehlverhalten

Wie bei Kündigungen gilt auch bei Abmahnungen der Grundsatz, dass unterschiedliche Pflichtverletzungen getrennt zu behandeln sind.

Achtung

Bei mehreren Pflichtverletzungen desselben Arbeitnehmers sollten immer auch mehrere Abmahnungen erteilt werden, da im Falle der Unwirksamkeit einer der Abmahnungen (*z.B.* wegen fehlender Nachweisbarkeit des Vorfalls) sonst der gesamte Vorgang aus der Personalakte entfernt werden müsste.

Dies hat zur Konsequenz, dass bei unterschiedlichen Pflichtverletzungen nur wegen derjenigen gekündigt werden kann, die zuvor bereits einmal (d.h. einschlägig) abgemahnt wurde.

verspätete Vorlage der Arbeitsunfähigkeitsbescheinigung

Im vorliegenden Fall wurde A wegen der verspäteten Vorlage der Arbeitsunfähigkeitsbescheinigung abgemahnt: Ihm wurde von V der Verstoß gegen seine Vertragspflichten dargelegt (Hinweisfunktion), er ist zu vertragsgerechtem Verhalten aufgefordert worden (Mahnfunktion) und ihm sind arbeitsrechtliche Konsequenzen für den Wiederholungsfall angedroht worden (Warn- und Androhungsfunktion, vgl. Kapitel sechs, Seite 159).

unterlassene Abmeldung

Hinsichtlich der unterlassenen Abmeldung unterließ es V jedoch, für den Wiederholungsfall arbeitsrechtliche Konsequenzen anzudrohen. Aus Sicht des A kam es dem V im Wesentlichen auf die rechtzeitige

Vorlage der Arbeitsunfähigkeitsbescheinigung an, der Hinweis auf die Abmeldung erschien als bloßer Annex. Mangels Warn- und Androhungsfunktion fehlt es daher im Bezug auf die unterlassene Abmeldung an einer wirksamen Abmahnung.

Da das Fehlverhalten unterschiedliche Verhaltenspflichten umfasste, scheidet auch eine einheitliche Betrachtung dahingehend aus, dass die Abmahnung beide Fehlverhalten als einheitlichen Sachverhalt erfasste. Zudem befolgte A seither seine Pflicht zur rechtzeitigen Vorlage der Arbeitsunfähigkeitsbescheinigung, sodass das Ziel der ausgesprochenen Abmahnung durchaus erreicht wurde. Dieses Fehlverhalten ist damit für eine Kündigung verbraucht und könnte eine solche nicht mehr begründen.

Nachträgliche Abmahnung:

Verwirkung

Die Nichtabmeldung des A im Jahre 2003 kann auch nicht mehr nachträglich von B abgemahnt und anschließend wegen des erneuten Nichtabmeldens dem A gekündigt werden.

Zwar besteht insoweit keine Ausschlussfrist, innerhalb der ein Fehlverhalten abgemahnt werden muss, das Recht zur Abmahnung kann jedoch verwirkt werden. Siehe dazu Seite 166.

Achtung

Sehen Tarifverträge Ausschlussfristen für die Geltendmachung von Ansprüchen vor, gelten diese nicht für die Abmahnung, da diese auf keinem besonderen Anspruch beruht, sondern die Ausübung eines vertraglichen Rügerechts des Arbeitgebers darstellt.

zu großer Zeitabstand ?

Im vorliegenden Fall spricht bereits der große zeitliche Abstand für eine solche Verwirkung (Zeitmoment). In jedem Falle konnte aber der A nach den Gesamtumständen davon ausgehen, dass er wegen seines Fehlverhaltens nicht – nochmals – gerügt wird (Umstandsmoment). B kann daher die letztjährige Nichtabmeldung nicht nachträglich abmahnen.
Zudem könnte B auch bei einer zulässigen nachträglichen Abmahnung den A dann nicht zugleich wegen des erneuten Vorfalls kündigen, da die nachträgliche Abmahnung 2004 zeitlich nach der erneuten Pflichtverletzung 2004 liegen würde und damit der Zweck der Abmahnung

(pflichtgemäßes Verhalten in der Zukunft) gar nicht erreicht werden konnte.

Ergebnis

B muss daher zunächst das neuerliche Nichtabmelden des A abmahnen.

Zu Frist und Form gilt es das zuvor Gesagte (s.o. Seite 166).

Anhörung des Betriebsrats

kein Beteiligungsrecht des Betriebrats

Der Betriebsrat muss vor Ausspruch einer Abmahnung nicht angehört werden, da ihm insoweit keine Beteiligungsrechte zustehen.

> **Achtung**
>
> Im Rahmen einer späteren Kündigung müssen dem Betriebsrat aber alle für die Beurteilung des Falles notwendigen Umstände mitgeteilt werden, d.h. auch die Abmahnung sowie eine evtl. Stellungnahme des betroffenen Arbeitnehmers hierzu (zur Betriebsratsanhörung siehe ausführlich Seite 283).

Muster: Abmahnung

siehe CD-ROM

Sehr geehrter Herr.....................................,

zu unserem Bedauern müssen wir feststellen, dass Sie es vom .... bis .... unterlassen haben, uns Ihre krankheitsbedingte Abwesenheit vom Arbeitsplatz mitzuteilen.

Durch dieses Verhalten haben Sie gegen Ihre gesetzliche Verpflichtung zur unverzüglichen Mitteilung der Arbeitsunfähigkeit und deren voraussichtlicher Dauer Ihrem Arbeitgeber gegenüber verstoßen.

Wir beanstanden dieses Verhalten und fordern Sie hiermit auf, in Zukunft unverzüglich, d.h. ohne schuldhaftes Verzögern eine Unfähigkeit zur Erbringung der arbeitsvertraglich geschuldeten Leistung und deren voraussichtliche Dauer gegenüber ... (z.B.: Vorgesetztem oder Personalbüro) anzuzeigen.

Andernfalls sehen wir uns gezwungen, im Wiederholungsfalle arbeitsrechtliche Maßnahmen bis hin zur Kündigung des Arbeitsverhältnisses zu ergreifen.

Eine Durchschrift dieses Schreibens werden wir zu Ihren Personalakten nehmen.

Mit freundlichen Grüßen

....

Ort, Datum (Abmahnungsberechtigter)

Ich bestätige hiermit, die vorstehende Abmahnung im Original erhalten und zur Kenntnis genommen zu haben. (Ggf. zusätzlich: ...und erkenne die gegen mich erhobenen Vorwürfe in tatsächlicher Hinsicht als zutreffend an.)

....

Ort, Datum (Arbeitnehmer)

Übermittlung

Die Abmahnung wird erst mit tatsächlicher Kenntnisnahme des Arbeitnehmers wirksam.

Tipp

Die (schriftliche) Abmahnung sollte dem A in Anwesenheit eines Zeugen (*z.B.* des V) übergeben und von diesem der Empfang sowie die Kenntnisnahme schriftlich bestätigt werden.

Wirkungsdauer/Wiederholungsfall:

Sollte A nach erfolgter Abmahnung im Jahre 2004 nochmals eine Abmeldung unterlassen, kommt eine verhaltensbedingte Kündigung in Betracht (s.o. Seite 169). Gleiches gilt, wenn A bei erneuter Erkrankung die Arbeitsunfähigkeitsbescheinigung wieder nicht rechtzeitig übermittelt, nachdem dies 2003 bereits abgemahnt worden war. Dass sich A im nachfolgenden Krankheitsfall 2004 insoweit pflichtgemäß verhalten hat, genügt alleine für die Annahme einer Wirkungslosigkeit der Abmahnung nicht, da dies ja gerade bezweckt war und daher den Normalfall darstellt.

7

Wie viel Zeit ist zwischen Abmahnung und erneutem Fehlverhalten verstrichen?

In beiden Fällen muss dann aber die verstrichene Zeit zwischen erfolgter Abmahnung und erneutem Vorfall berücksichtigt werden. Zwar gibt es auch in soweit keine Regelfrist, nach dem Zeit- und Umstandsmoment (s.o.) kann jedoch eine Abmahnung ihre Wirkung als Grundlage einer später erforderlichen Kündigung verlieren. Hierbei spielen eine Rolle:

- die Art und Schwere des Fehlverhaltens,
- das Verhalten des Arbeitnehmers nach der Abmahnung sowie
- das Verhalten des Arbeitgebers nach ausgesprochener Abmahnung.

Auch unter dem Aspekt der Verhältnismäßigkeit könnte eine neuerliche Abmahnung erforderlich werden, was von den Umständen des Einzelfalles abhängt.

Achtung

Sind seit der Abmahnung zwei Jahre vergangen, ist jedenfalls damit zu rechnen, dass im Streitfalle die zwischenzeitliche Wirkungslosigkeit der Abmahnung vom Gericht angenommen wird.

Soll der Mitarbeiter angehört werden?

Grundsätzlich bedarf es vor Abmahnung oder Ausspruch einer verhaltensbedingten Kündigung keiner Anhörung des betroffenen Arbeitnehmers. Etwas anderes gilt nur vor Ausspruch einer (außerordentlichen) Verdachtskündigung (vgl. Fall neun). In der Praxis ist aber eine Anhörung zur vollständigen Sachverhaltsaufklärung anzuraten, um in einem späteren Rechtsstreit überraschende Einwände des Gekündigten möglichst auszuschließen.

Im vorliegenden Fall könnten im Rahmen einer Anhörung des A die Hintergründe einer erneuten Nichtabmeldung bzw. Nichtvorlage einer Arbeitsunfähigkeitsbescheinigung hinterfragt und insbesondere die Vorwerfbarkeit im Rahmen der Interessenabwägung (siehe nachfolgend) geklärt werden.

6. Schritt: Interessenabwägung: Überwiegen die Interessen des B die Interessen des A?

Es bedarf einer Abwägung zwischen dem Interesse des B an einer Beseitigung der Störung durch Kündigung des A einerseits und dem Interesse des A am Erhalt seines Arbeitsplatzes (s.o. Seite 160).

Arbeitnehmerinteresse

Im vorliegenden Fall sprechen für A:

- *seine mehrjährige Betriebszugehörigkeit,*
- sein Lebensalter,
- die (unterstellte) schlechte Arbeitsmarktlage sowie
- (sofern dies nach den Umständen des Falles feststellbar ist:) die vergleichsweise geringen Auswirkungen auf die Betriebsabläufe.

Für das Interesse des B sprechen:

Arbeitgeber-interesse

- die Sicherung des Betriebsfriedens und die Wahrung der Arbeitszeitdisziplin sowie
- die (dann) offenkundige Wiederholungsgefahr.

Arbeitgeber-interesse überwiegt!

Bei einem erneuten Fehlverhalten des A wären diese Interessen gegeneinander abzuwägen unter Berücksichtigung der gegebenen Umstände des Vorfalls. Auch wenn für den A dann möglicherweise die Arbeitsmarktlage sowie die vergleichsweise geringen Auswirkungen auf betriebliche Abläufe zu berücksichtigen wären, würden im Wiederholungsfalle die Interessen des B an der Sicherung der Betriebsdisziplin sowie die offenkundige Wiederholungsgefahr überwiegen. Gleiches Ergebnis ist für die (im Fall nicht näher thematisierten) sonstigen persönlichen Verhältnisse des A anzunehmen.

kein Diskriminierungsfall!

Die Frage einer Diskriminierung des A wegen seiner ethnischen Herkunft würde sich dann nicht stellen, da A ausschließlich wegen seines Fehlverhaltens entlassen werden soll. Auf eine Berücksichtigung des Allgemeinen Gleichbehandlungsgesetzes (AGG) braucht daher nicht eingegangen zu werden (siehe hierzu Seite 34 ff. und 261 ff).

7. Schritt: Lässt sich die Störung nur durch Kündigung des A beseitigen?

Sollte ein neuerliches Fehlverhalten in der geschilderten Weise erfolgen, kommt eine Kündigung in Betracht, wenn diese das letzte in Betracht kommende Mittel zur Behebung der Störung des Arbeitsverhältnisses ist (so genannte Ultima Ratio, vgl. Seite 171).

keine Sonderbehandlung des A

In Anbetracht der für jeden Arbeitnehmer geltenden Pflichten zur unverzüglichen Abmeldung im Krankheitsfall und zur rechtzeitigen Übermittlung der Arbeitsunfähigkeitsbescheinigung käme im vorliegenden Fall keine Alternative als vertragstreues Verhalten des A in Betracht; eine Sonderbehandlung des A kommt nicht in Betracht (vgl. Seite 172).

keine Versetzung bzw. Änderungskündigung, evtl. neue Abmahnung

Da es sich um tätigkeitsunabhängige Pflichtverletzungen des A handelt, wäre das Fehlverhalten auch nicht durch eine Versetzung oder Änderungskündigung zu beseitigen. Als gegenüber einer Kündigung milderes

Mittel in Betracht zu ziehen wäre allenfalls eine nochmalige Abmahnung.

Ob diese erforderlich ist, wäre dann nach den Umständen des Einzelfalles zu beurteilen, insbesondere unter Berücksichtigung der Schwere des Fehlverhaltens (z.B. Verspätungsumfang hinsichtlich Abmeldung bzw. Arbeitsunfähigkeitsbescheinigung, Vorwerfbarkeit), welches gegebenenfalls eine Kündigung als unverhältnismäßige Reaktion erscheinen ließe.

Ergebnis

Sollte es also zu einem erneuten Fehlverhalten des A in diesen Bereichen kommen (und eine noch wirksame Abmahnung vorliegen), kann B eine verhaltensbedingte ordentliche Kündigung zum nächsten Kündigungstermin aussprechen. Diese beträgt beim 45-jährigen A mit 5-jähriger Betriebszugehörigkeit zwei Monate zum Monatsende.

8. Schritt: Muss der Betriebsrat beteiligt werden?

Da im Betrieb des B ein Betriebsrat existiert, muss dieser nach den Vorschriften des Betriebsverfassungsgesetzes vor einer Kündigung des A (nach erneutem Fehlverhalten) angehört werden. Zu den Einzelheiten des Beteiligungsverfahrens wird auf die Ausführungen im Grundlagenkapitel, Seite 283, verwiesen.
Bei beabsichtigter Kündigung des A könnte das Anschreiben an den Betriebsrat wie folgt formuliert werden:

Muster: Anhörung des Betriebsrats

siehe CD-ROM

An den Betriebsrat
z. Hd. Frau/Herrn Betriebsratsvorsitzende/n

Die Unternehmensleitung beabsichtigt, den Arbeitnehmer
Name, Vorname ....
ggf. Personalnummer ....
geb. am ...... in ......
wohnhaft in .....
Familienstand ...., ... unterhaltspflichtige Kinder
beschäftigt in unserem Unternehmen seit ...... (ggf.: zuletzt) als ...... in der Abteilung ......
nach Abschluss des Anhörungsverfahrens unter Einhaltung der Kündigungsfrist von sechs Monaten ordentlich zum .... zu kündigen.

Der beabsichtigten Kündigung liegt im Einzelnen folgender Sachverhalt zugrunde: ....

[Vollständige und wahrheitsgemäße Angabe aller Umstände zur nicht unverzüglichen Abmeldung bzw. nicht rechtzeitigen Vorlage der Arbeitsunfähigkeitsbescheinigung.]

Der Betriebsrat wird gebeten, die unten formularmäßig vorbereitete Stellungnahme abzugeben.

____________ __________________

Ort, Datum Kündigungsberechtigter

Anlagen:

Personalakte

Entwurf des Kündigungsschreibens

Abmahnung vom ....

(falls schriftlich vorhanden:) Stellungnahme des Arbeitnehmers vom ....

Stellungnahme des Betriebsrats

Der Betriebsrat hat dieses Anhörungsschreiben am .... erhalten und zur Kenntnis genommen.

Der Betriebsrat stimmt der beabsichtigten Kündigung zu.

Der Betriebsrat hat die auf anl. Beiblatt formulierten Bedenken.

Der Betriebsrat erhebt gegen die beabsichtigte Kündigung Widerspruch.
Die Gründe sind auf anl. Beiblatt aufgeführt.

Der Betriebsrat wird keine weiteren Erklärungen hierzu abgeben.

__________________ __________________

Ort, Datum Betriebsratsvorsitzende/r

Im Falle eines erneuten Fehlverhaltens des A könnte (nach erfolgter anhörung des Betriebsrats) die Kündigung wie folgt formuliert werden:

Muster: Ordentliche Kündigung

siehe CD-ROM

Sehr geehrter Herr ...... ,

hiermit kündigen wir das seit .... bestehende Arbeitsverhältnis unter Einhaltung der gesetzlichen Kündigungsfrist von zwei Monaten ordentlich zum ....

Der Betriebsrat wurde zu dieser Kündigung ordnungsgemäß angehört. (Ggf.: Die Stellungnahme ist diesem Schreiben beigefügt. *[Nur im Falle eines Widerspruchs des Betriebsrats notwendig.])*

Wir weisen darauf hin, dass Sie nach § 37 b SGB III verpflichtet sind, sich nach Erhalt dieses Kündigungsschreibens unverzüglich bei der zuständigen Agentur für Arbeit (ehemals Arbeitsamt) als Arbeitsuchender zu melden, da andernfalls Ihr Anspruch auf Arbeitslosengeld gemindert werden kann. Sie sind zudem verpflichtet, selbst bei der Suche nach einem anderen Arbeitsplatz aktiv zu werden.

(Ggf.: Bitte bestätigen Sie uns den Erhalt dieses Schreibens auf der in Anlage beigefügten Empfangsbestätigung.)

Mit freundlichen Grüßen

__________ ____

Ort, Datum (Kündigungsberechtigter oder bevollmächtigte Person)

Anlagen:

(Ggf.) Empfangsbestätigung

(Ggf.) Vollmacht (Original)

(Ggf.) Stellungnahme des Betriebsrats

7.4 Prüfschema

Das Prüfschema ist eine Tabelle, die nicht nur über alle wichtigen Prüfungspunkte, sondern auch über die rein organisatorischen Fragen („Was?") informiert, darüber hinaus Aufschluss gibt, in wessen Zuständigkeitsbereich („Wer?") die betreffenden Prüfungsschritte und Maßnahmen fallen, und zudem eine Zeitschiene („Bis wann?") enthält, in der Termine und Fristen eingetragen werden können.

siehe CD-ROM

	Was?	Wer?	Bis wann?
1.	Besteht besonderer Kündigungsschutz?	Personalleitung	
2.	Besteht allgemeiner Kündigungsschutz / Ist das Kündigungsschutzgesetz anzuwenden?	Personalleitung	
3.	Welches Verhalten wird vorgeworfen?	Inhaber/ Geschäftsführung/ Personalleitung	
4.	Ist das Verhalten für das Arbeitsverhältnis relevant?	Inhaber/ Geschäftsführung/ Personalleitung	
5.	Wurde wegen eines gleichartigen Verhaltens bereits einmal abgemahnt?	Personalleitung	
6.	Liegt eine so schwere Pflichtverletzung vor, dass eine Abmahnung entbehrlich ist?	Personalleitung	
7.	Folgen des Verhaltens / Welche betrieblichen Interessen werden beeinträchtigt?	Personalleitung	
8.	Welche Umstände sprechen für den Arbeitnehmer?	Personalleitung	

	Was?	Wer?	Bis wann?
9.	Fällt die Abwägung eindeutig zu Gunsten der betrieblichen Interessen aus?	Personalleitung	
10.	Lässt sich die Beeinträchtigung nur durch eine Kündigung beseitigen/ Gibt es Alternativen?.	Inhaber/ Geschäftsführung/ Personalleitung	
12.	Sind Ziff. 3.-10. hinreichend abgesichert / Beweismittel?	Personalleitung	
13.	Berechnung der Kündigungsfrist	Personalleitung	
14.	Liegt ein so schwerer Pflichtverstoß vor, dass die Fortsetzung des Arbeitsverhältnisses bis zum Ablauf der Kündigungsfrist nicht mehr zumutbar ist / Möglichkeit der außerordentlichen Kündigung?	Inhaber/ Geschäftsführung/ Personalleitung	
15.	ggf. Anhörung des Betriebsrats	Personalleitung	
16.	ggf. Einholung einer behördlichen Zustimmung	Personalleitung	
17.	Schriftliche Kündigungserklärung	Personalleitung	
18.	Mitteilung Kündigungsgründe notwendig?	Personalleitung	
19.	Wer unterzeichnet / Schriftliche Vollmacht notwendig?	Kündigungsberechtigter/ Bevollmächtigter	
20.	Persönliche Übergabe an Arbeitnehmer?	Personalleitung/ Vertretung	
21.	Empfangsbestätigung / Zeugen / Aktennotiz?	Personalleitung/ Vertretung/Zeugen	
22.	Übermittlung an Arbeitnehmer per Boten?	Bote	
23.	Empfangsbestätigung / Zeugen / Aktennotiz?	Bote / Zeuge	
24.	Übermittlung an Arbeitnehmer per Übergabe- oder Einwurf-Einschreiben?	Post	
25.	Rückschein / Bestätigung Post?	Post/ Personalleitung	
26.	Vollständige Dokumentation des Vorgangs in Personalakte	Personalleitung	

7.5 Arbeitsmittel auf der CD-ROM

Prüfschema

Das Prüfschema (siehe oben) steht Ihnen auf der CD-ROM zur Verfügung. Öffnen Sie es in Ihrer Textverarbeitungssoftware, tragen Sie in die Spalten „Wer?" die jeweils Verantwortlichen namentlich ein und in und in die Spalte „Wann?" einen konkreten Termin. Und selbstverständlich können Sie die Datei auch ausdrucken und speichern oder an alle Beteiligten wie ein Protokoll verteilen.

Muster: Abmahnung

Tragen Sie in das Muster die persönlichen Daten des Mitarbeiters ein. Händigen Sie ihm das Original aus und heften Sie eine Kopie zur Dokumentation in der Personalakte ab.

Muster: Anhörung des Betriebsrats

Tragen Sie die persönlichen Daten des zu kündigenden Mitarbeiters ein und geben Sie sämtliche Umstände an, die für Ihre Kündigungsentscheidung maßgebend sind.
Ziel ist, dass der Betriebsrat dadurch in die Lage versetzt wird, ohne eigene Nachforschungen die Stichhaltigkeit der Kündigungsgründe zu überprüfen. Die Angaben müssen vollständig und wahrheitsgemäß sein. Es ist wichtig, dass die Betriebsratsanhörung immer genau auf den Einzelfall abgestimmt ist. Passen Sie daher das Muster genau den Gegebenheiten an!

Muster: Kündigungsschreiben

siehe CD-ROM

Tragen Sie in das Muster die persönlichen Daten des zu kündigenden Mitarbeiters ein. Berechnen Sie (z.B. mit dem Fristenrechner auf der CD-ROM) den Termin der Kündigung oder tragen Sie eine Standardformulierung („zum nächstmöglichen Zeitpunkt" oder „fristgerecht") ein. Vergessen Sie nicht zu unterschreiben. Dann überreichen Sie die schriftliche Kündigung im Original (genaue Informationen zu Inhalt, Form, Zugang u.s.w. einer Kündigung siehe Grundlagenkapitel, ab Seite 272).

8 Ihr Mitarbeiter begeht einen Vertrauensbruch?

fristlose Kündigung / Kündigung mit Auslauffrist

In den Kapiteln acht und neun werden Fälle außerordentlicher Kündigungen behandelt. Jedes Arbeitsverhältnis kann nach § 626 BGB von jedem Vertragspartner ohne Einhaltung einer Kündigungsfrist gekündigt werden, wenn schwer wiegende Tatsachen vorliegen, die dem Kündigenden eine Fortsetzung des Arbeitsverhältnisses bis zum Ablauf der Kündigungsfrist (oder ggf. einem vereinbarten Ende des Arbeitsverhältnisses) unzumutbar machen. Dementsprechend wird die außerordentliche Kündigung in der Regel als fristlose Kündigung bezeichnet. Dies muss aber nicht immer so sein: Der Arbeitgeber kann die außerordentliche Kündigung im Einzelfall – freiwillig – auch mit Gewährung einer so genannten sozialen Auslauffrist aussprechen. Zudem kann in Sonderfällen die Gewährung einer Auslauffrist aus Gründen der Verhältnismäßigkeit rechtlich geboten sein. Das Recht zur außerordentlichen Kündigung steht beiden Vertragsparteien immer zur Verfügung und kann nicht durch einzelvertragliche oder kollektive Regelungen ausgeschlossen werden.

8.1 Beispiele für außerordentliche Kündigungen

Es kommt auf den Einzelfall an!

Es lassen sich nicht alle Fälle der außerordentlichen Kündigung abschließend in Fallgruppen einteilen; es gibt keinen Katalog absoluter Kündigungsgründe. Vielmehr bedarf es immer einer Würdigung aller Umstände des Einzelfalls sowie einer Abwägung der Interessen von Arbeitgeber und Arbeitnehmer. Zur einfacheren Handhabung von Fällen in der Praxis bietet sich aber folgende Einteilung nach Art der Kündigungsgründe an:

- Fehlverhalten des Arbeitnehmers

- Gründe in der Person des Arbeitnehmers
- betriebsbedingte Gründe

Unabhängig von den Gründen sind noch zwei weitere Fallgruppen von Bedeutung:

- außerordentliche Kündigung mit sozialer Auslauffrist
- außerordentliche Kündigung von ordentlich unkündbaren Arbeitnehmern

Im Folgenden erhalten Sie zu den einzelnen Fallgruppen eine kurze Beschreibung und konkrete Beispiele.

Fehlverhalten des Arbeitnehmers

schwer - wiegendes Fehlverhalten

Der praktisch häufigste Anlass für eine außerordentliche Kündigung ist eine schwer wiegende Verletzung arbeitsvertraglicher Pflichten durch den Arbeitnehmer.

Beispiel

Arbeitnehmer A tritt eigenmächtig seinen Urlaub an, obwohl dieser nicht genehmigt war und Betriebsinhaber B ihm unmissverständlich deutlich gemacht hat, dass man sich wegen anstehender Aufträge noch über die zeitliche Lage des Urlaubs verständigen müsse.

Beispiel

Arbeitnehmer A droht nach einer Auseinandersetzung mit seinem Vorgesetzten V damit, nächste Woche „krank" zu sein.

Beispiel

Arbeitnehmer A bringt absichtlich einen PC-Virus in das Firmennetzwerk ein und legt dieses lahm.

Beispiel

Arbeitnehmer A beleidigt den Betriebsinhaber B mit einem kränkenden Schimpfwort grob, nachdem dieser ihm eine Gehaltserhöhung verweigert hatte.

Achtung
Wie die ordentliche Kündigung stellt auch die außerordentliche Kündigung keine „Bestrafung" des Arbeitnehmers für ein Fehlverhalten dar, sondern erfolgt allein deshalb, weil eine Prognose keine vertrauensvolle Zusammenarbeit für die Zukunft mehr erwarten lässt.

Gründe in der Person des Arbeitnehmers

Die außerordentliche Kündigung stellt die härteste Sanktion im Arbeitsleben dar und ist deshalb nur als letztes in Betracht kommendes Mittel zulässig. Daher können personenbedingte Gründe in der Regel nur eine ordentliche Kündigung rechtfertigen, da der Arbeitnehmer in solchen Fällen sich ja vertragskonform verhalten will, es aber nicht kann, z.B. wegen Krankheit.

im Normalfall: ordentliche Kündigung

Eine Ausnahme gilt jedoch dann, wenn dem Arbeitnehmer aufgrund gesetzlicher oder tarifvertraglicher Regelungen nicht ordentlich gekündigt werden kann und für eine etwaige erforderliche Vertragsauflösung daher nur eine außerordentliche Kündigung zur Verfügung steht. Für eine personenbedingte außerordentliche Kündigung gelten dann aber erheblich verschärfte Anforderungen (s.u. Seite 200).

nur wenn keine ordentliche Kündigung möglich!

Betriebsbedingte Gründe

Da das wirtschaftliche Risiko eines Betriebes grundsätzlich der Arbeitgeber zu tragen hat, gilt das zu personenbedingten Gründen Gesagte entsprechend. Auch hier sind aber Ausnahmen z.B. für die Fälle ordentlich unkündbarer Arbeitnehmer möglich, wozu insbesondere außerordentliche Änderungskündigungen zur betrieblich veranlassten Anpassung von Arbeitsbedingungen zählen. Diesen Arbeitnehmern kann dann aber nur unter Einhaltung einer Auslauffrist gekündigt werden; diese entspricht der ordentlichen Kündigungsfrist, die ohne den Sonderkündigungsschutz gelten würde (s.u.).

außerordentliche Änderungskündigung

Außerordentliche Kündigung mit sozialer Auslauffrist

Kündigung muss als außerordentliche bezeichnet werden!

Im Einzelfall kann die – eigentlich fristlose – außerordentliche Kündigung vom Arbeitgeber freiwillig auch mit einer so genannten sozialen Auslauffrist ausgesprochen werden. Bei dieser außerordentlichen befristeten Kündigung wird der Kündigungstermin vom Arbeitgeber hinausgeschoben. Wichtig ist dabei aber, dass die Kündigung unmissverständlich weiterhin als außerordentliche Kündigung bezeichnet wird, da bei fehlender oder zweifelhafter Erkennbarkeit der Arbeitnehmer angesichts der Kündigungsfrist davon ausgehen darf, dass eine ordentliche Kündigung vorliegt.

Tipp

Bei derartigen außerordentlichen Kündigungen sollte niemals der Begriff „fristlos" verwendet werden, da dieser im Zusammenhang mit der sozialen Auslauffrist die Kündigung missverständlich macht. Stattdessen sollten die Begriffe „außerordentlich" und „aus wichtigem Grund" sowie hinsichtlich der sozialen Auslauffrist „freiwillig" verwendet werden.

Gründe für soziale Auslauffrist

Die Gründe für die soziale Auslauffrist können in der Person des Arbeitnehmers liegen, z.B. aus Rücksichtnahme des Arbeitgebers auf private Belange des Arbeitnehmers.

Beispiel

Betriebsinhaber B möchte dem gekündigten Familienvater A eine Übergangszeit für die Suche nach einer neuen Arbeitsstelle gewähren.

Achtung

Der außerordentlich gekündigte Arbeitnehmer braucht die soziale Auslauffrist aber nicht anzunehmen, sondern kann nach Zugang der Kündigung auf sofortiger Beendigung des Arbeitsverhältnisses bestehen.

Der Arbeitgeber kann auch aus betrieblichen Gründen eine soziale Auslauffrist gewähren.

Beispiel

Betriebsinhaber B möchte den langjährig beschäftigten Speziallisten A, der im Betrieb eine Straftat begangen hat, außerordentlich kündigen unter Gewährung einer sozialen Auslauffrist, damit er seinen Nachfolger am Arbeitsplatz einarbeiten kann.

Achtung

In solchen Fällen ist Vorsicht geboten, da sich hier der Arbeitgeber in Widerspruch zur behaupteten Unzumutbarkeit der Fortsetzung des Arbeitsverhältnisses für die Dauer der Kündigungsfrist setzen könnte. Er läuft Gefahr, dass im Streitfall vom Arbeitsgericht der Vollzug des Arbeitsverhältnisses während der sozialen Auslauffrist als Umstand bewertet wird, der gegen die Unzumutbarkeit der Fortsetzung des Arbeitsverhältnisses spricht und daher die außerordentliche Kündigung als rechtswidrig erachtet wird.

Tipp

Sollten die betrieblichen Umstände eine vorübergehende Weiterbeschäftigung des Arbeitnehmers notwendig machen, sollte die soziale Auslauffrist jedenfalls deutlich kürzer als die ordentliche Kündigungsfrist sein. Bei einer sozialen Auslauffrist aus anderen Gründen, *z.B.* aus Rücksichtnahme auf den Arbeitnehmer, sollte von einer tatsächlichen Weiterbeschäftigung abgesehen und der Arbeitnehmer für die Zeit der sozialen Auslauffrist von der Arbeit freigestellt werden.

Außerordentliche Kündigung von ordentlich unkündbaren Arbeitnehmern

Gesetz, Tarifvertrag, Einzelarbeitsvertrag

Der Ausschluss einer ordentlichen Kündigung kann sich aus Gesetz, Tarifvertrag oder dem Einzelarbeitsvertrag ergeben. Von solchen Arbeitnehmern kann sich der Arbeitgeber nur bei Vorliegen eines wichtigen Grundes durch außerordentliche Kündigung einseitig trennen.

Unzumutbarkeit (Zeitraum):

Ist die Weiterbeschäftigung für die tatsächliche Vertragsbindung unzumutbar?

Die erforderliche Unzumutbarkeit der Weiterbeschäftigung kann sich in diesen Fällen jedoch nicht auf die Dauer der ordentlichen Kündigungsfrist beziehen, da diese ja gerade ausgeschlossen ist. Es muss in solchen Fällen daher danach gefragt werden, ob die Weiterbeschäftigung dem Arbeitgeber für die tatsächliche künftige Vertragsbindung unzumutbar geworden ist. Anhaltspunkt hierfür ist der Hintergrund der Regelung, durch die eine ordentliche Kündigung ausgeschlossen wurde.

Beispiel

In dem für Betriebsinhaber B und Arbeitnehmer A anwendbaren Tarifvertrag ist eine ordentliche Kündigung ab dem 55. Lebensjahr nach zehn Jahren Betriebszugehörigkeit ausgeschlossen.

einmaliger Vorfall

Dies kann sich letztlich für den Arbeitnehmer nachteilig auswirken, weil dem Arbeitgeber eine Weiterbeschäftigung um so weniger zumutbar wird, je länger die tatsächliche Vertragsbindung noch dauert. Ob dies so ist, hängt vom Kündigungsgrund ab: Handelt es sich um einen einmaligen Vorfall, wirkt sich die lange Vertragsbindung zu Gunsten des Arbeitnehmers aus.

Beispiel

Der nach seinem Einzelarbeitsvertrag ordentlich unkündbare Arbeitnehmer A täuscht eine zweitägige Arbeitsunfähigkeit vor, weshalb ihm Betriebsinhaber B wegen „Blaumachens" außerordentlich kündigen möchte. Sollte es sich um einen einmaligen Vorfall ohne Wiederholungsgefahr handeln, wird sich die ordentliche Unkündbarkeit zu Gunsten des A auswirken.

mehrmaliges Fehlverhalten

Bei Dauertatbeständen oder Fällen mit Wiederholungsgefahr würde sich eine lange Vertragsbindung hingegen zum Nachteil des Arbeitnehmers auswirken.

Beispiel

Der 56-jährige tarifvertraglich ordentlich unkündbare Arbeitnehmer A kommt trotz mehrmaliger Abmahnungen fortgesetzt zu spät zur Arbeit (vgl. Fall sechs). Bei einer tatsächlichen Vertragsbindung bis zum 65. Lebensjahr wird man hier eher zu Unzumutbarkeit der Weiterbeschäftigung des A kommen, als bei einem ordentlich kündbaren Arbeitnehmer, wo sich die Unzumutbarkeit nur auf die Dauer der Kündigungsfrist bezieht und daher eine außerordentliche Kündigung nicht so schnell möglich wäre.

fiktive Kündigungsfrist

Um diese Ungleichbehandlung von ordentlich unkündbaren Arbeitnehmern zu vermeiden, ist daher in solchen Fällen (Dauertatbestände, Wiederholungsgefahr) auf die fiktive Kündigungsfrist abzustellen, die ohne Ausschluss der ordentlichen Kündigung gelten würde.

Beispiel

Im vorgenannten Beispielsfalle müsste man also fragen, ob dem B die Weiterbeschäftigung des A bei dessen unterstellter ordentlicher Kündbarkeit bis zum Ablauf der einschlägigen Kündigungsfrist unzumutbar geworden ist.

Auf die fiktive Kündigungsfrist ist auch in solchen Fällen abzustellen, wo der Grund für den Ausschluss der ordentlichen Kündigung nicht auf eine Dauer der tatsächlichen Vertragsbindung schließen lässt.

Beispiel

Das kraft Gesetzes ordentlich nicht kündbare Betriebsratsmitglied A meldet sich trotz mehrmaliger Abmahnungen nicht rechtzeitig von der Arbeit ab. Auch hier müsste man fragen, ob dem B die Weiterbeschäftigung des A bei dessen unterstellter ordentlicher Kündbarkeit bis zum Ablauf der einschlägigen Kündigungsfrist unzumutbar geworden ist (vgl. Fall neun).

Unzumutbarkeit (Anforderungen)

betriebsbedingte außerordentliche Kündigungen

Bei betriebsbedingten außerordentlichen Kündigungen von ordentlich unkündbaren Arbeitnehmern sind im Übrigen strenge Anforderungen an die Rechtmäßigkeit zu stellen. Der Arbeitgeber muss unter Einsatz aller zumutbaren Mittel versuchen, den Arbeitnehmer im Betrieb oder Unternehmen weiter zu beschäftigen.

Beispiel

Betriebsinhaber B veräußert einen von drei Betrieben seines Unternehmens; der kraft Einzelvertrags ordentlich nicht kündbare Arbeitnehmer A hat dem Betriebsübergang widersprochen. Eine vergleichbare Weiterbeschäftigungsmöglichkeit besteht nicht, sodass eine ordentliche betriebsbedingte Kündigung gerechtfertigt wäre. Da bei A jedoch eine ordentliche Kündigung ausgeschlossen ist, muss B weitergehende Maßnahmen ergreifen, um eine Weiterbeschäftigungsmöglichkeit des A zu schaffen, *z.B.* durch Umorganisation in anderen Betrieben.

personenbedingte außerordentliche Kündigungen

Auch bei personenbedingten außerordentlichen Kündigungen von ordentlichen unkündbaren Arbeitnehmern gelten sehr strenge Anforderungen. Der Arbeitnehmer muss dauerhaft unfähig sein, die geschuldete Arbeitsleistung zu erbringen.

Beispiel

Der vertraglich ordentlich unkündbare Speditionskraftfahrer A verliert dauerhaft seine Fahrerlaubnis.

Minderung der Leistungsfähigkeit

Nicht ausreichend ist eine bloße, z.B. krankheitsbedingte Minderung der Leistungsfähigkeit des Arbeitnehmers.

Beispiel

Der kraft Tarifvertrag ordentlich nicht kündbare Verpacker A erleidet eine chronische Schädigung der Wirbelsäule, weshalb er seine stehende Tätigkeit nicht mehr an 35 Stunden pro Woche ausüben kann. Hier muss Betriebsinhaber B durch organisatorische Maßnahmen dafür Sorge tragen, dass der Leistungsausfall des A durch andere Arbeitnehmer kompensiert wird oder ihm eine sitzende Tätigkeit in einer anderen Abteilung zuweisen und ggf. freimachen.

Achtung

Für außerordentliche betriebsbedingte Kündigungen von ordentlich unkündbaren Arbeitnehmern gilt die Besonderheit, dass für die Sozialauswahl die Regeln für ordentliche Kündigungen gelten (s.o. Fälle 1 bis 3), um den ordentlich unkündbaren Arbeitnehmer gegenüber anderen Arbeitnehmern nicht schlechter zu stellen.

Auslauffrist

Auch wenn die ordentliche Unkündbarkeit des Arbeitnehmers im Einzelfall dazu führt, dass eine außerordentliche fristlose Kündigung nicht gerechtfertigt ist, bleibt noch die Möglichkeit einer außerordentlichen Kündigung mit Auslauffrist. Diese ist aber streng zu unterscheiden von der sozialen Auslauffrist, die der Arbeitgeber freiwillig gewähren kann, wenn er hierfür einen Anlass sieht (s.o. Seite 196).

Abgrenzung zur sozialen Auslauffrist

Die hier angesprochene Auslauffrist ist hingegen rechtlich veranlasst und dient dem Interessenausgleich von Arbeitgeber und ordentlich unkündbarem Arbeitnehmer. Dies gilt insbesondere für Fälle der betriebsbedingten außerordentlichen Kündigung von ordentlich unkündbaren Arbeitnehmern.

betriebsbedingte außerordentliche Kündigungen

Beispiel

Betriebsinhaber B möchte einen Betriebsteil stilllegen und entsprechende Entlassungen vornehmen, von der auch der tarifvertraglich ordentlich unkündbare A betroffen ist. Sofern A im Betrieb kein anderer Arbeitsplatz angeboten werden kann, ist dem nur außerordentlich kündbaren A eine Auslauffrist zu gewähren. Diese entspricht der Kündigungsfrist, die ohne die ordentliche Unkündbarkeit einschlägig wäre.

Auch bei krankheitsbedingten außerordentlichen Kündigungen von ordentlich unkündbaren Arbeitnehmern ist grundsätzlich eine Auslauffrist zu gewähren, die der sonst einschlägigen ordentlichen Kündigungsfrist entspricht.

krankheitsbedingte außerordentliche Kündigungen

Beispiel

Der tarifvertraglich ordentlich unkündbare Monteur A ist in der Firma des B im Außendienst tätig. Nach einem Schlaganfall kann er seinen rechten Arm nicht mehr bewegen. Sofern A im Innendienst nicht eingesetzt werden kann, ist dem nur außerordentlich kündbaren A eine Auslauffrist zu gewähren. Diese entspricht der Kündigungsfrist, die ohne die ordentliche Unkündbarkeit einschlägig wäre. In derartigen Fällen ist jedoch zu beachten, dass bei einem etwaigen Schwerbehindertenstatus des A vor einer außerordentlichen Kündigung noch die Zustimmung des Integrationsamtes erforderlich werden könnte (zum Sonderkündigungsschutz siehe Kapitel Grundlagen, Seite 288).

8

Tipp

Oftmals wird es unklar sein, ob ein ordentlich unkündbarer Arbeitnehmer fristlos außerordentlich gekündigt werden kann oder eine Auslauffrist geboten ist. Um in einem späteren Rechtsstreit insoweit auf der sicheren Seite zu sein, sollte eine fristlose außerordentliche Kündigung stets mit einer hilfsweisen außerordentlichen Kündigung mit Auslauffrist verbunden werden.

8.2 Welche Kriterien bietet die Rechtsprechung?

drei Stufen

Die gerichtliche Überprüfung einer außerordentlichen Kündigung erfolgt nach der ständigen Rechtsprechung des Bundesarbeitsgerichts in drei Stufen:

- Liegt ein wichtiger Grund vor?
- Ist die Fortsetzung des Arbeitsverhältnisses unter Abwägung der Interessen für den Arbeitgeber unzumutbar?
- Wurde die zweiwöchige Kündigungserklärungsfrist eingehalten?

1. Kriterium: Liegt ein wichtiger Grund vor?

schwer-wiegendes Fehlverhalten

Zunächst ist zu klären, ob der betreffende Anlass als solcher objektiv geeignet ist, einen wichtigen Grund zur außerordentlichen Kündigung abzugeben. Einen Katalog entsprechender Kündigungssachverhalte gibt es nicht, vielmehr bedarf es (auf der zweiten Stufe) einer Würdigung aller Umstände des Einzelfalls. Auf der ersten Stufe ist zunächst nur die schwer wiegende Arbeitspflichtverletzung des Arbeitnehmers festzustellen.

Es kommt noch nicht auf den entstandenen Schaden an.

Dabei kommt es nur auf den Verstoß als solchen an, nicht aber auf einen etwaigen schwer wiegenden Schaden; dieser ist erst (auf der zweiten Stufe) im Rahmen der Interessenabwägung zu berücksichtigen.

Beispiel

Verkäuferin A entwendet aus dem Lager Waren, die (steuerlich) abgeschrieben und teilweise zur Entsorgung, teilweise für karitative Zwecke vorgesehen sind. Da es sich um Eigentum des Arbeitgebers handelt, liegt tatbestandlich ein Diebstahl vor, der an sich als wichtiger Grund zur außerordentlichen Kündigung geeignet ist, auch wenn es sich um für den Arbeitgeber geringwertige Sachen handelt.

Eine Arbeitspflichtverletzung liegt nur dann vor, wenn sich der Vorfall nachteilig auf das Arbeitsverhältnis auswirkt.

nachteilige Auswirkung auf Arbeitsverhältnis

Beispiel

Arbeitnehmer A äußert bei einer Privatfeier in seinem Hause Sympathien für die Partei X. Der anwesende Kollege K teilt dies dem Betriebsinhaber B mit, der bekennender Anhänger der Partei Y ist. Da es sich hier um reine Äußerungen im Privatbereich handelt, wären diese für eine außerordentliche Kündigung bereits als solche nicht geeignet. Anderes wäre dies, wenn A im Betrieb des B politische Agitation betreiben und dadurch den Betriebsfrieden stören würde.

Beispiel

Busfahrer A wurde die Fahrerlaubnis wegen außerdienstlicher Trunkenheit am Steuer und Unfallflucht entzogen. Auch wenn es hier um ein außerdienstliches Verhalten geht, wird die Grundlage des Arbeitsverhältnisses berührt, da dieses die Teilnahme am Straßenverkehr zum wesentlichen Leistungsinhalt hat.

Achtung

Der Kündigungsgrund muss im Kündigungsschreiben nicht angegeben werden. Der Arbeitgeber muss dem Arbeitnehmer aber auf dessen Verlangen hin den Grund unverzüglich in schriftlicher Form mitteilen (s.u. Seite 272). Dem Betriebsrat sind die für die Kündigung maßgeblichen Tatsachen im Rahmen der vorherigen Anhörung mitzuteilen (s.u. Seite 283).

2. Kriterium: Fortsetzung des Arbeitsverhältnisses unzumutbar?

Ist der Anlass objektiv als Kündigungsgrund geeignet, muss auf der zweiten Stufe eine Interessenabwägung unter Berücksichtigung aller Umstände des Einzelfalls vorgenommen und danach gefragt werden, ob dem Arbeitgeber die Fortsetzung des Arbeitsverhältnisses bis zum Ablauf der Kündigungsfrist (oder bis zum vereinbarten Vertragsende) unzumutbar ist oder nicht. Bei ordentlich unkündbaren Arbeitnehmern ist bei der Zumutbarkeitsprüfung auf die tatsächliche Vertragsbindung oder auf die fiktive ordentliche Kündigungsfrist abzustellen (s.o. Seite 197 ff.).

Arbeitgeberinteressen

In der Interessenabwägung zu berücksichtigen sind aufseiten des Arbeitgebers:

- die Art und Schwere der Vertragspflichtverletzung,
- etwaige Störungen des Betriebsablaufs und sonstige Folgen,
- die Schwere des Schuldvorwurfs an den Arbeitnehmer,
- etwaiges Vorliegen einer Wiederholungsgefahr.

Arbeitnehmerinteressen

Aufseiten des Arbeitnehmers zu berücksichtigen sind:

- die Dauer seiner Betriebszugehörigkeit,
- sein bisheriges Verhalten,
- seine persönlichen Verhältnisse.

ordentliche Kündigung, Versetzung, Änderungskündigung, Abmahnung

Die außerordentliche Kündigung kommt als härteste Maßnahme im Arbeitsleben nur als unausweichlich letztes Mittel in Betracht (Ultima Ratio). Als mildere Mittel sind z.B. eine ordentliche Kündigung oder eine Versetzung bzw. ordentliche Änderungskündigung vorrangig. Bei verhaltensbedingten Kündigungen ist als milderes Mittel auch die Abmahnung zu berücksichtigen.

Verschulden

Ein Verschulden des Arbeitnehmers ist keine zwingende Voraussetzung für die außerordentliche Kündigung, sondern fließt in die vorzunehmende Interessenabwägung mit ein (s.o.). Bei verhaltensbedingten außerordentlichen Kündigungen wird in der Regel aber ein schuldhaftes Verhalten des Arbeitnehmers zu verlangen sein.

3. Kriterium: Wurde die zweiwöchige Kündigungserklärungsfrist eingehalten?

Zeitpunkt der Kenntnis vom Sachverhalt

Eine außerordentliche Kündigung muss innerhalb von zwei Wochen nach Kenntniserlangung der für die Kündigung maßgeblichen Tatsachen erfolgen. Nach dieser Frist kann der Anlass nicht mehr für eine außerordentliche Kündigung herangezogen werden. Die Frist beginnt ab dem Zeitpunkt zu laufen, wo der Arbeitgeber sichere Kenntnis vom Kündigungssachverhalt erlangt.

dauerhafte Störung

Liegt der Kündigungssachverhalt in einer dauerhaften Störung, beginnt die Frist erst mit Beendigung des Zustandes zu laufen, sofern keine weiteren Ermittlungen mehr notwendig sind.

Beispiel

Arbeitnehmer A ist ohne Genehmigung eigenmächtig in den Urlaub gefahren. Das unentschuldigte Fernbleiben von der Arbeit endet erst mit Wiederaufnahme der Arbeit, ab der dann die zweiwöchige Kündigungserklärungsfrist beginnt, sofern Betriebsinhaber B keine weitere Sachverhaltsaufklärung benötigt.

fortlaufende Dauerstörung

Bei fortlaufenden Dauerzuständen genügt es, wenn dieser Zustand auch in den letzten zwei Wochen vor Ausspruch der außerordentlichen Kündigung bestanden hat.

Beispiel

Lkw-Fahrer A, der auf Grund seines Arbeitsvertrages ordentlich unkündbar ist, ist infolge eines chronischen Rückenleidens nicht mehr zur Ausübung seines Berufes als Kraftfahrer in der Lage und kann in der Spedition des B auch nicht anderweitig eingesetzt werden.

Achtung

Sind Ermittlungen des Arbeitgebers zur Aufklärung des Sachverhaltes notwendig, beginnt die Frist erst mit deren Abschluss zu laufen (siehe nachfolgender Fall).

8.3 Der Fall: Herr A nimmt geheime Unterlagen mit nach Hause

Der 43-jährige A arbeitet seit 10 Jahren als Ingenieur in der Firma des B, die sich auf Präzisionsteile für die Automobilzulieferindustrie spezialisiert hat. Einen Betriebsrat gibt es nicht. B ist alleine zu Einstellungen und Entlassungen berechtigt. Nachdem er eine Forderung des A nach Gehaltserhöhung abgelehnt hatte, machte dieser gegenüber Kollegen mehrmals Andeutungen, dann eben zum Konkurrenzunternehmen zu besseren Konditionen wechseln zu wollen. Am 12. Februar will A das Gelände mit einer großen Aktentasche verlassen. Auf Nachfrage des Werkschutzes am Werkstor erklärt A, er wolle noch einige Unterlagen mit nach Hause nehmen und dort bearbeiten, nachdem ein Großauftrag abzuwickeln sei. Nach Gestattung durch A ergab eine Kontrolle der Tasche, dass es sich um Unterlagen mit Kopien von Konstruktionsplänen und Kundendaten handelte, für die ein striktes Verbringungsverbot nach außerhalb des Betriebsgebäudes besteht. Auf Vorhaltung sagt A, er habe an das Verbringungsverbot gar nicht mehr gedacht. Der Werkschutz informiert über den Vorgang den zuständigen Abteilungsleiter und A's Vorgesetzten V, der den Vorgang eine Woche später dem aus dem Urlaub zurückkehrenden Betriebsinhaber B mitteilt.

Was kann B tun?

1. Schritt: Welche Rechtsvorschriften sind zu beachten?

Sonderkündigungsschutz

Auch in Fällen einer außerordentlichen Kündigung ist zunächst zu klären, ob besondere Schutznormen zur Anwendung kommen. Solche Schutznormen für bestimmte Personengruppen können sich aus einem Tarifvertrag, einer Betriebsvereinbarung oder aus dem Gesetz ergeben und erschweren teilweise auch die außerordentliche Kündigung.

Beispiele

- Frau in Mutterschutz
- Arbeitnehmer in der Elternzeit
- Auszubildende

Eine ausführliche Liste und weitere Ausführungen zum besonderen Kündigungsschutz finden Sie im Grundlagenkapitel, Seite 288.

Im vorliegenden Fall gehört A keiner der besonders geschützten Personengruppen an.

Der allgemeine gesetzliche Kündigungsschutz nach dem Kündigungsschutzgesetz kommt bei außerordentlichen Kündigungen grundsätzlich nicht zu Gunsten des Arbeitnehmers zur Anwendung.

allgemeiner Kündigungsschutz

Achtung

Zur Anwendbarkeit des Allgemeinen Gleichbehandlungsgesetzes (AGG) auf Kündigungen siehe Seite 34 ff. und 261 ff.

Da im Betrieb des B kein Betriebsrat existiert, sind die Vorschriften des Betriebsverfassungsgesetzes bei der vorliegenden Frage einer Kündigung ebenfalls nicht zu beachten.

Tipp

Informationen zur Betriebsratsanhörung finden Sie in Kapitel fünf, Seite 144, sowie im Grundlagenkapitel auf Seite 283.

2. Schritt: Besteht ein Kündigungsgrund nach § 626 BGB?

Hier sind folgende Prüfungsschritte vorzunehmen:

- Liegt ein wichtiger Grund vor?
- Ist die Fortsetzung des Arbeitsverhältnisses unter Abwägung der Interessen für den Arbeitgeber unzumutbar?
- Wird die zweiwöchige Kündigungserklärungsfrist eingehalten?

3. Schritt: Liegt ein wichtiger Grund vor?

Mitnahme der geheimen Unterlagen, Verdacht des Geheimnisverrats

Da es sich um einen Vorfall im betrieblichen Bereich handelt mit konkret negativen Auswirkungen auf das Arbeitsverhältnis, liegt im vorliegenden Fall zweifelsohne ein Anlass vor, der als solcher geeignet ist, einen wichtigen Grund zur außerordentlichen Kündigung abzugeben. Da das Verhalten des A aber unter zwei Gesichtspunkten kündigungsrelevant sein kann, muss hierbei klar differenziert werden zwischen dem feststehenden Umstand, dass A geheime Unterlagen aus dem Betriebsgebäude verbracht hat und dem bloßen Verdacht, A habe Geschäftsgeheimnisse an die Konkurrenz weitergeben wollen. Eine so genannte Verdachtskündigung folgt nämlich besonderen Regeln mit strengeren Anforderungen. Dennoch kann B die außerordentliche Kündigung grundsätzlich gleichzeitig mit dem Verdachts- und dem Tatvorwurf begründen.

Achtung

Sollte sich B hierfür entscheiden, müssen die Vorwürfe parallel, aber inhaltlich klar voneinander getrennt geprüft und in einem späteren Streitfalle ggf. vorgetragen und nachgewiesen werden.

Tipp

Der Arbeitgeber sollte vor einer beabsichtigten außerordentlichen Kündigung stets abklären, inwieweit die Kündigungsgründe feststehen und ggf. im Streitfalle beweisbar sind.

Tatsachenbericht des Werkschutzes, Zeugenaussagen, weitere Tatsachenermittlung

Im vorliegenden Fall sollte B daher ein Protokoll des Werkschutzes zum Vorgang anfertigen lassen, der alle wesentlichen Tatsachen (und keine bloßen Wertungen) enthält. Hinsichtlich des Verdachts des Geheimnisverrates und einer entsprechenden Straftat sollte B zudem schriftliche Zeugenaussagen von Kollegen anfertigen lassen, denen gegenüber A sich zu einem Wechsel zum Konkurrenzunternehmen geäußert hat. Es empfiehlt sich zudem, dass B weitere Tatsachen ermittelt, die gegebenenfalls den Verdacht erhärten, wie z.B. die Durchsicht von E-Mails. Lässt sich der Verdacht auf Geheimnisverrat und einer entsprechenden Straftat nicht erhärten (z.B. die Kollegen sind dem A ohnehin feindlich gesonnen, keine Hinweise auf fehlende Geschäftsunterlagen etc.), sollte die außerordentliche Kündigung nicht hierauf gestützt werden.

4. Schritt: Ist die Fortsetzung des Arbeitsverhältnisses unter Abwägung der Interessen für den B unzumutbar?

Interessenabwägung:

Zu prüfen ist, ob es dem B unter Berücksichtigung der konkreten Umstände des Vorfalls und unter Abwägung der beiderseitigen Interessen noch zumutbar ist, das Arbeitsverhältnis bis zum Ablauf der Kündigungsfrist fortzusetzen.

Vertrauensverhältnis ist erschüttert!

Aus Sicht des B handelt es sich bei dem Verstoß gegen das Verbringungsverbot von Unterlagen mit Geschäftsgeheimnissen um einen gravierenden Vorfall, der das Vertrauensverhältnis zum Geheimnisträger A erschüttert. Sollte sich auch noch der Verdacht des (versuchten) Verrates der Geschäftsgeheimnisse an die Konkurrenz verhärten, wäre die Vertrauensgrundlage vollständig zerstört. Demgegenüber fällt das Vorbringen des A, er habe das Verbringungsverbot einfach vergessen, nur als geringfügig ins Gewicht, da der Schuldvorwurf dann im Übersehen dieser erkennbar wichtigen betrieblichen Vorschrift liegt, deren Relevanz dem A als Geheimnisträger bewusst sein musste.

Achtung

Hierbei darauf abzustellen, es handele sich ohnehin nur um eine vorgeschobene Schutzbehauptung des A, betrifft den Vorwurf des Geheimnisverrates und damit die Verdachtskündigung. Auf diesen Verdacht sollte die Kündigung aber nur gestützt werden, wenn er durch Tatsachen hinreichend erhärtet ist. Ist dies nicht der Fall, wäre das Argument, A habe den Einwand des Vergessens nur vorgeschoben, eine bloße Behauptung, die B im Streitfalle nicht beweisen könnte.

Dauer der Betriebszugehörigkeit

Die relativ lange Betriebszugehörigkeit vermag diese Interessenabwägung auch nicht maßgeblich zu Gunsten des A zu beeinflussen; Gleiches ist für die (im Fall nicht näher thematisierten) persönlichen Verhältnisse des A anzunehmen. Die Abwägung fällt daher im vorliegenden Falle eindeutig zu Gunsten des Interesses des B an einer Auflösung des Arbeitsverhältnisses aus.

Unzumutbarkeit / negative Prognose:

schwer wiegender Vertrauensbruch

Auch wenn sich der Verdacht des Geheimnisverrates und einer entsprechenden Straftat nicht erhärten ließe, stellt bereits die Verbringung von Geschäftsgeheimnissen nach außerhalb des Betriebsgebäudes einen Vertrauensbruch durch den A dar, der es dem B unzumutbar macht, den A als Träger von Geschäftsgeheimnissen weiter zu beschäftigen. Angesichts der Berufung des A auf seine Vergesslichkeit lässt sich auch eine Wiederholungsgefahr nicht ausschließen, was aber bei einem derartigen Fehlverhalten im Vertrauensbereich auch nicht erforderlich wäre.

keine absehbare Wiederherstellung des Vertrauensverhältnisses

Eine Wiederherstellung des Vertrauensverhältnisses für die Zukunft lässt sich daher nicht prognostizieren. Der Zeitraum, auf den sich die Feststellung der Unzumutbarkeit bezieht, ist im vorliegenden Falle die Kündigungsfrist des 43-jährigen A, die bei 10 Jahren Betriebszugehörigkeit vier Monate zum Monatsende beträgt (§ 622 BGB).

Ultima Ratio

keine vorherige Abmahnung notwendig!

Es sind auch keine milderen Mittel als eine außerordentliche Kündigung ersichtlich, die im vorliegenden Fall dem B zumutbar wären. Angesichts der Schwere des Fehlverhaltens musste B keine vorherige Abmahnung erteilen (vgl. Fall sieben). Eine ordentliche Kündigung unter bezahlter Freistellung muss bei außerordentlichen Kündigungen nicht als mögliche Alternative in Erwägung gezogen werden. Ebenso scheidet eine Versetzung bzw. Änderungskündigung auf einen anderen Arbeitsplatz angesichts der Schwere des Vertrauensbruchs aus.

Achtung

Dem B steht es frei, von sich aus eine soziale Auslauffrist zu gewähren (s.o. Seite 196), was z.B. in der Sicherstellung der Auftragsabwicklung durch den langjährig erfahrenen A begründet sein könnte. Im vorliegenden Fall müsste B hiervon aber dringend abgeraten werden, da eine tatsächliche Weiterbeschäftigung des A über die 2-Wochen-Frist hinaus (s.o. Seite 166) in einem späteren Streitfall eine starke Indizwirkung dafür hätte, dass der Vertrauensbruch doch nicht so groß und eine Fortsetzung des Arbeitsverhältnisses für den B doch noch zumutbar gewesen ist.

Anhörung des A

Verbringungsverbot

Hinsichtlich des Verstoßes gegen das Verbringungsverbot ist B rechtlich nicht gehalten, den A zu dem Vorgang anzuhören.

Verdacht des Geheimnisverrats

Hinsichtlich des Verdachtes des Geheimnisverrats an die Konkurrenz ist dies hingegen zwingend geboten: Eine hierauf gestützte außerordentliche Kündigung könnte B nur nach vorheriger Anhörung des A aussprechen, da dieser die Möglichkeit erhalten muss, hierzu qualifiziert Stellung zu nehmen und die Verdachtsmomente gegebenenfalls zu entkräften.

Sollte sich daher der Verdacht im Zuge erster Ermittlungsmaßnahmen erhärtet haben, ist eine Anhörung des A geboten.

Achtung

Die Anhörung des Arbeitnehmers muss – sofern keine besonderen Umstände vorliegen – innerhalb einer Woche erfolgen, um einen diesbezüglichen Schwebezustand zu vermeiden (Verdachtsvorwürfe und arbeitsrechtliche Konsequenzen stehen ungeklärt im Raum). Diese Regelfrist gilt allerdings nicht für Anhörungen Dritter und für sonstige Ermittlungen.

Tipp

Bei verhaltensbedingten Anlässen empfiehlt sich in allen Fällen der außerordentlichen (nicht nur Verdachts-) Kündigung eine Anhörung des betroffenen Arbeitnehmers, damit der Arbeitgeber eine umfassende Beurteilung aller für und gegen die Kündigung sprechenden Umstände vornehmen kann.

Ergebnis

Im vorliegenden Fall bestehen bezüglich des Verstoßes gegen das Verbringungsverbot zwar keine Unklarheiten zum Verschuldensgrad oder der Frage einer etwaigen Wiederholungsgefahr. Es empfiehlt sich jedoch zur Absicherung des Sachverhaltes, dem A Gelegenheit zur Stellungnahme zu geben. Eine Anhörung des B muss aber jedenfalls vorgenommen werden, wenn wegen weiterer Anhaltspunkte auch eine Verdachtskündigung vorbereitet werden soll.

5. Schritt: Wird die zweiwöchige Kündigungserklärungsfrist eingehalten?

Beginn

B muss die Kündigung innerhalb von zwei Wochen aussprechen ab dem Zeitpunkt, wo ihm alle für seine Entscheidung maßgeblichen Tatsachen bekannt sind. Hinsichtlich der Vollständigkeit der Tatsachen kommt es darauf an, ob dem Arbeitgeber eine Entscheidung darüber ermöglicht ist, ob er die Fortsetzung des Arbeitsverhältnisses für zumutbar hält oder nicht. Verbleiben ihm noch Zweifel, kann er in gebotener Eile, d.h. zügig Ermittlungen durchführen. Die Frist beginnt dann erst nach Abschluss der Ermittlungen.

weitere Ermittlungen

Im vorliegenden Fall dürfte eine solche sichere Kenntnis bezüglich des Fehlverhaltens des A von keinen weiteren Ermittlungen mehr abhängen. Sollte dem B die Mitteilung des V nicht ausreichen, kann er noch den schriftlichen Bericht des Werkschutzes anfordern, was aus Gründen der Rechtssicherheit für A allerdings in gebotener Eile, d.h. zügig geschehen muss.

Frist beginnt nach Anhörung

Sollte die Kündigung auch auf den (erhärteten) Verdacht des Geheimnisverrats gestützt werden, beginnt die Zweiwochen-Frist erst mit vollständigem Abschluss der Sachverhaltsaufklärung durch B. Hierzu gehört dann auch die Anhörung des A, die innerhalb einer Woche erfolgen muss (s.o.).

Es kommt grundsätzlich auf die Kenntnis des Arbeitgebers an.

Diese Fristen sind im vorliegenden Fall nicht dadurch (teilweise) abgelaufen, weil V bereits eine Woche Kenntnis von dem Vorgang hat. Entscheidend ist die Kenntniserlangung durch den Kündigungsberechtigten, d.h. den Arbeitgeber oder einen gesetzlichen Vertreter. Ausnahmsweise muss sich der Kündigungsberechtigte die Kenntnisse eines Dritten aber zurechnen lassen, wenn man wegen dessen Stellung im Betrieb davon ausgehen konnte, er werde den Kündigungsberechtigten unterrichten. Tut er dies zu spät und ist Grund hierfür eine schuldhafte fehlerhafte Organisation im Betrieb, kann der Kündigungsberechtigte nach Ablauf von zwei Wochen nicht mehr außerordentlich kündigen.

Beispiel

C ist Leiter eines Werks der Firma des B mit eigener Weisungsbefugnis, aber ohne Berechtigung zur Einstellung und Entlassung. C erfährt im Mai von massiven Unregelmäßigkeiten in den Spesenabrechnungen des Werksangehörigen A. Er unterrichtet den B urlaubsbedingt aber erst im Juli. Hier hätten C und auch B durch organisatorische Vorkehrungen sicherstellen müssen, dass derartige Informationen unverzüglich weitergeleitet werden.

Ergebnis

Im vorliegenden Falle kommt dem V hier jedoch keine derartige exponierte Stellung zu, sodass eine Zurechnung seiner Kenntnis an den B gerechtfertigt wäre. Die Zweiwochen-Frist beginnt daher frühestens mit Unterrichtung des B durch den V (sofern keine weiteren Ermittlungen mehr notwendig sind, s.o.).

Form der Kündigung

Schriftform erforderlich

Die außerordentliche Kündigung muss schriftlich erfolgen, wobei die elektronische Form (z.B. E-Mail) ausgeschlossen ist. Aus dem Kündigungsschreiben muss unmissverständlich, d.h. für den A zweifelsfrei erkennbar sein, dass es sich um eine außerordentliche Kündigung handelt. Hierbei müssen die Kündigungsgründe nicht angegeben werden. B muss diese aber auf Verlangen des A unverzüglich – ebenfalls schriftlich – mitteilen. (Details zur Kündigungserklärung fnden Sie in Kapitel *Grundlagen*, Seite 272).

Übermittlung/Zugang der Kündigung

Zugang innerhalb der Zwei-Wochen-Frist

Die Kündigungserklärungsfrist ist nur dann gewahrt, wenn die außerordentliche Kündigung dem A innerhalb der Zweiwochen-Frist zugegangen ist. Das Schreiben muss so in den Machtbereich des A gelangt sein, dass mit der Kenntnisnahme unter normalen Umständen gerechnet werden kann (Details zur Kündigungserklärung siehe Kapitel Grundlagen, Seite 278).

8

Tipp

Gerade in solchen Fällen außerordentlicher Kündigungen, wo dem betroffenen Arbeitnehmer der kündigungsrelevante Vorgang bewusst sein dürfte und damit auch entsprechende Zugangsschwierigkeiten oftmals absehbar sind, ist die Zustellung durch einen Boten und Protokollierung des Vorgangs durch einen weiteren Dritten zu empfehlen.

Muster: Außerordentliche Kündigung

siehe CD-ROM

Sehr geehrter Herr ......,

hiermit kündigen wir das seit .... bestehende Arbeitsverhältnis außerordentlich und fristlos.

Anliegend erhalten Sie eine Zwischenbescheinigung für die Sozialversicherung (ggf.: ... und Ihr Arbeitszeugnis). Die Lohnsteuerkarte und den Versicherungsnachweis erhalten Sie, sobald wir eine endgültige Lohnabrechnung erstellen konnten.

Wir weisen darauf hin, dass Sie nach § 37 b SGB III verpflichtet sind, sich nach Erhalt dieses Kündigungsschreibens unverzüglich bei der zuständigen Agentur für Arbeit (ehemals Arbeitsamt) als Arbeitsuchender zu melden, da andernfalls Ihr Anspruch auf Arbeitslosengeld gemindert werden kann. Sie sind zudem verpflichtet, selbst bei der Suche nach einem anderen Arbeitsplatz aktiv zu werden.

(Ggf.: Bitte bestätigen Sie uns den Erhalt dieses Schreibens auf der beigefügten Empfangsbestätigung.)

Mit freundlichen Grüßen

______________ ______________________________________

Ort, Datum (Kündigungsberechtigter oder bevollmächtigte Person)

Anlagen:

(Ggf.:) Vollmacht (Original)

(Ggf.:) Empfangsbestätigung

Zwischenbescheinigung für Sozialversicherung

(Ggf.:) Arbeitszeugnis

8.4 Prüfschema

Das Prüfschema ist eine Tabelle, die nicht nur über alle wichtigen Prüfungspunkte, sondern auch über die rein organisatorischen Fragen („Was?") informiert, darüber hinaus Aufschluss gibt, in wessen Zuständigkeitsbereich („Wer?") die betreffenden Prüfungsschritte und Maßnahmen fallen, und zudem eine Zeitschiene („Bis wann?") enthält, in der Termine und Fristen eingetragen werden können.

	Was?	Wer?	Bis wann?
1.	Besteht besonderer Kündigungsschutz?	Personalleitung	
2.	Welcher wichtige Grund für eine außerordentliche Kündigung liegt vor?	Inhaber/ Geschäftsführung/ Personalleitung	
3.	Handelt es sich um einen belegbaren Vorgang oder lediglich um einen Verdacht gegen den Arbeitnehmer?	Inhaber/ Geschäftsführung/ Personalleitung	
4.	Wenn der Grund vom Arbeitnehmer steuerbar ist: Wurde wegen eines gleichartigen Verhaltens bereits einmal abgemahnt?	Personalleitung	
5.	Liegt eine so schwere Pflichtverletzung vor, dass eine Abmahnung entbehrlich ist?	Personalleitung	
6.	Folgen des Verhaltens / Welche betrieblichen Interessen werden beeinträchtigt?	Personalleitung	
7.	Welche Umstände sprechen für den Arbeitnehmer?	Personalleitung	
8.	Fällt die Abwägung eindeutig zu Gunsten der betrieblichen Interessen aus?	Personalleitung	
9.	Sind Ziff. 2.-8. hinreichend abgesichert / Beweismittel?	Personalleitung	
10.	Bei Verdachtskündigung: Anhörung Arbeitnehmer innerhalb einer Woche	Personalleitung	
11.	Berechnung der ordentlichen Kündigungsfrist	Personalleitung	
12.	Liegt ein Fall ordentlicher Unkündbarkeit vor?	Personalleitung	
13.	Ist die Fortsetzung des Arbeitsverhältnisses bis zum Ablauf der Kündigungsfrist nicht mehr zumutbar?	Inhaber / Geschäftsführung / Personalleitung	
14.	Lässt sich die Beeinträchtigung nur durch eine außerordentliche Kündigung beseitigen? / Gibt es Alternativen?	Inhaber / Geschäftsführung / Personalleitung	
15.	Ist eine Auslauffrist geboten / Soll eine freiwillige soziale Auslauffrist gewährt werden?	Inhaber / Geschäftsführung / Personalleitung	
16.	Berechnung der zweiwöchigen Kündigungserklärungsfrist	Personalleitung	
17.	ggf. Zustimmung des Betriebsrats	Personalleitung	
18.	ggf. gerichtl. Zustimmungsersetzungsverfahren	Personalleitung	

siehe CD-ROM

	Was?	Wer?	Bis wann?
19.	ggf. Einholung einer behördlichen Zustimmung	Personalleitung	
20.	Schriftliche Kündigungserklärung	Personalleitung	
21.	Mitteilung Kündigungsgründe notwendig?	Personalleitung	
22.	Wer unterzeichnet? / Schriftliche Vollmacht notwendig?	Kündigungsberech-tigter/ Bevollmächtigter	
23.	Persönliche Übergabe an Arbeitnehmer?	Personalleitung/ Vertretung	
24.	Empfangsbestätigung / Zeugen / Aktennotiz?	Personalleitung/ Vertretung / Zeugen	
25.	Übermittlung an Arbeitnehmer per Boten?	Bote	
27.	Empfangsbestätigung / Zeugen / Aktennotiz?	Bote / Zeuge	
28.	Übermittlung an Arbeitnehmer per Übergabe- oder Einwurf-Einschreiben?	Post	
29.	Rückschein / Bestätigung Post?	Post/ Personalleitung	
30.	Vollständige Dokumentation des Vorgangs in Personalakte	Personalleitung	

8.5 Arbeitsmittel auf der CD-ROM

Prüfschema

Das Prüfschema (siehe oben) steht Ihnen auf der CD-ROM zur Verfügung. Öffnen Sie es in Ihrer Textverarbeitungssoftware, tragen Sie in die Spalten „Wer?“ die jeweils Verantwortlichen namentlich ein und in und in die Spalte „Wann?“ einen konkreten Termin. Und selbstverständlich können Sie die Datei auch ausdrucken und speichern oder an alle Beteiligten wie ein Protokoll verteilen.

Muster: Außerordentliche Kündigung

Tragen Sie in das Muster die persönlichen Daten des zu kündigenden Mitarbeiters ein. Unterschreiben Sie die Kündigung. Dann überreichen Sie die schriftliche Kündigung im Original (genaue Informationen zu Inhalt, Form, Zugang u.s.w. einer Kündigung siehe Grundlagenkapitel, ab Seite 272).

9 Ihr Mitarbeiter begeht eine Straftat?

In Kapitel neun wird ein weiterer Fall zur außerordentlichen Kündigung geschildert. Zu den einleitenden Ausführungen wird auf Kapitel acht verwiesen.

9.1 Beispiele für außerordentliche Kündigungen

Es kommt auf die Umstände des Einzelfalls an!

Es lassen sich nicht alle Fälle der außerordentlichen Kündigung abschließend in Fallgruppen einteilen; es gibt keinen Katalog absoluter Kündigungsgründe. Vielmehr bedarf es immer einer Würdigung aller Umstände des Einzelfalls sowie einer Abwägung der Interessen von Arbeitgeber und Arbeitnehmer. Zur einfacheren Handhabung von Fällen in der Praxis bietet sich aber folgende Einteilung nach Art der Kündigungsgründe an:

- Fehlverhalten des Arbeitnehmers,
- Gründe in der Person des Arbeitnehmers,
- betriebsbedingte Gründe.

Unabhängig von den Gründen sind noch folgende Fallgruppen von Bedeutung:

- außerordentliche Kündigung mit sozialer Auslauffrist,
- außerordentliche Kündigung von ordentlich unkündbaren Arbeitnehmern.

Hierzu wird auf die Ausführungen in Kapitel 8 verwiesen (siehe Seite 196).

9.2 Welche Kriterien bietet die Rechtsprechung?

drei Stufen

Die gerichtliche Überprüfung einer außerordentlichen Kündigung erfolgt nach der ständigen Rechtsprechung des Bundesarbeitsgerichts in drei Stufen:

- Liegt ein wichtiger Grund vor?
- Ist die Fortsetzung des Arbeitsverhältnisses unter Abwägung der Interessen für den Arbeitgeber unzumutbar?
- Wurde die zweiwöchige Kündigungserklärungsfrist eingehalten?

Zu den Details wird auf die Ausführungen in Kapitel acht verwiesen (s.o. Seite 202).

9.3 Der Fall: Betriebsrat A beurlaubt sich selbst und wird handgreiflich

Der 30-jährige A ist seit seiner Lehrzeit Monteur in der Firma des B (seit insgesamt 13 Jahren) und Mitglied des Betriebsrats. In der Vergangenheit kam es bereits mehrmals zu Auseinandersetzungen mit seinem Vorgesetzten V, da A mehrmals vor Antritt seiner Betriebsratsratstätigkeit sich nicht ordnungsgemäß bei V von seiner Arbeit abgemeldet hatte. Als V ihm nach einem erneuten Vorfall dieser Art nach Dienstschluss auf dem Weg zum Werkstor zur Rede stellt, kommt es zu einem tätlichen Angriff des A, wodurch V erhebliche Verletzungen davontrug. Der Vorfall wurde von Sekretärin S beobachtet, die ebenfalls gerade auf dem Weg nach Hause war. V lässt seine Verletzungen später ärztlich versorgen und wird für fünf Tage krank geschrieben. Nach seiner Rückkehr an den Arbeitsplatz schildert V den Vorgang dem B, der hiervon nichts wusste, obwohl sich der Vorfall fast im ganzen Betrieb herumgesprochen hatte.

Was kann B tun und wie sollte er vorgehen?

1. Schritt: Liegt ein besonderer Kündigungsschutz vor?

Auch in Fällen einer außerordentlichen Kündigung ist zunächst zu klären, ob besondere Schutznormen zur Anwendung kommen. Solche Schutznormen für bestimmte Personengruppen können sich aus einem Tarifvertrag, einer Betriebsvereinbarung oder aus dem Gesetz ergeben und erschweren teilweise auch die außerordentliche Kündigung. Sonderkündigungsschutz

Beispiel

- Frau in Mutterschutz
- Arbeitnehmer in der Elternzeit
- Auszubildende

Eine ausführliche Liste und weitere Ausführungen zum besonderen Kündigungsschutz finden Sie in Kapitel *Grundlagen*, Seite 288.

Im vorliegenden Fall gehört A keiner der besonders geschützten Personengruppen an. Er ist aber Betriebsratsmitglied.

Auch wenn die Regelungen des Kündigungsschutzgesetzes bei einer außerordentlichen Kündigung grundsätzlich nicht zur Anwendung kommen, sind im Falle der Kündigung eines Betriebsratsmitglieds die entsprechenden Regelungen zum besonderen Kündigungsschutz zu beachten, die sich im Kündigungsschutzgesetz befinden. § 15 KSchG

Achtung

Zur Anwendbarkeit des Allgemeinen Gleichbehandlungsgesetzes (AGG) auf Kündigungen siehe Seite 31 ff. und 261 ff.

2. Schritt: Besteht ein Kündigungsgrund nach § 626 BGB?

Hier sind folgende Prüfungsschritte vorzunehmen:

- Liegt ein wichtiger Grund bei A vor?
- Ist die Fortsetzung des Arbeitsverhältnisses unter Abwägung der Interessen für den B unzumutbar?
- Wird die zweiwöchige Kündigungserklärungsfrist eingehalten?

3. Schritt: Liegt ein wichtiger Grund vor?

zwei Fehlverhalten

Im vorliegenden Fall sind zwei Fehlverhalten des A festzustellen: zum einen das erneute Nichtabmelden vom Arbeitsplatz vor Antritt der Betriebsratstätigkeit und zum anderen der tätliche Angriff auf den V.

Achtung

Sollte eine außerordentliche Kündigung auf verschiedene Vorfälle gestützt werden, ist jeder dieser Gründe daraufhin getrennt zu untersuchen, ob er eine außerordentliche Kündigung rechtfertigt. Reicht keiner der Gründe für sich alleine aus, ist in einem zweiten Schritt zu prüfen, ob die Gründe in ihrer Gesamtheit eine Fortsetzung des Arbeitsverhältnisses unzumutbar machen.

Betrifft Fehlverhalten nur Betriebsratstätigkeit?

Beim Nichtabmelden vom Arbeitsplatz liegt ein Vorfall im betrieblichen Bereich vor. Es muss allerdings bedacht werden, dass das Fehlverhalten des A insoweit im Zusammenhang mit seiner Betriebsratstätigkeit steht, deren Rechtmäßigkeitsanforderungen sich allein nach dem Betriebsverfassungsgesetz richten. Verstößt ein Betriebsratsmitglied gegen diese Pflichten, kann dies grundsätzlich nicht als Verstoß gegen seine arbeitsvertraglichen Pflichten behandelt werden, sondern ist allein im betriebsverfassungsrechtlichen Amtspflichtverletzungsverfahren zu verfolgen. Hintergrund hierfür ist, dass der Arbeitgeber anderenfalls über arbeitsvertragliche Sanktionen unzulässigen Einfluss auf die Betriebsratstätigkeit nehmen könnte.

Abmeldung

Im Betriebsverfassungsgesetz ist die Freistellung von Betriebsratsmitgliedern geregelt. *A ist danach zur Wahrnehmung seiner Betriebsratsaufgaben vorübergehend von seiner Arbeitstätigkeit zu befreien. Er muss sich jedoch rechtzeitig vorher bei seinem Vorgesetzten abmelden, damit dieser die gegebenenfalls erforderlichen Vorkehrungen treffen kann.*

Achtung

Es bedarf lediglich der Abmeldung durch den Arbeitnehmer und keiner Zustimmung des Vorgesetzten. Das Betriebsratsmitglied braucht die Gründe seiner Abwesenheit nicht detailliert anzugeben und muss auch nicht die voraussichtliche Dauer seiner Abwesenheit mitteilen. Lediglich im Streitfalle bezüglich der Entgeltfortzahlung während der Betriebsratstätigkeit sind – im Nachhinein – nähere Angaben durch das Betriebsratsmitglied zu machen, wenn der Arbeitgeber begründete Zweifel an der Rechtmäßigkeit der Betriebsratstätigkeit hat, für die er allerdings konkrete Anhaltspunkte vorbringen muss.

arbeitsvertragliche Nebenpflicht

Diese Verpflichtung zur rechtzeitigen Abmeldung betrifft nicht die Betriebsratstätigkeit als solche, sondern stellt eine Nebenverpflichtung bezüglich seiner arbeitsvertraglichen Pflichten dar. *Das Fehlverhalten des A bezieht sich daher nicht auf seine Stellung als Betriebsrat, sondern auf seine normale Arbeitnehmertätigkeit. Es kann folglich als Begründung für eine außerordentliche Kündigung grundsätzlich herangezogen werden.*

erhebliche Störung des Betriebsfriedens

Der tätliche Angriff (als weiterer Grund) geschah zwar nach Dienstschluss, aber noch auf dem Werksgelände. Es handelt sich daher um einen Vorfall im betrieblichen und nicht privaten Bereich.

Achtung

Ein Fehlverhalten im außerdienstlichen Bereich ist nur dann als wichtiger Grund für eine außerordentliche Kündigung geeignet, wenn sich der Vorfall konkret nachteilig auf das Arbeitsverhältnis auswirkt.

Im vorliegenden Fall wird das Arbeitsverhältnis schon allein deswegen berührt, weil A den tätlichen Angriff auf dem Betriebsgelände vornahm und dadurch den Betriebsfrieden erheblich störte. Hätte der Vorfall im außerbetrieblichen Bereich, z.B. vor dem Werkstor, stattgefunden, läge zunächst nur eine Auseinandersetzung zwischen A und V im privaten Bereich vor. Ob durch diese auch das Arbeitsverhältnis berührt worden wäre, würde von den Umständen des Einzelfalls abhängen. Sie läge z.B. nahe, wenn V in Anbetracht einer fortdauernden körperlichen Bedrohung durch den A an der Ausübung seiner Vorgesetztenrolle gehindert wäre.

B sollte von V ein unterschriebenes Protokoll des Vorfalls erstellen lassen, ebenso eine schriftliche Zeugenaussage der S, um deren noch frische Erinnerungen zu dokumentieren und sich in einem eventuellen späteren Rechtsstreit nicht alleine auf die mündlichen Aussagen der Beteiligten verlassen zu müssen. B sollte den V zudem auffordern, ein ärztliches Attest über die Verletzungen anfertigen zu lassen; aufgrund der ärztlichen Schweigepflicht kann dies nicht der B selbst verlangen, son-

dern es bedarf einer Entbindung des Arztes von dessen Schweigepflicht durch den V. B sollte zudem noch weitere Ermittlungen aufnehmen bezüglich des Tathergangs, insbesondere zur Frage, ob A nur aufgrund einer Provokation durch den V mit den Tätlichkeiten begonnen hat (was im Rahmen der Interessenabwägung von Bedeutung sein kann, s.o. Seite 204). Auch bezüglich des Nichtabmeldens vom Arbeitsplatz sollte B eine Dokumentation mit den maßgeblichen Tatsachen erstellen lassen (Datum, Uhrzeit etc.) einschließlich der hierdurch bedingten Ersatzmaßnah*men oder Folgen (konkrete Benennung z.B. der Störungen im Betriebsablauf).*

4. Schritt: Ist die Fortsetzung des Arbeitsverhältnisses unter Abwägung der Interessen für den B unzumutbar?

massive Störung des Betriebsfriedens

Interessenabwägung

Zu untersuchen ist, ob dem B unter Berücksichtigung der konkreten Umstände des Vorfalls und unter Abwägung der Interessen eine Fortsetzung des Arbeitsverhältnisses bis zum Ende der ordentlichen Kündigungsfrist nicht mehr zugemutet werden kann. Vom Standpunkt des B aus stellt der tätliche Angriff durch A gegen einen Vorgesetzten eine massive Störung des Betriebsfriedens dar. Erschwerend treten die nicht unerheblichen Verletzungen des V hinzu, die zu einer Arbeitsunfähigkeit führten.

Provokation durch V?

Für den A könnte allenfalls eine Provokation durch V sprechen, deren Vorliegen der B im Rahmen seiner Ermittlungstätigkeit klären sollte (s.u.). Die relativ lange Betriebszugehörigkeit des A vermag die Interessenabwägung nicht maßgeblich zu seinen Gunsten zu beeinflussen; Gleiches ist für die (im Fall nicht thematisierten) persönlichen Verhältnisse des A anzunehmen.

Ein Betriebsrat hat auf betriebliche Belange Rücksicht zu nehmen

Hinsichtlich der Nichtabmeldung vom Arbeitsplatz vor Antritt der Betriebsratstätigkeit gilt Ähnliches: Vom Standpunkt des B aus liegt eine beharrliche Pflichtverletzung des A vor, mit entsprechenden negativen Auswirkungen auf die betrieblichen Abläufe. Deren Intensität hängt von den Umständen des Falles ab und wäre von B zu ermitteln und zu dokumentieren. Für den A spricht insoweit auch nicht sein Betriebsratsamt, da die entsprechende Tätigkeit unter zumutbarer

Rücksichtnahme auf betriebliche Belange zu erfolgen hat, wozu auch die rechtzeitige Abmeldung vom Arbeitsplatz gehört (s.o.).

Unzumutbarkeit/negative Prognose:

Unzumutbarkeit

Hinsichtlich der zu prüfenden Unzumutbarkeit der Fortsetzung des Arbeitsverhältnisses bis zum Ablauf der Kündigungsfrist besteht im vorliegenden Fall die Besonderheit, dass A als Betriebsratsmitglied nicht ordentlich kündbar ist (§ 15 Abs. 1 Kündigungsschutzgesetz). Die Zumutbarkeitsprüfung hat sich in solchen Fällen entweder an der tatsächlichen Vertragsbindung oder an der fiktiven Kündigungsfrist zu orientieren (siehe Seite 198). Da die Dauer der tatsächlichen Vertragsbindung bzw. die Dauer des Sonderkündigungsschutzes nicht absehbar ist, würde sich diese zu Ungunsten des A auswirken, da die Unzumutbarkeit dann gegebenenfalls leichter festgestellt werden könnte als bei einem ordentlich kündbaren Arbeitnehmer.

fiktive ordentliche Kündigungsfrist

Es ist daher die fiktive ordentliche Kündigungsfrist zu Grunde zu legen, die gelten würde, wenn A keinen Sonderkündigungsschutz als Betriebsratsmitglied genießen würde (siehe Grundlagen Kapitel, Seite 288). Der 30-jährige A ist seit 13 Jahren im Betrieb, wobei für die Berechnung der gesetzlichen Kündigungsfrist nur die Zeit ab dem 25. Lebensjahr anzurechnen ist (§ 622 BGB), d.h., bei danach zu berücksichtigenden 5 Jahren Betriebszugehörigkeit würde die gesetzliche Kündigungsfrist zwei Monate zum Monatsende betragen.

negative Zukunftsprognose

Hinsichtlich der Tätlichkeit im Betrieb kann davon ausgegangen werden, dass dieser Vorfall mit massiven Beeinträchtigungen des Betriebsfriedens dem B ein Fortsetzen des Arbeitsverhältnisses für diesen Zeitraum unzumutbar macht. Eine derartige Missachtung der Regeln des Umgangs der Betriebsangehörigen untereinander sowie der körperlichen Integrität des V zerstört die Vertrauensgrundlage des Arbeitsverhältnisses. Eine Wiederherstellung des Vertrauensverhältnisses für die Zukunft kann daher nicht angenommen werden.

Achtung

Auch bei einer außerordentlichen Kündigung geht es nicht um die „Bestrafung" eines Fehlverhaltens, sondern um die Feststellung, dass eine vertrauensvolle Fortführung des Arbeitsverhältnisses nicht mehr erwartet werden kann (negative Prognose).

Hinsichtlich des Nichtabmeldens von der Arbeit vor Aufnahme der Betriebsratstätigkeit lässt sich eine solche negative Prognose noch nicht mit Sicherheit anstellen. Es müssten Umstände hinzutreten, die auf eine Zerstörung der Vertrauensgrundlage (allein durch dieses Fehlverhalten) schließen lassen, z.B. massive betriebliche Auswirkungen mit großem Schaden für die Firma

Ultima Ratio

Abmahnung erforderlich

Es dürfen keine milderen Mittel als eine außerordentliche Kündigung zur Beseitigung der Störung zu Verfügung stehen. Hinsichtlich des Nichtabmeldens handelt es sich um ein Fehlverhalten, das zunächst grundsätzlich abgemahnt werden muss (vgl. Fälle sechs und sieben). Sofern keine entgegenstehenden weiteren Umstände festgestellt werden können (z.B. schwere Beeinträchtigung des Betriebsablaufs oder offensichtliche Unwilligkeit des A, sich pflichtgemäß zu verhalten kann nicht ausgeschlossen werden, dass sich A bei entsprechender Androhung arbeitsrechtlicher Konsequenzen zukünftig doch noch vertragskonform verhält.

schwer - wiegende Pflicht- verletzung, deshalb keine Abmahnung erforderlich.

Hinsichtlich der Tätlichkeit sind keine milderen Mittel als eine außerordentliche Kündigung ersichtlich. In Anbetracht der massiven Störungen der Betriebsgemeinschaft und der nicht unerheblichen Beeinträchtigung der körperlichen Integrität des V erscheint weder eine Versetzung noch eine außerordentliche Änderungskündigung auf einen anderen Arbeitsplatz interessengerecht. Hierbei ist auch das berechtigte Anliegen des B an einer strikten Konsequenz aus dem Verhalten des A zu berücksichtigen zur schnellstmöglichen Wiederherstellung des Betriebsfriedens. Angesichts der schweren Pflichtverletzung, deren Rechtswidrigkeit dem A ohne weiteres erkennbar und deren Hinnahme durch den B offenkundig ausgeschlossen war, kam auch keine Abmahnung als milderes Mittel in Betracht; diese war vielmehr entbehrlich (siehe Seite 165).

In Fällen der außerordentlichen Kündigung von ordentlich unkündbaren Arbeitnehmern ist aber die Gewährung einer Auslauffrist in Betracht zu ziehen (vgl. Fall acht).

Achtung

Diese ist zu unterscheiden von der freiwilligen sozialen Auslauffrist, deren Gewährung im Ermessen des Arbeitgebers steht (siehe Seite 196). Im vorliegenden Fall müsste B hiervon aber abgeraten werden, da eine tatsächliche Weiterbeschäftigung in einem späteren Streitfall eine starke Indizwirkung dafür hätte, dass eine sofortige Entlassung des A aus der Betriebsgemeinschaft doch nicht notwendig und dem B eine Fortsetzung des Arbeitsverhältnisses doch nicht unzumutbar gewesen ist.

freiwillige soziale Auslauffrist

Die – rechtlich gebotene – Auslauffrist dient dem Interessenausgleich zwischen Arbeitgeber und ordentlich unkündbaren Arbeitnehmer, z.B. in Fällen außerordentlicher betriebsbedingter Kündigungen (s.o. Seite 201). Im vorliegenden Fall geht es aber um eine allein vom Arbeitnehmer verursachte außerordentliche Kündigung, weshalb ein solcher Interessenausgleich nicht geboten erscheint.

rechtlich gebotene Auslauffrist

Tipp

Zur Vermeidung von Unsicherheiten könnte B aber eine fristlose außerordentliche Kündigung verbinden mit einer hilfsweisen außerordentlichen Kündigung mit Auslauffrist. Die Auslauffrist entspricht dabei der ordentlichen Kündigungsfrist, die geltend würde, wenn kein Sonderkündigungsschutz des A bestehen würde, also sechs Monate zum Monatsende (s.o.).

Anhörung des Mitarbeiters

Da kein Fall der Verdachtskündigung vorliegt, besteht keine zwingende Verpflichtung zur Anhörung des A (vgl. Seite 170). Bei verhaltensbedingten Anlässen empfiehlt es sich aber, vor jeder außerordentlichen Kündigung eine Anhörung des betroffenen Arbeitnehmers durchzuführen, damit der Arbeitgeber eine umfassende Beurteilung aller für und gegen die Kündigung sprechenden Umstände vornehmen kann.

bei verhaltensbedingter Kündigung empfehlenswert

Im vorliegenden Fall wäre hinsichtlich der Tätlichkeit insbesondere noch zu klären, ob A vom V zuvor provoziert wurde, was dann im Rahmen der Interessenabwägung zu berücksichtigen wäre (s.o. Seite 222).

Provokation durch V?

Tipp

Da vor der außerordentlichen Kündigung ohnehin der Betriebsrat anzuhören ist, empfiehlt es sich, zur Anhörung des A bereits ein Betriebsratsmitglied hinzuzuziehen.

5. Schritt: Wird die zweiwöchige Kündigungserklärungsfrist von B eingehalten?

B muss die Kündigung innerhalb von zwei Wochen aussprechen ab dem Zeitpunkt, wo ihm alle für seine Kündigungsentscheidung maßgeblichen Tatsachen vollständig bekannt sind. Hinsichtlich der Vollständigkeit der Tatsachen kommt es darauf an, ob B eine Entscheidung darüber fällen kann, ob ihm die Fortsetzung des Arbeitsverhältnisses mit B zumutbar ist oder nicht. Verbleiben ihm noch Zweifel, so kann er in gebotener Eile, d.h. zügig Ermittlungen durchführen, bevor die Frist zu laufen beginnt (z.B. Abwarten der schriftlichen Protokolle von V und S, s.o..).

Die vollständige Kenntnis der kündigungsrelevanten Tatsachen ist Voraussetzung für Fristbeginn.

Auch der Umstand, dass V und weite Teile der Belegschaft bereits über den Vorfall informiert waren, führt nicht zum früheren Beginn der Frist. Notwendig ist die sichere Kenntnis des Kündigungsberechtigten von den maßgeblichen Tatsachen, grob fahrlässige Unkenntnis genügt (und schadet auch) nicht. Da B erst nach Rückkehr aus seinem Urlaub erste Kenntnis von dem Vorfall erlangte, kann die Frist vorher nicht zu laufen begonnen haben. Da sich V in keiner exponierten und arbeitgeberähnlichen Position befand, muss sich B auch nicht dessen Kenntnis auf die Frist anrechnen lassen. Da es zudem auf eine vollständige Kenntnis der kündigungsrelevanten Tatsachen ankommt, beginnt die Frist auch nicht mit der ersten Information, sondern erst nach Abschluss der notwendigen Ermittlungen.

B muss daher die Kündigung ab dem Zeitpunkt, wo ihm alle Umstände vorliegen und es nur noch um die Entscheidung geht, welche Konsequenzen hieraus zu ziehen sind, die außerordentliche Kündigung innerhalb von zwei Wochen aussprechen.

6. Schritt: Haben Sie die Zustimmung des Betriebsrats?

innerhalb der zweiwöchigen Kündigungserklärungsfrist

Da im Betrieb des B ein Betriebsrat existiert, sind die Vorschriften des Betriebsverfassungsgesetzes zu beachten. Zu den Details des Beteiligungsverfahrens bei Kündigungen wird auf Kapitel Grundlagen, Seite 283, verwiesen. Für die außerordentliche Kündigung von Betriebsratsmitgliedern bedarf es der vorherigen Zustimmung des Betriebsrats (im Gegensatz zur bloßen Anhörung bei Kündigung anderer Arbeitnehmer). Das entsprechende Zustimmungsverfahren muss innerhalb der zweiwöchigen Kündigungserklärungsfrist eingeleitet werden.

Achtung
Das Zustimmungsverfahren zögert den Fristbeginn nicht hinaus.

Überlegungsfrist von drei Tagen

Dem Betriebsrat sind alle für die Kündigung relevanten Tatsachen mitzuteilen einschließlich der gegebenenfalls hilfsweise erklärten Kündigung mit Auslauffrist (s.o. Seite 225). Im vorliegenden Fall könnte das Ausschreiben an den Betriebsrat wie folgt formuliert werden:

Muster: Anhörung des Betriebsrats

siehe CD-ROM

An den Betriebsrat
z. Hd. Frau/Herrn Betriebsratsvorsitzende/n

Die Unternehmensleitung beabsichtigt, den Arbeitnehmer
Name, Vorname ....
(ggf.:Personalnummer ....)
geb. am ...... in ......
wohnhaft in .....
Familienstand ...., ... unterhaltspflichtige Kinder
beschäftigt in unserem Unternehmen seit ...... (ggf.: zuletzt) als ...... in der Abteilung ......
Betriebsratsmitglied seit.....

nach Abschluss des Anhörungsverfahrens außerordentlich und fristlos zu kündigen.

Der beabsichtigten Kündigung liegt im Einzelnen folgender Sachverhalt zugrunde:
....
[Vollständige und wahrheitsgemäße Angabe aller Umstände zur tätlichen Auseinandersetzung des B mit dem V.]

Der Betriebsrat wird gebeten, die unten formularmäßig vorbereitete Stellungnahme abzugeben.

____

Ort, Datum Kündigungsberechtigter

<u>Anlagen:</u>

Personalakte

Entwurf des Kündigungsschreibens

Abmahnung vom ....

(falls schriftlich vorhanden:) Stellungnahme des Arbeitnehmers vom ....

Stellungnahme des Betriebsrats

Der Betriebsrat hat dieses Anhörungsschreiben am .... erhalten und zur Kenntnis genommen.

Der Betriebsrat stimmt der beabsichtigten Kündigung zu.

Der Betriebsrat hat die auf anl. Beiblatt formulierten Bedenken.

Der Betriebsrat wird keine weiteren Erklärungen hierzu abgeben.

....

Ort, Datum Betriebsratsvorsitzende/r

Dem Betriebsrat verbleibt sodann eine Überlegungsfrist von drei Tagen. Stimmt er der außerordentlichen Kündigung zu, muss B die Kündigung noch innerhalb der (weiterlaufenden) Zweiwochen-Frist aussprechen. Dies bedeutet: Damit die außerordentliche Kündigung am letzten Tag noch ausgesprochen werden kann, muss das Zustimmungsverfahren spätestens vier Tage vorher eingeleitet werden.

Zustimmungsersetzungsverfahren beim Arbeitsgericht

Äußert sich der Betriebsrat innerhalb von drei Tagen nicht, gilt die Zustimmung als verweigert. In diesem Fall sowie bei ausdrücklicher Verweigerung der Zustimmung muss B ein Zustimmungsersetzungsverfahren beim Arbeitsgericht einleiten.

Achtung

Der entsprechende Ersetzungsantrag muss ebenfalls noch innerhalb der (weiterlaufenden) Zweiwochen-Frist beim Arbeitsgericht gestellt werden, d.h. es genügt nicht, den Betriebsrat drei Tage vor Ablauf der Frist zu informieren und den Ersetzungsantrag dann einen Tag nach Fristablauf beim Arbeitsgericht einzureichen.

Die Entscheidung des Arbeitsgerichts über den Zustimmungsersetzungsantrag muss hingegen nicht innerhalb der Zweiwochen-Frist erfolgen. Wurde die Zustimmung vom Gericht ersetzt, muss B unverzüglich nach rechtskräftiger Entscheidung die außerordentliche Kündigung aussprechen.

unverzügliche Kündigung nach rechtskräftiger Entscheidung

Achtung

Die Zweiwochen-Frist beginnt nach Vorliegen der arbeitsgerichtlichen Entscheidung nicht von neuem zu laufen.

Zu den Details zur Kündigungserklärung (Form, Übermittlung etc.) siehe Kapitel Grundlagen, Seite 272.

Muster: Außerordentliche Kündigung

siehe CD-ROM

Sehr geehrter Herr ......,

hiermit kündigen wir das seit .... bestehende Arbeitsverhältnis außerordentlich und fristlos. Der Betriebsrat wurde ordnungsgemäß beteiligt. (Ggf.: ...und hat der Kündigung zugestimmt.)

Anliegend erhalten Sie eine Zwischenbescheinigung für die Sozialversicherung (ggf.: ... und Ihr Arbeitszeugnis). Die Lohnsteuerkarte und den Versicherungsnachweis erhalten Sie, sobald wir eine endgültige Lohnabrechnung erstellen konnten.

Wir weisen darauf hin, dass Sie nach § 37 b SGB III verpflichtet sind, sich nach Erhalt dieses Kündigungsschreibens unverzüglich bei der zuständigen Agentur für Arbeit (ehemals Arbeitsamt) als Arbeitsuchender zu melden, da andernfalls Ihr Anspruch auf Arbeitslosengeld gemindert werden kann. Sie sind zudem verpflichtet, selbst bei der Suche nach einem anderen Arbeitsplatz aktiv zu werden.

(Ggf.: Bitte bestätigen Sie uns den Erhalt dieses Schreibens auf der beigefügten Empfangsbestätigung.)

Mit freundlichen Grüßen

....

Ort, Datum (Kündigungsberechtigter oder bevollmächtigte Person)

Anlagen:

(Ggf.:) Vollmacht (Original)

(Ggf.:) Empfangsbestätigung

Zwischenbescheinigung für Sozialversicherung

(Ggf.:) Arbeitszeugnis

9.4 Prüfschema

Das Prüfschema ist eine Tabelle, die nicht nur über alle wichtigen Prüfungspunkte, sondern auch über die rein organisatorischen Fragen („Was?") informiert, darüber hinaus Aufschluss gibt, in wessen Zuständigkeitsbereich („Wer?") die betreffenden Prüfungsschritte und Maßnahmen fallen, und zudem eine Zeitschiene („Bis wann?") enthält, in der Termine und Fristen eingetragen werden können.

siehe CD-ROM

	Was?	Wer?	Bis wann?
	Besteht besonderer Kündigungsschutz?	Personalleitung	
	Welcher wichtige Grund für eine außerordentliche Kündigung liegt vor?	Inhaber/ Geschäftsführung/ Personalleitung	
	Handelt es sich um einen belegbaren Vorgang oder lediglich um einen Verdacht gegen den Arbeitnehmer?	Inhaber/ Geschäftsführung/ Personalleitung	
	Wenn der Grund vom Arbeitnehmer steuerbar ist: Wurde wegen eines gleichartigen Verhaltens bereits einmal abgemahnt?	Personalleitung	
	Liegt eine so schwere Pflichtverletzung vor, dass eine Abmahnung entbehrlich ist?	Personalleitung	
	Folgen des Verhaltens / Welche betrieblichen Interessen werden beeinträchtigt?	Personalleitung	
	Welche Umstände sprechen für den Arbeitnehmer?	Personalleitung	
	Fällt die Abwägung eindeutig zu Gunsten der betrieblichen Interessen aus?	Personalleitung	
	Sind Ziff. 2.-8. hinreichend abgesichert / Beweismittel?	Personalleitung	
	Bei Verdachtskündigung: Anhörung Arbeitnehmer innerhalb einer Woche	Personalleitung	
	Berechnung der ordentlichen Kündigungsfrist	Personalleitung	
	Liegt ein Fall ordentlicher Unkündbarkeit vor?	Personalleitung	

	Was?	Wer?	Bis wann?
	Ist die Fortsetzung des Arbeitsverhältnisses bis zum Ablauf der Kündigungsfrist nicht mehr zumutbar?	Inhaber/ Geschäftsführung/ Personalleitung	
	Lässt sich die Beeinträchtigung nur durch eine außerordentliche Kündigung beseitigen? / Gibt es Alternativen?	Inhaber/ Geschäftsführung/ Personalleitung	
	Ist eine Auslauffrist geboten / Soll eine freiwillige soziale Auslauffrist gewährt werden?	Inhaber/ Geschäftsführung/ Personalleitung	
	Berechnung der zweiwöchigen Kündigungserklärungsfrist	Personalleitung	
	ggf. Zustimmung des Betriebsrats	Personalleitung	
	ggf. gerichtl. Zustimmungsersetzungsverfahren	Personalleitung	
	ggf. Einholung einer behördlichen Zustimmung	Personalleitung	
	Schriftliche Kündigungserklärung	Personalleitung	
	Mitteilung Kündigungsgründe notwendig?	Personalleitung	
	Wer unterzeichnet? / Schriftliche Vollmacht notwendig?	Kündigungsberechtigter/ Bevollmächtigter	
	Persönliche Übergabe an Arbeitnehmer?	Personalleitung/ Vertretung	
	Empfangsbestätigung / Zeugen / Aktennotiz?	Personalleitung/ Vertretung / Zeugen	
	Übermittlung an Arbeitnehmer per Boten?	Bote	
	Empfangsbestätigung / Zeugen / Aktennotiz?	Bote / Zeuge	
	Übermittlung an Arbeitnehmer per Übergabe- oder Einwurf-Einschreiben?	Post	
	Rückschein / Bestätigung Post?	Post/ Personalleitung	
	Vollständige Dokumentation des Vorgangs in Personalakte	Personalleitung	

9.5 Arbeitsmittel auf der CD-ROM

Prüfschema

Das Prüfschema (siehe oben) steht Ihnen auf der CD-ROM zur Verfügung. Öffnen Sie es in Ihrer Textverarbeitungssoftware, tragen Sie in die Spalten „Wer?“ die jeweils Verantwortlichen namentlich ein und in und in die Spalte „Wann?“ einen konkreten Termin. Und selbstverständlich können Sie die Datei auch ausdrucken und speichern oder an alle Beteiligten wie ein Protokoll verteilen.

Muster: Anhörung des Betriebsrats

Tragen Sie die persönlichen Daten des zu kündigenden Mitarbeiters ein und geben Sie sämtliche Umstände an, die für Ihre Kündigungsentscheidung maßgebend sind.
Ziel ist, dass der Betriebsrat dadurch in die Lage versetzt wird, ohne eigene Nachforschungen die Stichhaltigkeit der Kündigungsgründe zu überprüfen.
Die Angaben müssen vollständig und wahrheitsgemäß sein.

> **Achtung**
> Es ist wichtig, dass die Betriebsratsanhörung immer genau auf den Einzelfall abgestimmt ist. Passen Sie daher das Muster genau den Gegebenheiten an!

Muster: Außerordentliche Kündigung

Tragen Sie in das Muster die persönlichen Daten des zu kündigenden Mitarbeiters ein. Unterschreiben Sie die Kündigung. Dann überreichen Sie die schriftliche Kündigung im Original (genaue Informationen zu Inhalt, Form, Zugang u.s.w. einer Kündigung siehe Grundlagenkapitel, ab Seite 272).

10 Kündigung außerhalb des Kündigungsschutzgesetzes

Das zehnte Kapitel beschäftigt sich mit Kündigungen, bei denen die Vorschriften des Kündigungsschutzgesetzes nicht zur Anwendung kommen.

allgemeiner und verfassungsrechtlicher Kündigungsschutz

Auch in diesem Fall kann man Arbeitsverhältnisse jedoch nicht nach freiem „Gutdünken" beenden. Neben dem besonderen Schutz des Kündigungsschutzgesetzes kennt das deutsche Recht noch einen allgemeinen Kündigungsschutz, der sich aus verschiedenen Gesetzen, Tarifverträgen oder Einzelvereinbarungen ergibt.
Das Bundesverfassungsgericht leitet darüber hinaus aus dem Grundgesetz einen verfassungsrechtlich verbürgten Mindestschutz des Arbeitnehmers vor willkürlichen oder vor auf sachfremden Motiven beruhenden Kündigungen her.

10.1 Beispiele für Kündigungen außerhalb des Kündigungsschutzgesetzes

Zu den Kündigungen, auf die das Kündigungsschutzgesetz keine Anwendung findet, zählen:

- die Kündigung im Kleinbetrieb
- die Kündigung während der ersten sechs Monate
- die Kündigung eines Handelsvertreters
- die Kündigung eines freien Mitarbeiters

Im Folgenden erhalten Sie zu den einzelnen Fallgruppen eine kurze Beschreibung und konkrete Beispiele.

Kündigung im Kleinbetrieb

Die allgemeinen Regelungen des Kündigungsschutzgesetzes gelten nicht für Betriebe, in denen in der Regel nicht mehr als zehn Arbeitnehmer beschäftigt sind. Dieser so genannte „Schwellenwert" wurde durch die Reform des Kündigungsschutzgesetzes, die am 1.1.2004 in

Kraft getreten ist, von bis dahin fünf auf zehn angehoben. Die Neuregelung betrifft allerdings nur solche Arbeitsverhältnisse, die ab dem 1.1.2004 begründet wurden und führt somit zu gespaltenen Konsequenzen:
Arbeitnehmer in Betrieben mit mehr als fünf und weniger als zehn Beschäftigten, die am 31.12.2003 Kündigungsschutz hatten, behalten diesen.
Arbeitnehmer in Betrieben mit maximal fünf Beschäftigten, die am 31.12.2003 keinen Kündigungsschutz hatten, bekommen auch dann keinen, wenn ab dem 1.1.2004 noch bis zu fünf weitere Arbeitnehmer eingestellt wurden.
Diese Regelung ist ein Kompromiss, der von den Arbeitgebern einen hohen Prüfungsaufwand erfordert, da es nicht nur auf die Zahl der Arbeitnehmer ankommt, sondern auch darauf, wann diese eingestellt wurden.

Beispiel

Ein Kleinunternehmen mit ständig sieben Beschäftigten unterfiel nach der Rechtslage bis zum 31.12.2003 dem Kündigungsschutzgesetz. Die Arbeitnehmer dieses Betriebes behalten ihren einmal erworbenen Kündigungsschutz auch weiterhin. Hat der Arbeitgeber nach dem 1.1.2004 noch bis zu drei weitere Mitarbeiter eingestellt, unterfallen diese jedoch nicht dem Kündigungsschutzgesetz.

Beispiel

Ein Kleinunternehmen mit ständig vier Beschäftigten unterfiel nach der Rechtslage bis zum 31.12.2003 nicht dem Kündigungsschutzgesetz. Seit dem 1.1.2004 konnte der Arbeitgeber noch bis zu sechs weitere Mitarbeiter einstellen, ohne dass einer der Mitarbeiter in den Anwendungsbereich des Kündigungsschutzgesetzes kommt.

Kündigung während der ersten sechs Monate

Wartezeit

Das Arbeitsverhältnis des Arbeitnehmers muss in demselben Betrieb oder Unternehmen ohne Unterbrechung länger als sechs Monate bestanden haben, damit für ihn die Regelungen des Kündigungsschutzgesetzes gelten. Nach Ablauf der sechs Monate, die auch „Wartezeit“ genannt werden, genießt er den Schutz des Kündigungsschutzgesetzes auch dann, wenn eine längere Probezeit vereinbart worden war. Kurzfristige Unterbrechungen des Arbeitsverhältnisses verhindern die Anrechnung der bisherigen Beschäftigungsdauer auf die Wartezeit dann nicht, wenn das neue Arbeitsverhältnis in einem „engen sachlichen und zeitlichen Zusammenhang“ mit dem bisherigen Arbeitsverhältnis steht. Wann ein solcher Zusammenhang besteht, muss im Einzelfall geklärt werden, bei einer Unterbrechung von mehr als einem Monat hat die Rechtsprechung jedoch in der einen solchen Zusammenhang verneint.

Beispiel

C arbeitet seit fünf Monaten im Betrieb des F. Vor drei Jahren war er schon einmal in einer anderen Abteilung desselben Betriebes für die Dauer von zwei Jahren beschäftigt gewesen. C hat die Wartezeit demnach noch nicht erfüllt, seine Vorbeschäftigung wird mangels eines engen sachlichen Zusammenhanges zu der neuen Beschäftigung nicht angerechnet.

Kündigung eines Handelsvertreters

Abgrenzung Handelsvertreter/Handelsgehilfe

Persönlich selbstständig arbeitende Personen zählen nicht zu den vom Kündigungsschutzgesetz umfassten Personen, selbst wenn sie arbeitnehmerähnlich sind. Abzugrenzen ist dieser Personenkreis jedoch von den Handlungsgehilfen, die ebenso wie Handelsvertreter mit der Vermittlung oder dem Abschluss von Handelsgeschäften betraut sein können, aber aufgrund ihres Arbeitnehmerstatus in den Anwendungsbereich des Kündigungsschutzgesetzes fallen.

Kündigung eines freien Mitarbeiters

arbeitnehmerähnliche Personen

Keinen Kündigungsschutz nach dem Kündigungsschutzgesetz genießen auch die sonstigen arbeitnehmerähnlichen Personen, die in persönlich selbstständiger, aber wirtschaftlich abhängiger Stellung für andere Arbeit leisten. Aus den charakteristischen Merkmalen des Rechtsverhältnisses kann sich jedoch ergeben, dass ein als freier Mitarbeiter Beschäftigter in Wahrheit Arbeitnehmer ist.

10.2 Welche Kriterien bietet die Rechtsprechung?

verfassungsrechtlicher Schutz vor willkürlichen und sachfremden Kündigungen

Zusätzlich zu den gesetzlichen Regelungen leitet das Bundesverfassungsgericht für Arbeitnehmer, die nicht in den Anwendungsbereich des Kündigungsschutzgesetzes fallen, einen Mindestschutz vor willkürlichen oder vor auf sachfremden Motiven beruhenden Kündigungen aus dem Grundgesetz her. Auch wenn das Grundgesetz nicht unmittelbar zwischen Privatleuten gilt, entfaltet es seine Wirkung, indem die Rechtsprechung Wertungsspielräume, die einige gesetzliche Regelungen bieten, entsprechend den Wertungen des Grundgesetzes ausfüllt. Dabei betont das Bundesverfassungsgericht aber auch, dass die gesetzliche Eingrenzung des Kündigungsschutzes nach dem Kündigungsschutzgesetz respektiert werden müsse und der durch die Grundrechte vermittelte Schutz nicht dazu führen dürfe, die im Kündigungsschutzgesetz enthaltenen Maßstäbe gleichsam wieder „durch die Hintertür" einzuführen.
Im Rahmen dieser angesprochenen Wertungsspielräume werden künftig wohl auch die seit dem 18. August 2006 geltenden Diskriminierungsverbote des Allgemeinen Gleichbehandlungsgesetzes (AGG) Berücksichtigung finden.
Folgende Grundsätze wurden von der Rechtsprechung aufgestellt, um zu einem Ausgleich der widerstreitenden Interessen zu kommen:

1. Kriterium: Ist der Gleichbehandlungsgrundsatz gewahrt?

Nach Art. 3 Abs. 1 Grundgesetz sind alle Menschen vor dem Gesetz gleich. Sie sind gleichberechtigt, dürfen als Einzelne nicht benachteiligt werden und sind gleich zu behandeln. Dies beruht auf dem Gedanken, dass Gleiches gleich und Ungleiches ungleich zu behandeln ist.
Der allgemeine Gleichheitsgrundsatz gehört anerkanntermaßen zu den tragenden Ordnungsprinzipien im Arbeitsrecht und gilt im Bereich der vereinbarten Arbeitsbedingungen unmittelbar. Er verbietet dem Arbeitgeber eine willkürliche, also sachlich unbegründete

Durchbrechung allgemein- oder gruppenbezogener Regelungen zum Nachteil einzelner Arbeitnehmer.

Im Kündigungsrecht spielte dieser Grundsatz bislang keine zentrale Rolle, da nach bisheriger Rechtsprechung des BAG die Unwirksamkeit einer Kündigung nicht direkt aus einer Verletzung des Gleichbehandlungsgrundsatzes hergeleitet werden konnte. Das könnte zumindest für so genannte „herausgreifende" Kündigungen, die gegen das Diskriminierungsverbot des AGG verstoßen, künftig anders zu beurteilen sein.

keine unmittelbare Geltung im Kündigungsrecht, Ausnahme: herausgreifende Kündigung

Bei so genannten „herausgreifenden" Kündigungen soll aus einer Gruppe von vergleichbaren Arbeitnehmern nur einer gekündigt werden. Bislang wirkte sich der Gleichbehandlungsgrundsatz in solchen Fällen lediglich indirekt im Rahmen der durchzuführenden Interessenabwägung aus.

Beispiel

Bei gleichem Vertragsverstoß können einzelne Arbeitnehmer nicht gekündigt werden, die wegen ihrer Unterhaltsverpflichtungen von der Kündigung besonders hart betroffen wären, ohne dass sich die Gekündigten hierauf berufen könnten.

Beispiel

Einzelne Arbeitnehmer können vom Arbeitgeber nach sachgerechten Kriterien, wie z.B. dem Kriterium der nur geringen Dauer des Beschäftigungsverhältnisses, gekündigt werden.

Seit Inkrafttreten des AGG dürften „herausgreifende" Kündigungen, die wegen eines Diskriminierungsmerkmals ausgesprochen werden, direkt wegen Verstoßes gegen das Benachteiligungsverbot des AGG unwirksam sein.

Beispiel

Bei gleichem Vertragsverstoß können einzelne Arbeitnehmer nicht wegen ihres Geschlechts gekündigt werden, während die übrigen Arbeitnehmer nur abgemahnt werden.

Sachliche Erwägungen müssen ausreichend berücksichtigt werden.

Für die Praxis empfiehlt sich die Formel, dass sachliche Erwägungen jedenfalls ausreichend berücksichtigt und Diskriminierungsverbote beachtet werden müssen. So bleibt ein Ermessensspielraum erhalten, der dem Arbeitgeber einerseits willkürliches und diskriminierendes Handeln verbietet, andererseits seine Handlungsfreiheit nicht nach den strengen Grundsätzen des Kündigungsrechts einschränkt.

2. Kriterium: Ist die Kündigung sittenwidrig?

Gesamtwürdigung aller Umstände des Einzelfalls

Von großer Bedeutung für den Kündigungsschutz außerhalb des Kündigungsschutzgesetzes sind die zivilrechtlichen „Generalklauseln". Sie lassen dem Rechtsanwender einen großen Ermessensspielraum und stellen somit ein „Einfallstor" für die Wertungen des Grundgesetzes dar. Eine dieser Generalklauseln ist § 138 BGB, wonach Rechtsgeschäfte, die gegen die guten Sitten verstoßen, nichtig sind. Auch eine Kündigung ist ein Rechtsgeschäft im Sinne dieser Vorschrift. Die Frage, wann eine Kündigung sittenwidrig ist, beantwortet die Rechtsprechung, indem sie das Grundgesetz heranzieht.
Die Rechtsprechung hat an die Sittenwidrigkeit einer Kündigung stets strenge Anforderungen gestellt und eine Gesamtwürdigung aller Umstände des Einzelfalles verlangt.

sittenwidrige / sozialwidrige Kündigung

Eine bloß willkürliche Kündigung führt demnach ebenso wenig zur Sittenwidrigkeit, wie eine Kündigung, die ohne erkennbaren Grund ausgesprochen wurde. Von Bedeutung ist auch die Abgrenzung der sittenwidrigen von der sozialwidrigen Kündigung: Eine Kündigung, die sozial ungerechtfertigt im Sinne des Kündigungsschutzgesetzes ist, ist allein deshalb noch nicht sittenwidrig.

Beispiel

Wird gekündigt, weil ein Arbeitnehmer unbequem geworden ist, mag dies sozialwidrig im Sinne des Kündigungsschutzgesetzes sein. Es ist aber noch nicht sittenwidrig.

verwerfliches, dem Anstandsgefühl widersprechendes Motiv

§ 138 BGB ist vielmehr nur dann einschlägig, wenn die Sittenwidrigkeit aus anderen Gründen als der Sozialwidrigkeit hergeleitet wird. Das Bundesarbeitsgericht sieht in ständiger Rechtsprechung eine Kündigung erst dann als sittenwidrig an, wenn sie auf einem verwerflichen Motiv beruht, insbesondere auf Rachsucht oder Ver-

geltung oder auf einem anderen Grund, der dem Anstandsgefühl widerspricht. Seit Inkrafttreten des Allgemeinen Gleichbehandlungsgesetzes kann ein solches verwerfliches Motiv auch dann vorliegen, wenn eine Kündigung auf eines der acht Diskriminierungsmerkmale (Rasse und ethnische Herkunft, Religion und Weltanschauung, Alter, Geschlecht, sexuelle Identität und Behinderung) gestützt wird (siehe hierzu auch Seite 261).
Dabei soll es ausreichend sein, dass der Arbeitgeber die Umstände kennt, aus denen sich die Sittenwidrigkeit ergibt. Das Bewusstsein der Sittenwidrigkeit und Schädigungsabsicht muss er dagegen nicht haben.

Beispiel

Eine Kündigung, die wegen einer Krankheit ausgesprochen wurde, die der Arbeitgeber selbst vorsätzlich herbeigeführt hat, ist sittenwidrig.

Beispiel

Auch eine Kündigung, die ausgesprochen wurde, weil eine Arbeitnehmerin unsittliche oder anstößige Zumutungen abgelehnt hat, ist sittenwidrig.

Beispiel

Wird ein Arbeitnehmer gekündigt, weil er sich geweigert hat, Beihilfe zu strafbaren Handlungen des Arbeitgebers zu leisten, so ist dies sittenwidrig.

Das Maßregelungsverbot nach § 612a BGB, wonach der Arbeitgeber einen Arbeitnehmer nicht benachteiligen darf, weil der Arbeitnehmer in zulässiger Weise seine Rechte ausübt, ist eine gesetzliche Spezialregelung zum Tatbestand der Sittenwidrigkeit. Die Norm hat einen engeren Anwendungsbereich als § 138 BGB und zum Teil engere Voraussetzungen. Zum einen gilt § 612a BGB nur im Arbeitsverhältnis, zum anderen verlangt § 612a BGB einen objektiven und unmittelbaren Zusammenhang zwischen der Rechtsausübung durch den Arbeitnehmer und der Benachteiligung durch eine Kündigung.

3. Kriterium: Verstößt die Kündigung gegen Treu und Glauben?

Kündigungsschutz kann sich auch aus dem Grundsatz von „Treu und Glauben" gemäß § 242 BGB ergeben. Ebenso wie die Sittenwidrigkeit ist auch die Bestimmung, was unter die Begriffe „Treu und Glauben" fällt, anhand der Wertentscheidungen des Grundgesetzes zu ermitteln. Verstößt eine Kündigung gegen § 242 BGB, ist sie unwirksam.

Anwendbarkeit nur bei Gründen, die nicht unter das Kündigungsschutzgesetz fallen würden

Wie bei der sittenwidrigen wurde auch bei der treuwidrigen Kündigung stets darauf geachtet, dass dem Arbeitnehmer auf Grundlage des § 242 BGB nicht der allgemeine Kündigungsschutz des Kündigungsschutzgesetzes gewährt wird, der vom Gesetzgeber bewusst unter anderem im Kleinbetrieb versagt wurde. Der Verstoß gegen Treu und Glauben kann zwar auch in der Sozialwidrigkeit einer Kündigung liegen. Wer nicht unter den Anwendungsbereich des Kündigungsschutzgesetzes fällt, kann sich aber nicht darauf berufen. Dementsprechend kann eine treuwidrige Kündigung außerhalb des Kündigungsschutzgesetzes nur vorliegen, wenn sie auf Gründe gestützt wird, die bei Anwendbarkeit des Kündigungsschutzgesetzes nicht erfasst würden. Bei Gründen, die nicht die soziale Rechtfertigung der Kündigung betreffen, bleibt § 242 BGB anwendbar.

Sowohl die *Kündigungserklärung* als auch ihre *Begründung* können gegen § 242 BGB verstoßen.

treuwidrige Kündigungserklärung

Eine Kündigung kann treuwidrig sein, wenn sie in ungehöriger Weise oder zur Unzeit erklärt wird.

Beispiel

Eine Kündigung, die auf einer Betriebsversammlung vor der gesamten Belegschaft erklärt wird, ist treuwidrig. Ebenso eine Kündigung durch Anschlag am Schwarzen Brett.

Beispiel

Eine Kündigung, die am Tag eines schweren Arbeitsunfalls, unmittelbar vor der damit verbundenen Operation ausgesprochen wird, wurde vom Bundesarbeitsgericht als treuwidrig erachtet.

Beispiel

Grundsätzlich kann eine Kündigung auch kurze Zeit vor Ablauf der sechsmonatigen Wartefrist ausgesprochen werden. Sie kann aber gegen Treu und Glauben verstoßen, wenn sie allein deshalb erklärt wird, um dem Arbeitnehmer den Kündigungsschutz zu nehmen.

treuwidrige Begründung

Außerhalb des Kündigungsschutzgesetzes ist das Kündigungsrecht nicht generell an einen Sachgrund gebunden. Der Arbeitgeber benötigt – ebenso wie der Arbeitnehmer – weder wichtige noch triftige noch sachliche Gründe für die Erklärung der ordentlichen Kündigung. Dennoch kennt die Rechtsprechung verschiedene Fallgruppen, die wegen ihrer Begründung gegen die Grundsätze von Treu und Glauben verstoßen.

Beispiel

Verhält sich der Arbeitgeber widersprüchlich, z.B., weil er kurz zuvor eine Kündigung des Arbeitnehmers zurückgewiesen hat und kurze Zeit später selber eine Kündigung ausspricht, verstößt er damit gegen Treu und Glauben.

Beispiel

Kündigt der Arbeitgeber einem noch nicht unter das Kündigungsschutzgesetz fallenden Arbeitnehmer wegen des Verdachts einer Straftat und teilt er ihm weder die Verdachtsquelle noch nähere Einzelheiten mit, wird es dem Arbeitnehmer unmöglich gemacht, sich gegen den möglicherweise unberechtigten Vorwurf zu wehren. Die Kündigung ist dann nach Ansicht des Bundesarbeitsgerichts treuwidrig und somit unwirksam.

Beispiel

Eine Kündigung lässt sich nicht allein auf die Gestaltung des privaten Lebensbereichs (z.B. Homosexualität) stützen.

Seit Inkrafttreten des Allgemeinen Gleichbehandlungsgesetzes wird eine Kündigung, die wegen einem der acht Diskriminierungsmerkmale (Rasse und ethnische Herkunft, Religion und Weltanschauung, Alter, Geschlecht, sexuelle Identität und Behinderung) ausgesprochen wird, ohne irgendeinen Bezug zum Arbeitsverhältnis aufzuweisen, ebenfalls treuwidrig und daher unwirksam sein (siehe hierzu auch Seite 261).

Ultima-Ratio-Prinzip auch außerhalb des Kündigungsschutzgesetzes

Auch wenn nicht endgültig geklärt ist, ob der allgemeine Grundsatz der Verhältnismäßigkeit außerhalb des Kündigungsschutzgesetzes gilt, sollte sich der Arbeitgeber in den Grenzen der zulässigen Rechtsausübung halten. Der Arbeitgeber sollte daher nur dann zur Kündigung greifen, wenn keine anderen geeigneten und ohne weiteres zumutbaren Möglichkeiten gegeben sind, um eine Kündigung zu verhindern.

Beispiel

Trifft eine Kündigung einen Arbeitnehmer aufgrund seiner sozialen Umstände besonders hart und ließe sich diese Kündigung ohne erheblichen Aufwand im Rahmen der betrieblichen Möglichkeiten, z.B. durch die Zuweisung eines anderen, freien Arbeitsplatzes leicht vermeiden, kann sie wegen Treuwidrigkeit unwirksam sein. Diese Fallgestaltung bleibt aber nur auf wenige krasse Ausnahmefälle beschränkt.

10.3 Der Fall: Ihre Mitarbeiterin erleidet einen Schicksalsschlag

Die 30-jährige A ist schwanger und arbeitet seit sechs Jahren im Betrieb des B. B beschäftigt neben A noch sechs weitere Beschäftigte, von denen er zwei erst nach dem 1. Januar 2004 eingestellt hat. Ein Betriebsrat existiert seit einem Jahr. Die wirtschaftliche Lage des Betriebs des B ist schlecht, weshalb er einen seiner Mitarbeiter kündigen muss.

Die Entscheidung, von welchem Mitarbeiter er sich trennen wird, macht B sich nicht leicht. Daher fragt er seinen Anwalt um Rat. B erzählt seinem Anwalt, dass er eigentlich der A kündigen möchte. Bis auf A seien alle seine Mitarbeiter Alleinverdiener und hätten Ehepartner und Kinder zu ernähren. Im Gegensatz dazu sei der Ehemann der A ebenfalls berufstätig und verdiene sogar sehr gut. Jedenfalls erzähle A im Betrieb immer, dass sie eigentlich nur arbeiten gehe, damit sie sich zu Hause nicht langweile, „nötig habe sie es als Arztgattin ja nicht". Die Arbeitsleistung der A sei im Großen und Ganzen in Ordnung. Nur ab und zu hätten sich schon Kunden über sie beschwert, weil sie am Telefon unfreundlich war. Seit dem habe er die A nicht mehr für Arbeiten mit direktem Kundenkontakt eingesetzt. Wenn er künftig aber einen Mitarbeiter weniger habe, dann müsse jeder Mitarbeiter überall im Betrieb mithelfen. Er könne dann keinen Mitarbeiter mehr sozusagen „von den Kunden fern halten". Auch deshalb sei es seiner Meinung nach am gerechtesten, wenn er der A kündige. Der Anwalt erklärt dem B daraufhin, dass sich seine Argumente durchaus hören ließen, aber eine Kündigung der A sei wegen ihrer Schwangerschaft nicht ohne weiteres möglich. A genieße den Sonderkündigungsschutz des Mutterschutzgesetzes. Daraufhin erklärt B, dass er sich dann noch einmal Gedanken machen müsse.

Am 5. Mai besucht A in ihrer Freizeit eine Theateraufführung. Auf dem Heimweg hat A einen Autounfall. A wird lediglich leicht verletzt, erleidet jedoch infolge des Unfalls eine Fehlgeburt.

Am 19. Mai übergibt ein Bote der Mutter von B, die mit ihrem Ehemann bei ihren Eltern wohnt, ein Kündigungsschreiben. Darin heißt es, dass A sich seine Entscheidung nicht leicht gemacht habe, er sich aber gezwungen sehe, das Arbeitsverhältnis mit A leider aus „betrieblichen Gründen" beenden zu müssen. Die Mutter lässt den Brief ungeöffnet auf dem Flurtischchen liegen, wo A ihn erst zwei Tage später entdeckt.

A will sich die Kündigung nicht gefallen lassen. Sie ist der Meinung, dass die Kündigung sittenwidrig und treuwidrig sei – immerhin habe sie gerade ihr Kind verloren. B hätte auf ihre schwierige Lage Rücksicht nehmen müssen und ihr in dieser Situation nicht kündigen dürfen. Außerdem habe der Betriebsrat, dem B zuvor die Kündigung „aus betrieblichen Gründen" mitgeteilt hatte, nicht zugestimmt.

Ist die Kündigung tatsächlich unwirksam?

1. Schritt: Welche Rechtsvorschriften sind anwendbar?

Liegt ein besonderer Kündigungsschutz vor?

Zunächst muss ermittelt werden, welche Rechtsvorschriften im konkreten Fall einschlägig sind. Das hängt zum einen von der Person des Arbeitnehmers ab, zum anderen von der Größe des Betriebes.

besonderer Kündigungsschutz

Die Person des Arbeitnehmers ist für die Frage maßgeblich, ob *besondere Schutznormen* zur Anwendung kommen. Solche Schutznormen für bestimmte Personengruppen können sich aus einem Tarifvertrag, einer Betriebsvereinbarung oder aus dem Gesetz ergeben.

Übersicht zu den besonders geschützten Personengruppen:

Personengruppe	Vorschrift	Wann?	Wirkung
• Schwangere	§ 9 Mutterschutzgesetz	Ab Schwangerschaft bis 4. Monat nach Entbindung	Kündigung nur ausnahmsweise mit vorheriger Zustimmung des Gewerbeaufsichtsamtes
• Mann/Frau in der Elternzeit	§ 18 Bundeselterngeld- und Elternzeitgesetz (BEEG)	Ab Antrag bis zum Ende der Elternzeit	Kündigung nur ausnahmsweise mit vorheriger Zustimmung des Gewerbeaufsichtsamtes
• Schwerbehinderte Menschen und Gleichgestellte	§§ 85, 90,91 Sozialgesetzbuch IX	6 Monate Wartezeit und mind. Antrag beim Integrationsamt	Kündigung nur ausnahmsweise mit vorheriger Zustimmung des Integrationsamts
• Betriebsräte, Jugendvertreter, Wahlbewerber, • Wahlvorstand	§ 15 Kündigungsschutzgesetz § 103 Betriebsverfassungsgesetz	Während Amt	Nur außerordentliche Kündigung und Zustimmung des BR erforderlich
• Nachwirkung für Betriebsräte, Jugendvertreter, Wahlbewerber, Wahlvorstand	§ 15 Kündigungsschutzgesetz	Ab Amtsende für ein Jahr bzw. 6 Monate	Nur außerordentliche Kündigung

Im vorliegenden Fall muss in Erwägung gezogen werden, dass A – trotz der erlittenen Fehlgeburt – unter den Schutz des § 9 Mutterschutzgesetz fallen könnte.

Bestehen einer Schwangerschaft, nicht Absicht, schwanger zu werden

Das Mutterschutzgesetz soll seinem Zweck nach dem Widerstreit zwischen der Stellung einer Arbeitnehmerin in ihrem Beruf und ihre Stellung als werdende Mutter ausgleichen. Aus diesem Grund wird die Arbeitnehmerin während der Schwangerschaft und einer bestimmten Zeit danach geschützt. Die Schutzvorschriften beziehen sich auf den gesundheitlichen Schutz, die wirtschaftliche Versorgung der werdenden Mutter und die Sicherung des Arbeitsplatzes. Nach der Rechtsprechung endet der Schutz des Mutterschutzgesetzes, wenn die Arbeitnehmerin eine Fehlgeburt erleidet, weil die durch das Mutterschutzgesetz besonders geschützte Konfliktsituation dann nicht mehr besteht.

A fällt daher weder in den direkten noch in den analogen Anwendungsbereich dieser Vorschrift

Liegen andere Kündigungsschutzbestimmungen vor?

Tarifvertrag, Betriebsvereinbarung

Viele Tarifverträge enthalten Regelungen, nach denen Mitarbeiter ab einem bestimmten Alter und einer bestimmten Betriebszugehörigkeit nur noch außerordentlich gekündigt werden können. Nicht selten sind auch freiwillige Betriebsvereinbarungen, die eine Kündigung vom Arbeitgeber nach § 102 Abs. 6 BetrVG von der Zustimmung des Betriebsrats abhängig machen.
Auch diese besonderen Kündigungsschutzregelungen sind im vorliegenden Fall nicht einschlägig.

2. Schritt: Anwendung des Kündigungsschutzgesetzes

Der *allgemeine gesetzliche Kündigungsschutz* nach dem Kündigungsschutzgesetz (KSchG) kommt zur Anwendung, wenn im Betrieb regelmäßig mehr als 10 Arbeitnehmer beschäftigt werden und das Arbeitsverhältnis mit dem zu kündigenden Arbeitnehmer bereits länger als sechs Monate besteht. Dieser so genannte „Schwellenwert" wurde durch die Reform des Kündigungsschutzgesetzes, die am 1.1.2004 in Kraft getreten ist, von bisher fünf auf zehn angehoben. Die Neuregelung betrifft allerdings nur solche Arbeitsverhältnisse,

die ab dem 1.1.2004 begründet wurden und führt somit zu gespaltenen Konsequenzen:
Arbeitnehmer in Betrieben mit mehr als fünf und weniger als zehn Beschäftigten, die am 31.12.2003 Kündigungsschutz hatten, behalten diesen. Arbeitnehmer in Betrieben mit maximal fünf Beschäftigten, die am 31.12.2003 keinen Kündigungsschutz hatten, bekommen auch dann keinen, wenn ab dem 1.1.2004 noch bis zu fünf weitere Arbeitnehmer eingestellt werden.
Diese Neuregelung ist ein Kompromiss, der von den Arbeitgebern künftig einen erhöhten Prüfungsaufwand erfordert, da es nicht mehr nur auf die Zahl der Arbeitnehmer ankommt, sondern auch darauf, wann diese eingestellt wurden (Beispiele siehe Seite 234, 235).

Neuregelung ab 1.1.2004

Im Betrieb des B sind neben A noch sechs weitere Mitarbeiter beschäftigt, von denen zwei erst nach dem 1.1.2004 angestellt wurden.
Vor dem 1.1.2004 , als noch der Schwellenwert von fünf Arbeitnehmern maßgeblich war, fiel der Betrieb des B noch nicht in den Anwendungsbereich des Kündigungsschutzgesetzes, da bis dahin nur fünf Arbeitnehmer beschäftigt waren. Aufgrund der ab dem 1.1.2004 geltenden Neuregelung konnte B noch zwei weitere Mitarbeiter einstellen, ohne dass es zu einer Anwendung des Kündigungsschutzgesetzes kommt.

B muss vorliegend also nicht die Vorschriften des Kündigungsschutzgesetzes beachten.

3. Schritt: Ist die Kündigung sittenwidrig?

Da das Kündigungsschutzgesetz – wie soeben geprüft – nicht auf das Arbeitsverhältnis anzuwenden ist, kann B grundsätzlich ohne Vorliegen eines Kündigungsgrundes im Sinne des Kündigungsschutzgesetzes kündigen.

Sittenwidrigkeit nach Gesamtwürdigung aller Umstände

Eine Kündigung kann jedoch auch wegen *Sittenwidrigkeit* unzulässig sein. Die Rechtsprechung hat bei der Prüfung der Sittenwidrigkeit von Kündigungen stets einen strengen Maßstab angelegt und darauf abgestellt, eine Kündigung müsse „dem Anstandsgefühl aller billig und gerecht Denkenden“ krass widersprechen, um als sittenwidrig angesehen zu werden. Da die Kündigung als Willenserklärung an sich wertfrei ist, kann sich die Sittenwidrigkeit nur aus dem ihr zu

Grunde liegenden Motiv oder Zweck ergeben. Auch in den Fällen, in denen ein einseitiges Rechtsgeschäft auf einem unsittlichen Motiv (z.B. Rachsucht) beruht, ist jedoch nicht immer das Motiv als solches entscheidend. Vielmehr kommt es darauf an, dass durch das unsittliche Motiv das Rechtsgeschäft als Regelung sittenwidrig wird. Ob eine Kündigung wegen Sittenwidrigkeit unwirksam ist, kann daher nur eine Gesamtwürdigung aller Umstände des Einzelfalles ergeben.

besonders verwerfliche Motive

Sittenwidrigkeit wäre im vorliegenden Fall also nur dann anzunehmen, wenn besonders verwerfliche Motive des B zur Kündigung geführt hätten. Aufgrund der schlechten wirtschaftlichen Lage seines Betriebes musste B einen seiner Mitarbeiter entlassen. Dabei wollte er denjenigen kündigen, den der Verlust des Arbeitsplatzes aus seiner Sicht am wenigsten hart treffen würde. B entschied sich letztendlich vor allem deshalb für A, weil sie als einzige seiner Beschäftigten keine Unterhaltspflichten zu erfüllen hat und durch das Gehalt ihres Ehemannes auch selbst finanziell abgesichert ist. B hat bei seiner Entscheidung das Interesse der A, in der kritischen Situation nach ihrer Fehlgeburt Ablenkung in ihrer Arbeit zu finden, den Unterhaltsverpflichtungen der anderen Mitarbeiter untergeordnet. Das ist jedoch nicht verwerflich.

4. Schritt: Liegt ein Verstoß gegen das Maßregelungsverbot vor?

Kündigung trotz zulässiger Rechtsausübung des Arbeitnehmers

Gemäß § 612a BGB darf der Arbeitgeber einen Arbeitnehmer bei einer Vereinbarung oder einer Maßnahme nicht benachteiligen, weil der Arbeitnehmer in zulässiger Weise seine Rechte ausübt. Diese Vorschrift ist eine Spezialregelung zum Tatbestand der Sittenwidrigkeit. Die Kündigung des Arbeitsverhältnisses durch den Arbeitgeber kann eine Maßnahme im Sinne dieser Norm sein, wenn der Arbeitgeber einen Arbeitnehmer wegen dessen an sich zulässiger Rechtsausübung maßregelt, d.h. in diesem Fall, ihn deshalb kündigt. Weitere Voraussetzung ist, dass diese rechtmäßige Rechtsausübung durch den Arbeitnehmer für die Kündigung das tragende Motiv und nicht nur mitursächlich war.

Auch diese Voraussetzungen sind im vorliegenden Fall nicht erfüllt.

5. Schritt: Ist die Kündigung treuewidrig?

Die Kündigung könnte jedoch gegen das Gebot von Treu und Glauben gemäß § 242 BGB verstoßen.

Der Grundsatz von Treu und Glauben bildet eine allen Rechten, Rechtslagen und Rechtsnormen immanente Inhaltsbegrenzung, wobei eine gegen § 242 BGB verstoßende Rechtsausübung oder Ausnutzung einer Rechtslage als unzulässig angesehen wird. Das gilt auch für eine mittels Kündigung ausgeübte Gestaltungsmacht.

Kündigungsschutzgesetz konkretisiert Grundsatz von Treu und Glauben

Welche Anforderungen sich aus Treu und Glauben ergeben, lässt sich dabei wiederum nur unter Berücksichtigung der Umstände des Einzelfalles entscheiden. Die allgemein gehaltene Formulierung verlangt von dem Rechtsanwender eine Konkretisierung am Maßstab von Wertvorstellungen, die in erster Linie von den Grundsatzentscheidungen der Verfassung bestimmt werden. Im Rahmen der Beurteilung, ob eine Kündigung den Anforderungen des § 242 BGB genügt, ist darüber hinaus zu beachten, dass das Kündigungsschutzgesetz die Voraussetzungen und Wirkungen des Grundsatzes von Treu und Glauben konkretisiert und abschließend geregelt hat, soweit es um den Bestandsschutz und das Interesse des Arbeitnehmers an der Erhaltung seines Arbeitsplatzes geht. Umstände, die in diesem Rahmen zu würdigen sind, kommen – unabhängig von der Anwendbarkeit des Kündigungsschutzgesetzes – als Verstöße gegen Treu und Glauben nicht in Betracht.

Daraus folgt, dass es nicht gegen Treu und Glauben verstößt, wenn der Arbeitgeber innerhalb des Rahmens der gesetzlichen kündigungsrechtlichen Vorschriften von dem ihm nach dem Grundsatz der Privatautonomie eingeräumten Kündigungsrecht Gebrauch macht. Ein Verstoß gegen § 242 BGB wird kommt daher nur in begrenzten Fallgruppen in Betracht.

Beispiel

Widersprüchliches Verhalten oder Ausspruch einer Kündigung in verletzender Form oder wegen der Gestaltung des privaten Lebensbereichs, z.B. weil der Arbeitnehmer homosexuell ist.

Kündigung zur Unzeit

Das Bundesarbeitsgericht hat auch einen Verstoß gegen Treu und Glauben bejaht, wenn der Arbeitgeber die Kündigung zur Unzeit erklärt. Dafür reicht es jedoch nicht aus, dass der Arbeitgeber die Kündigung zu einem für den Arbeitnehmer besonders belastenden Zeitpunkt ausspricht.

Beispiel

Eine Kündigung an „Heiligabend" erfolgt nicht zur Unzeit. Eine Kündigung ist auch nicht allein deshalb treuwidrig, weil sie dem Arbeitnehmer zugeht, während er krank ist oder sie kurz nach dem Tod des Ehepartners oder eines nahen Angehörigen ausgesprochen wird.

Vielmehr müssen noch weitere Umstände hinzukommen, die den Zeitpunkt der Kündigungserklärung als Missachtung der Persönlichkeit des Gekündigten herausstellen.

Beispiel

Eine Kündigung, die dem Arbeitnehmer nach einem schweren Arbeitsunfall am gleichen Tage im Kankenhaus unmittelbar vor einer auf dem Unfall beruhenden Operation ausgehändigt wird, ist treuwidrig und daher unwirksam.

Besondere Umstände, die die Kündigung als Missachtung der A erscheinen lassen, sind im vorliegenden Fall nicht ersichtlich. Allein die Tatsache, dass die Kündigung kurz nach der Fehlgeburt ausgesprochen wurde, reicht nicht aus, um eine Treuewidrigkeit der Kündigung zu begründen.

Ergebnis

Die Kündigung ist demnach weder sitten- noch treuwidrig.

6. Schritt: Muss der Betriebsrat beteiligt werden?

Anhörung vor jeder Kündigung!

Eine Anhörung des Betriebsrats muss vor *jeder* Kündigung erfolgen. Dies gilt für alle Arbeitgeberkündigung in Betrieben mit einem Betriebsrat, also auch dann, wenn das Kündigungsschutzgesetz nicht anwendbar ist.

Achtung

Eine ohne Anhörung ausgesprochene Kündigung ist unheilbar nichtig. Auch eine nachträglich erteilte Zustimmung durch den Betriebsrat hilft der Kündigung nichts mehr.

subjektive Motivation für Kündigung

Der Arbeitgeber muss dem Betriebsrat den Namen des zu Kündigenden sowie Art und Zeitpunkt der Kündigung mitteilen. Da bei einer Kündigung außerhalb des Kündigungsschutzgesetzes das Vorliegen eines Kündigungsgrundes nicht erforderlich ist, ist es in diesem Fall auch ausreichend, wenn der Arbeitgeber dem Betriebsrat nur seine subjektive Motivation für die Kündigung mitteilt.

Vorliegend hat B dem Betriebsrat mitgeteilt, er wolle A aus „betrieblichen Gründen" kündigen. Diese Aussage entspricht seiner subjektiven Motivation.

keine Zustimmung notwendig

Entgegen der Ansicht der A war die Zustimmung des Betriebsrats für die Rechtmäßigkeit der Kündigung nicht erforderlich.

Das Mitbestimmungsrecht des Betriebsrats ist als Anhörungsrecht ausgestaltet, d.h., dem Arbeitgeber obliegt es, den Betriebsrat über die geplante Kündigung zu informieren. Darüber hinaus hat er die Meinung des Betriebsrats entgegenzunehmen. Damit ist das Mitbestimmungsrecht dann aber auch erledigt: Der Arbeitgeber kann unabhängig von der Meinung des Betriebsrats die Kündigung aussprechen, er braucht hierzu nicht die Zustimmung des Betriebsrats.

dreistufiges Anhörungsverfahren

Wie nachfolgende Übersicht zeigt, ist das Anhörungsverfahren in drei Stufen eingeteilt:

- Stufe 1: Einleitung des Anhörungsverfahrens
  Der Arbeitgeber muss dem Betriebsrat alle notwendigen Informationen geben (Sozialdaten, Art und Zeitpunkt der Kündigung, alle Tatsachen für den Kündigungsgrund).
- Stufe 2: Stellungnahme des Betriebsrats
  Hier ist der Betriebsrat gefordert: Er hat über die geplante Kündigung zu beraten und das Ergebnis dem Arbeitgeber mitzuteilen (Widerspruch oder Zustimmung).
- Stufe 3: Abwarten der Stellungnahme
  Der Arbeitgeber muss die abschließende schriftliche Stellungnahme des Betriebsrats oder jedenfalls die einwöchige Frist des § 102 Abs. 2 BetrVG abwarten.

Widerspruch

Danach kann der Arbeitgeber – unabhängig von dem Inhalt der Stellungnahme – die Kündigung aussprechen. Ein Widerspruch wirkt sich nicht auf die Rechtmäßigkeit der Kündigung aus, sondern nur auf das Bestehen eines Weiterbeschäftigungsanspruchs des Arbeitnehmers während eines anhängigen Kündigungsschutzprozesses.

Muster: Anhörungsschreiben an den Betriebsrat bei personenbedingter Kündigung

siehe CD-ROM

An den Betriebsrat
z.Hd. Frau /Herrn Betriebsratsvorsitzende/n

Die Betriebsleitung beabsichtigt, den/die Arbeitnehmer/in
Name/Vorname ....
Personalnummer ....
geb. am .... in.......................
wohnhaft in der ....-Straße, Nr. ...., in ....(Ort)
Familienstand ....
.... unterhaltspflichtige Kinder
beschäftigt in unserem Unternehmen seit ....
zuletzt als.......... in Abteilung ....

nach Abschluss des Anhörungsverfahrens unter Einhaltung der Kündigungsfrist von
.... Wochen / .... Monaten ordentlich zum ....

zu kündigen.

Der beabsichtigten Kündigung liegt im Einzelnen folgender Sachverhalt zugrunde:
....
....
....
(Es folgt die Angabe sämtlicher Umstände, die für die Kündigungsentscheidung des Arbeitgebers maßgebend sind. Der Betriebsrat muss dadurch in die Lage versetzt werden, ohne eigene Nachforschungen die Stichhaltigkeit der Kündigungsgründe zu überprüfen. Die Angaben müssen vollständig und wahrheitsgemäß sein.)

Der Betriebsrat wird gebeten, schnellstmöglich die unten bereits formularmäßig vorbereitete Stellungnahme abzugeben.

....
Ort / Datum Unterschrift

<u>Anlagen</u>
- Personalakte
- Entwurf des Kündigungsschreibens
- Formular Stellungnahme

Stellungnahme des Betriebsrats

Der Betriebsrat hat dieses Anhörungsschreiben am .... erhalten und zur Kenntnis genommen.

Der Betriebsrat stimmt der beabsichtigten Kündigung zu.

Der Betriebsrat erhebt gegen die beabsichtigte Kündigung Widerspruch.
Die Gründe sind auf einem gesonderten Beiblatt aufgeführt.

Der Betriebsrat wird keine Erklärung hierzu abgeben.

(Zutreffendes bitte ankreuzen)

....
Ort / Datum Unterschrift

7. Schritt: Welche Fristen sind zu beachten?

gesetzliche Kündigungsfrist

Für die Kündigung von Arbeitsverhältnissen gelten gesetzlich vorgeschriebene Fristen. Diese werden von § 622 BGB geregelt. Danach beträgt die Grundkündigungsfrist vier Wochen zum Ende eines Monats oder zum 15. eines Monats.

Kleinunternehmen

Die gesetzlichen Kündigungsfristen gelten grundsätzlich auch für Arbeitnehmer in Kleinunternehmen. Einzelvertraglich kann hier aber eine kürzere als die gesetzliche Grundfrist (§ 622 Abs. 1 BGB) vereinbart werden, wenn der Arbeitgeber in der Regel nicht mehr als 20 Arbeitnehmer beschäftigt und die Grundkündigungsfrist von vier Wochen nicht unterschritten wird. Von der verlängerten Frist des § 622 Abs. 2 BGB (für länger bestehende Arbeitsverhältnisse) darf nicht abgewichen werden.

Im Ergebnis bedeutet das, dass der einzige Unterschied für Kleinarbeitgeber zu den gesetzlichen Kündigungsfristen darin besteht, dass sie von dem Kündigungstermin des 15. oder des Endes eines Kalendermonats abweichen können.

Beispiel

Im Kleinunternehmen kann unter Einhaltung der vierwöchigen Grundfrist beispielsweise am Montag, den 8. Oktober 2007 zum Montag, den 5. November 2007 gekündigt werden, wenn einzelvertraglich eine Abweichung von § 622 Abs.1 BGB vereinbart wurde.

Die einzelvertraglichen Gestaltungsmöglichkeiten sind daher also äußerst begrenzt.

Im vorliegenden Fall ist nicht ersichtlich, dass B und A eine von den gesetzlichen Vorgaben abweichende Vereinbarung bezüglich der Kündigungsfristen getroffen haben. Da A bereits seit sechs Jahren bei B beschäftigt ist, gilt für sie gemäß § 622 Abs. 2 Nr. 2 BGB die verlängerte Kündigungsfrist von zwei Monaten zum Ende eines Kalendermonats. Die im Mai ausgesprochene Kündigung wirkt demnach erst zum 31. Juli.

8. Schritt: Liegt eine ordnungsgemäße Kündigungserklärung vor?

Die Kündigungserklärung ist eine einseitige, empfangsbedürftige Willenserklärung, die außerdem hinreichend bestimmt sein muss. Konkret bedeutet das: Der Beendigungswille muss für den Empfänger klar erkennbar sein, sonst liegt nur die Ankündigung der Kündigung vor.

Beendigungswille muss deutlich erkennbar sein.

Beispiel

Wird der Arbeitnehmer lediglich der Arbeitsstelle verwiesen, ist dies in der Regel keine Kündigung, sondern eine Freistellung. Der Beendigungswille ist nicht eindeutig feststellbar.

Eine ordnungsgemäße Kündigungserklärung ist in dem Schreiben zu sehen, das der Mutter der A am 19. Mai durch einen Boten übergeben worden ist.
Dieses Schreiben bringt den Kündigungswillen des B klar zum Ausdruck. Auch die gesetzliche Schriftform des § 623 BGB ist gewahrt.

Zugang

Weitere Voraussetzung für eine wirksame Kündigungserklärung ist jedoch, dass sie dem Empfänger zugeht. Der Zeitpunkt, zu dem die Kündigung zugeht, ist darüber hinaus entscheidend für den Beginn der Kündigungsfrist.

Möglichkeit der Kenntnisnahme

Wird eine Willenserklärung gegenüber einer abwesenden Person gemacht, geht sie gemäß § 130 BGB dann zu, wenn sie in verkehrsüblicher Weise in die tatsächliche Verfügungsgewalt des Empfängers bzw. eines empfangsbefugten Dritten gelangt und für den

Empfänger unter gewöhnlichen Verhältnissen die Möglichkeit der Kenntnisnahme besteht.

Wenn für den Empfänger diese Möglichkeit besteht, ist es unerheblich, wann er die Erklärung tatsächlich zur Kenntnis genommen hat oder ob er daran durch Krankheit, zeitweilige Abwesenheit oder andere besondere Umstände (Urlaub, Untersuchungshaft) gehindert war.

Annahme durch Angehörige

Weiter genügt es, wenn der Brief an eine Person ausgehändigt wird, die nach der Verkehrsauffassung als ermächtigt anzusehen ist, den Empfänger in der Empfangnahme zu vertreten. Als ermächtigt werden nach der Verkehrsauffassung jedenfalls Angehörige angesehen, die mit dem Empfänger in einer Wohnung leben.

Risikobereich des tatsächlichen Empfängers

Im vorliegenden Fall war die Mutter wegen der bestehenden Hausgemeinschaft als Empfangsbotin anzusehen. Die Kündigung ist daher am 19. Mai zugegangen. Daran ändert auch der Umstand nichts, dass die Mutter den Brief vergessen und A ihn erst zwei Tage später gefunden hat. Die Weiterleitung durch den Empfangsboten liegt in dem Risikobereich des tatsächlichen Empfängers.

Tipp

Den Zugang der Kündigung hat bei einer gerichtlichen Auseinandersetzung der Arbeitgeber zu beweisen. Es ist daher zu empfehlen, die Kündigung persönlich oder mittels eines Boten, der von dem Inhalt des Briefes Kenntnis hat, zu übergeben. Die Übermittlung per Einschreiben beinhaltet dagegen immer ein Risiko: weder mit dem Übergabe-Einschreiben (Postbote versucht das Schreiben dem zu Kündigenden persönlich zu übergeben, sonst wird ein Benachrichtigungszettel in den Briefkasten eingeworfen) noch mit dem Einwurf-Einschreiben (der Postbote wirft den Einschreibebrief in den Briefkasten und vermerkt dies in einer Liste) kann ein voller Zugangsbeweis erbracht werden. Legt der Arbeitgeber den Auslieferungsbeleg vor, wird lediglich nachgewiesen, dass irgendein Brief übermittelt wurde. Wird der Zusteller als Zeuge benannt, kann er sich in der Regel nicht mehr erinnern, außerdem kann er auch den Inhalt des Schreibens nicht bezeugen (siehe auch Seite 278).

Muster: Kündigung außerhalb des Kündigungsschutzes

siehe CD-ROM

Sehr geehrter Herr............/Sehr geehrte Frau ....,

hiermit kündige ich das seit ...... bestehende Arbeitsverhältnis unter Einhaltung der einschlägigen Kündigungsfrist von .... Wochen/Monaten ordentlich zum ...

Der Betriebsrat wurde zu dieser Kündigung angehört. Die Stellungnahme des Betriebsrats ist in der Anlage beigefügt (oder) Der Betriebsrat hat der Kündigung nicht widersprochen.

Bitte bestätigen Sie den Erhalt dieses Schreibens auf der in Anlage beigefügten Empfangsbestätigung.

Wir weisen darauf hin, dass Sie nach § 37 b SGB III verpflichtet sind, sich nach Erhalt dieses Kündigungsschreibens unverzüglich bei der zuständigen Agentur für Arbeit (ehemals Arbeitsamt) als Arbeitsuchender zu melden, da andernfalls Ihr Anspruch auf Arbeitslosengeld gemindert werden kann. Sie sind zudem verpflichtet, selbst bei der Suche nach einem anderen Arbeitsplatz aktiv zu werden.

Mit freundlichen Grüßen

____

Ort/Datum

____

Kündigungsberechtigter oder bevollmächtigter Vertreter

Anlagen:

Kündigungsvollmacht (Original)

Stellungnahme des Betriebsrats vom ... (nur im Falle des Widerspruchs)

Formular Empfangsbestätigung

Zulassung der Kündigung nach dem Mutterschutzgesetz

Die zuständige Aufsichtsbehörde kann auf Antrag des Arbeitgebers ausnahmsweise ihre Zustimmung zur Kündigung erteilen. Die Anforderungen an den Grund hierfür sind sehr hoch. Nicht ausreichend ist ein „wichtiger Grund" im Sinne des § 626 BGB, der eine außerordentliche Kündigung rechtfertigen würde. Vielmehr müssen noch weitere besondere Umstände hinzutreten, wie z.B.

- schwerwiegende Vertragsverstöße
- schwere Vermögensdelikte

- Tätlichkeiten gegenüber dem Arbeitgeber
- Betriebsstillegung
- Existenzgefährdung des Betriebes bei Fortdauer des Arbeitsverhältnisses.

Der Antrag kann wie folgt formuliert werden:

Muster: Antrag auf Zulassung der Kündigung nach dem Mutterschutzgesetz

siehe CD-ROM

Antrag auf Zulassung der Kündigung von Frau ....,
bei uns beschäftigt seit ..... zuletzt als ....
Voraussichtlicher Termin der Entbindung ist am ....
Die Elternzeit wird voraussichtlich in Anspruch genommen. Sie beginnt voraussichtlich am ....

Die Kündigung ist aus folgenden (wahlweise: betriebsbedingten, verhaltensbedingten, personenbedingten oder wichtigen) Gründen erforderlich (Beweismittel angeben):

....

....

....

Die Stellungnahme des Betriebsrats ist beigefügt.

____________________ ____________________

Ort/Datum Unterschrift

Zulassung der Kündigung nach dem Bundeselterngeld- und Elternzeitgesetz

Die für den Arbeitsschutz zuständige oberste Arbeitsbehörde oder eine von ihr bestimmte Stelle kann in besonderen Fällen die Kündigung für zulässig erklären. Die Zuständigkeit ist in den einzelnen Bundesländern unterschiedlich geregelt. Ebenso wie bei der Kündigung während der Schwangerschaft, wird die Zustimmung nur unter besonderen Umständen erteilt.

Der Antrag kann wie folgt formuliert werden:

Muster: Antrag auf Zulassung der Kündigung nach dem Bundeselterngeld- und Elternzeitgesetz:

Antrag auf Zulassung der Kündigung von Frau ....,
bei uns beschäftigt seit ..... zuletzt als ....
Der/Die Arbeitnehmer/in hat Elternzeit am .... verlangt.
Die Elternzeit wird in Anspruch genommen
von .... bis.........................

Der/Die Arbeitnehmer/in leistet Teilzeitarbeit von .... Wochenstunden.

Die Kündigung ist aus folgenden (wahlweise: betriebsbedingten, verhaltensbedingten, personenbedingten oder wichtigen) Gründen erforderlich (Beweismittel angeben):

....

....

....

Die Stellungnahme des Betriebsrats ist beigefügt.

______________ ______________________

Ort/Datum Unterschrift

siehe CD-ROM

Zulassung der Kündigung eines schwerbehinderten Arbeitnehmers

Zur Kündigung eines schwerbehinderten Arbeitnehmers ist die vorherige Zustimmung des Integrationsamts erforderlich. Der Arbeitgeber muss die Zustimmung schriftlich in doppelter Ausführung beantragen. Beim Integrationsamt liegen Formulare bereit, deren Verwendung sinnvoll ist. Zuständig ist die Behörde, in deren Zuständigkeitsbereich der Betrieb liegt, in dem der schwerbehinderte Arbeitnehmer beschäftigt ist.

Tipp

Weitere Informationen finden Sie im Internet unter der Adresse www.integrationsaemter.de.

10.4 Prüfschema

Das Prüfschema ist eine Tabelle, die nicht nur über alle wichtigen Prüfungspunkte, sondern auch über die rein organisatorischen Fragen („Was?") informiert, darüber hinaus Aufschluss gibt, in wessen Zuständigkeitsbereich („Wer?") die betreffenden Prüfungsschritte und Maßnahmen fallen, und zudem eine Zeitschiene („Bis wann?") enthält, in der Termine und Fristen eingetragen werden können.

siehe CD-ROM

	Was?	Wer?	Bis wann?
	Bestehen besondere Kündigungsverbote oder Beschränkungen?		
	• aufgrund Arbeitsvertrag,		
	• Betriebsvereinbarung,		
	• Tarifvertrag oder - Gesetz		
	Findet das Kündigungsschutzgesetz Anwendung?		
	• mehr als 10 Beschäftigte,		
	• Wartezeit von 6 Monaten abgelaufen		
	Gleichbehandlungsgebot		
	Liegt ein Verstoß gegen das Gleichbehandlungsgebot vor?		
	Ist die Kündigung sittenwidrig?		
	• Wenn die Kündigung auf einem verwerflichen Motiv beruht (Rachsucht, Vergeltung) oder auf einem anderen Grund, der dem Anstandsgefühl widerspricht.		
	Ist die Kündigung treuewidrig?		
	• Kündigungserklärung in ungehöriger Weise oder zur Unzeit		
	• Überschreitet die Kündigung die Grenzen zulässiger Rechtsausübung		
	⇒ Wenn eine der Fragen mit „Ja" beantwortet wird, ist die Kündigung unzulässig.		
	Maßregelungsverbot		
	Liegt ein Verstoß gegen das Maßregelungsverbot vor?		

	Was?	Wer?	Bis wann?
	Information des Betriebsrats bzgl.		
	• Personalien des AN		
	• Art und Gründe der Kündigung		
	• Kündigungsfrist		
	Abschließende Stellungnahme des Betriebsrats?		
	• Betriebsrat hat abschließende Stellungnahme ausdrücklich abgegeben, *oder*		
	• nach Ablauf einer Woche (bei ordentlicher Kündigung), wenn sich der BR nicht äußert.		
	Ausspruch der Kündigung		
	• unbedingt schriftlich		
	• Inhalt: Kündigungsart und Kündigungsfrist		
	• eigenhändige Unterzeichnung der Kündigungserklärung durch Kündigungsberechtigten selbst, *oder* • eigenhändige Unterzeichnung durch bevollmächtigten Vertreter		
	Kündigungserklärung/Kündigungsbestätigung		
	• Kündigungserklärung wurde zugestellt?		
	• Kündigungsbestätigung wurde vom Arbeitnehmer unterschrieben?		

10.5 Arbeitsmittel auf der CD-ROM

Prüfschema

Das Prüfschema (siehe oben) steht Ihnen auf der CD-ROM zur Verfügung. Öffnen Sie es in Ihrer Textverarbeitungssoftware, tragen Sie in die Spalten „Wer?" die jeweils Verantwortlichen namentlich ein und in und in die Spalte „Wann?" einen konkreten Termin. Und selbstverständlich können Sie die Datei auch ausdrucken und speichern oder an alle Beteiligten wie ein Protokoll verteilen.

10

Muster: Kündigung außerhalb des Kündigungsschutzes

Tragen Sie in das Muster die persönlichen Daten des zu kündigenden Mitarbeiters ein. Überprüfen Sie den Kündigungstermin oder tragen Sie eine Standardformulierung („fristgerecht“) ein. Vergessen Sie nicht zu unterschreiben. Dann überreichen Sie die schriftliche Kündigung im Original (genaue Informationen zu Inhalt, Form, Zugang u.s.w. einer Kündigung siehe Grundlagenkapitel, ab Seite 272).

Zwei Muster: Antrag auf Zulassung einer Kündigung nach dem

- Mutterschutzgesetz (Schwangere, Wöchnerin)
- Bundeselterngeld- und Elternzeitgesetz (Elternzeit)

Achten Sie darauf, dass der Antrag wirklich alle notwendigen Informationen enthält. Am besten, Sie lassen ihn durch jemanden gegenlesen. Weitere Informationen erhalten Sie im Grundlagenkapitel ab Seite 272.

Die Grundlagen

1 Das Allgemeine Gleichbehandlungsgesetz

Vier EU-Richtlinien

Am 18. August 2006 ist das Allgemeine Gleichbehandlungsgesetz (AGG) in Kraft getreten. Hintergrund sind vier EU-Antidiskriminierungsrichtlinien, die die Bundesrepublik Deutschland in nationales Recht umsetzen musste.

Acht Diskriminierungsmerkmale

Durch die neuen Antidiskriminierungsvorschriften sollen Beschäftigte vor Benachteiligungen wegen

- der Rasse und ethnischen Herkunft,
- ihrer Religion und Weltanschauung,
- einer Behinderung,
- ihrer sexuellen Identität,
- ihres Alters
- ihres Geschlechts

geschützt werden.

Gilt das AGG überhaupt für Kündigungen?

Grundsätzlich finden die Antidiskriminierungsvorschriften des Allgemeinen Gleichbehandlungsgesetzes in jeder Phase eines Arbeitsverhältnisses Anwendung.

Beispiele

Im Bewerbungsverfahren darf ein Bewerber nicht wegen eines Diskriminierungsmerkmals abgelehnt werden. Im laufenden Arbeitsverhältnis darf ein Arbeitgeber die Beförderung eines Mitarbeiters nicht wegen eines Diskriminierungsmerkmals ablehnen. Nur in besonders geregelten Ausnahmefällen darf der Arbeitgeber seine Entscheidung auf ein Diskriminierungsmerkmal stützen.

Es gelten die Bestimmungen zum allgemeinen und besonderen Kündigungsschutz

Hinsichtlich der Anwendbarkeit des Allgemeinen Gleichbehandlungsgesetzes auf Kündigungen bestimmt § 2 Abs. 4, dass für Kündigungen ausschließlich die Bestimmungen zum allgemeinen und besonderen Kündigungsschutz gelten. Nach dem strengen Wortlaut dieser Regelung wären Kündigungen komplett aus dem Anwendungsbereich des AGG herausgenommen.

Vorgaben der EU-Richtlinien

Allerdings wird derzeit heftig darüber gestritten, inwiefern die europäischen Antidiskriminierungsrichtlinien eine solche Ausnahme von Kündigungen aus dem Geltungsbereich des AGG überhaupt zulassen. Der Geltungsbereich der EU-Antidiskriminierungsrichtlinien erstreckt sich jedenfalls auch auf „Entlassungsbedingungen“, worunter grundsätzlich auch Kündigungen fallen.

keine Diskriminierungen bei Kündigungen

Daher wird man die Diskriminierungsverbote des AGG insbesondere neben dem Kündigungsschutzgesetz, §§ 626, 242, 134 BGB und Sonderkündigungsschutzbestimmungen als weitere Schranke des arbeitgeberseitigen Kündigungsrechts ansehen müssen. Trotz der Regelung des § 2 Abs. 4 AGG wird ein Arbeitgeber daher auch bei Kündigungen nicht wegen eines Diskriminierungsmerkmals benachteiligen dürfen. Das galt bisher schon für schwerbehinderte Beschäftigte (§ 81 Abs. 2 Nr. 1 SGB IX a.F.) und für Benachteiligungen wegen des Geschlechts (§ 611a BGB a.F.).

Alter

Von besonderer Bedeutung für die Praxis ist das Verbot von Altersdiskriminierungen, weil es in diesem Bereich künftig Neuerungen geben könnte. Seit jeher sind Altersdifferenzierungen in der betrieblichen Praxis weit verbreitet. Besonders deutlich wird das bei Regelungen, die bislang zum Schutz älterer Arbeitnehmer getroffen wurden.

Beispiele

Regelungen, wonach ältere Arbeitnehmer nicht mehr ordentlich kündbar sind (so genannte Unkündbarkeitsregelungen), längere Kündigungsfristen für ältere Arbeitnehmer, Schutz von älteren Arbeitnehmern bei betriebsbedingten Kündigungen durch die Berücksichtigung von Alter und Betriebszugehörigkeit im Rahmen der Sozialauswahl.

Bis zum Inkrafttreten des Allgemeinen Gleichbehandlungsgesetzes waren solche Altersdifferenzierungen auch weitgehend zulässig und die Rechtslage diesbezüglich geklärt. In welchem Rahmen und unter welchen Voraussetzungen solche Altersdifferenzierungen auch künftig zulässig bleiben, ist derzeit noch weitgehend unklar. Durch das Allgemeine Gleichbehandlungsgesetz werden sämtliche Regelungen, die direkt oder indirekt an das Alter eines Arbeitnehmers anknüpfen „auf den Prüfstand" gestellt. Die Vorschriften des AGG, die Bezugnahmen auf das Alter regeln und unter bestimmten Voraussetzungen durchaus auch erlauben, sind neu. Sie enthalten neue Rechtsbegriffe, deren konkrete Bedeutung erst in Zukunft von der Rechtsprechung geklärt werden kann. Gefestigte Rechtsprechung, an der sich ein Arbeitgeber bereits jetzt orientieren könnte, gibt es weitgehend noch nicht.

Ungleichbehandlungen wegen des Alters stehen auf dem Prüfstand

In diesem Zusammenhang ist ferner auch offen, welche Folgen eine diskriminiernde Kündigung für einen Arbeitgeber hat. Ist eine diskriminierende Kündigung unwirksam? Kann der zu Unrecht Gekündigte Schadensersatz und Entschädigung von dem Arbeitgeber verlangen? Diese Fragen wird die Rechtsprechung künftig klären müssen.

Fazit

Zusammenfassend bleibt festzuhalten, dass die neuen Antidiskriminierungsvorschriften des Allgemeinen Gleichbehandlungsgesetzes in der Praxis auch bei Kündigungen beachtet werden sollten. Von den Neuregelungen hauptsächlich betroffen sind

- die Kündigungsgründe,
- die Sozialauswahl,
- die Staffelung von Kündigungsfristen,
- die Staffelung von Abfindungen.

Was ist eine Benachteiligung im Sinne des AGG?

unmittelbare Benachteiligung

Eine Benachteiligung im Sinne des Allgemeinen Gleichbehandlungsgesetzes kann unmittelbar oder mittelbar erfolgen. Eine unmittelbare Benachteiligung eines Arbeitnehmers liegt immer dann vor, wenn der Arbeitgeber bei einer unterschiedlichen Behandlung direkt an ein Diskriminierungsmerkmal anknüpft.

Beispiel

Ein Arbeitnehmer wird gekündigt, weil er homosexuell ist (betroffenes Diskriminierungsmerkmal: sexuelle Identität).

mittelbare Benachteiligung

Eine mittelbare Benachteiligung liegt immer dann vor, wenn der Arbeitgeber an scheinbar neutrale Kriterien anknüpft, faktisch aber dennoch eine der geschützten Personengruppen benachteiligt wird.

Beispiele

Staffelung von Kündigungsfristen in Abhängigkeit von der Betriebszugehörigkeit eines Arbeitnehmers.

Hierbei knüpft der Arbeitgeber nicht direkt an das Diskriminierungsmerkmal Alter an – aber mittelbar: je länger die Betriebszugehörigkeit, desto älter ist der Arbeitnehmer. Faktisch haben daher in obigem Beispiel ältere Arbeitnehmer eine längere Kündigungsfrist. Das betroffene Diskriminierungsmerkmal Lebensalter ist in der Staffelung jedoch nicht ausdrücklich genannt.

zulässige unterschiedliche Behandlungen

Unterschiedliche Behandlungen von Arbeitnehmern wegen eines Diskriminierungsmerkmals – mittelbar und unmittelbar – sind nur unter den Voraussetzungen der im Allgemeinen Gleichbehandlungsgesetz geregelten Ausnahmen zulässig. Solche Ausnahmen liegen vor, wenn

- bestehende Nachteile für eine der geschützten Personengruppen ausgeglichen werden sollen, z.B. durch spezifische Fördermaßnahmen zugunsten von Frauen oder Schwerbehinderten,
- das Vorliegen oder Nicht-Vorliegen eines Diskriminierungsmerkmals für die auszuübende Tätigkeit eine wesentliche und entscheidende berufliche Anforderung ist.

Beispiel

Die gesundheitlichen Voraussetzungen, die ein Arbeitnehmer mitbringen muss, um seine konkrete Arbeitsleistung erbringen zu können.

legitimes Ziel

Für Ungleichbehandlungen wegen des Alters gibt es einen speziellen Rechtfertigungstatbestand in § 10 AGG. Demnach gilt Folgendes: Wenn der Arbeitgeber an das Lebensalter seiner Arbeitnehmer direkt oder indirekt – beispielsweise über deren Betriebszugehörigkeit – anknüpft, muss er dafür ein legitimes Ziel haben. Um dieses legitime

Ziel zu erreichen, darf er dann nur angemessene und erforderliche Mittel einsetzen. Diese Vorschrift ist neu – und zur Zeit ist daher noch nicht geklärt, was unter einem solchen legitimen Ziel und angemessenen und erforderlichen Mitteln zu verstehen ist. Gefestigte Rechtsprechung, an der sich ein Arbeitgeber orientieren könnte, gibt es hierzu noch nicht.

Wer muss eine Diskriminierung beweisen?

Indiztatsachen

Grundsätzlich müsste ein Arbeitnehmer, der behauptet, er sei von seinem Arbeitgeber diskriminiert worden, diese Diskriminierung vor dem Arbeitsgericht auch vollständig beweisen. Das AGG enthält jedoch eine Beweiserleichterung zugunsten der Arbeitnehmer: Es genügt, wenn der Arbeitnehmer Tatsachen (Indizien) darlegt, die eine Diskriminierung vermuten lassen (so genannte „Indiztatsachen"). Wann eine solche Vermutung begründet ist, wird vornehmlich eine Frage des jeweiligen Einzelfalls sein.

Beispiel

Diskriminierende Äußerungen des Arbeitgebers oder von Vorgesetzten, Angabe von diskriminiernden Kündigungsgründen im Kündigungsschreiben oder in der Betriebsratsanhörung.

Ist es dem Arbeitnehmer gelungen, Vermutungstatsachen zu beweisen, muss sich der Arbeitgeber entlasten und beweisen, dass entweder überhaupt keine Diskriminierung vorliegt oder er für seine Ungleichbehandlung einen zulässigen Rechtfertigungsgrund hat.

Tipp

In der täglichen Praxis sollte darauf geachtet werden, dass nicht aus Versehen durch unachtsame Formulierungen Indiztatsachen geschaffen werden, die ein diskriminierndes Motiv für Entscheidungen des Arbeitgebers vermuten lassen könnten.

Diskriminierungsmerkmal als Kündigungsgrund

Eine Kündigung, die einzig und allein deshalb ausgesprochen wird, weil ein Arbeitnehmer ein Diskriminierungsmerkmal aufweist, wird in der Regel unwirksam sein. Das gilt unabhängig davon, ob die Wirksamkeit der Kündigung nach dem Kündigungsschutzgesetz zu beurteilen ist oder nicht (z.B. im Kleinbetrieb oder bei Kündigung während der ersten sechs Monate).

Beispiel

Arbeitgeber A betreibt einen kleinen Betrieb. Sein Mitarbeiter M ist Ausländer, was A jedoch bislang nicht weiß. A ist mit den Leistungen des M immer zufrieden gewesen und hat ihn oft vor seinen Kollegen gelobt. Als A erfährt, dass M kein Deutscher ist, kündigt er ihm fristlos, hilfsweise ordentlich, weil er „Ausländer nicht leiden kann".

keine soziale Rechtfertigung im Anwendungsbereich des KSchG

Im Anwendungsbereich des Kündigungsschutzgesetzes muss eine Kündigung gemäß § 1 Kündigungsschutzgesetz sozial gerechtfertigt sein, d.h. durch Gründe gerechtfertigt sein, die

- in der Person des Arbeitnehmers liegen (personenbedingt),
- im Verhalten des Arbeitnehmers liegen (verhaltensbedingt) oder
- durch dringende betriebliche Erfordernisse gerechtfertigt sind, die einer Weiterbeschäftigung entgegenstehen (betriebsbedingt).

Eine Kündigung wegen eines Diskriminierungsmerkmals erfüllt keine dieser Voraussetzungen, insbesondere nicht die strengen Anforderungen der Rechtsprechung an eine personenbedingte Kündigung. Sie wäre daher sozial ungerechtfertigt und unwirksam.
Auch außerhalb des Anwendungsbereichs des Kündigungsschutzgesetzes ist das Kündigungsrecht des Arbeitgebers nicht schrankenlos (siehe hierzu Kapitel 10). Hier muss der Arbeitgeber zwar weder wichtige, noch triftige, noch sachliche Gründe für die Erklärung einer Kündigung darlegen – und schon gar keine soziale Rechtfertigung wie im Kündigungsschutzgesetz. Es gibt allerdings Begründungen, auf die ein Arbeitgeber seine Kündigung jedenfalls nicht stützen darf, weil sie treuewidrig sind (§ 242 BGB).

Beispiel

Eine Kündigung lässt sich nicht allein auf die Gestaltung des privaten Lebensbereichs (z.B. Homosexualität) stützen.

Diese Argumentation lässt sich auf die Diskriminierungsmerkmale des Allgemeinen Gleichbehandlungsgesetzes übertragen. Kündigungen, die ausschließlich aufgrund des Vorliegens eines Diskriminierungsmerkmals ausgesprochen werden, ohne dass irgendein Bezug zu dem Arbeitsverhältnis besteht, sind künftig treuewidrig und daher unwirksam.

eine diskriminierende Kündigung ist treuewidrig

Daneben ist eine solche diskriminierende Kündigung auch deshalb unwirksam, weil sie gegen das Benachteiligungsverbot des Allgemeinen Gleichbehandlungsgesetzes (§ 7 Abs. 1 AGG) verstößt. Damit verstößt sie gegen ein gesetzliches Verbot und ist nach § 134 BGB unwirksam.

Verstoß gegen ein gesetzliches Verbot

Der Fall: Die diebische Schichtführerin

W ist Werksleiter in einem größeren Betrieb und bekannt für seine frauenfeindlichen Sprüche. Bei jeder Gelegenheit, die sich ihm bietet, äußert er sich zu dem Thema und verkündet, dass die derzeitige Arbeitslosgkeit nur darauf zurückzuführen sei, dass viel zu viele Frauen in die Berufswelt drängen. Wenn Frauen wieder wie früher ihre Aufgabe in der Küche und bei der Kindererziehung sähen, wäre die Welt noch in Ordnung und kein Mann müsste um seinen Arbeitsplatz bangen.

An einem Freitag Nachmittag wird die Schichtführerin S beim Diebstahl eines Werkzeugkoffers im Wert von ca. 200 Euro erwischt. Der Werksleiter W spricht daraufhin eine fristlose Kündigung aus. Beiläufig bemerkt er im Beisein des Betriebsrats, der Diebstahlversuch sei „ein Geschenk des Himmels", endlich habe er wieder ein „Frauenzimmer" weniger in seinem Betrieb. Anstelle der gekündigten Mitarbeiterin wird unverzüglich ein Mann eingestellt.

In der Vergangenheit war es immer wieder zu Diebstählen in vergleichbarer Größenordnung gekommen. Der Arbeitgeber hatte dabei je nach den konkreten Umständen des Einzelfalls teilweise fristlose Kündigungen ausgesprochen, teilweise nur ordentliche, in einigen wenigen Ausnahmefällen beließ man es bei einer scharfen Abmahnung.

Es ist charakteristisch für diesen Fall, dass der Arbeitgeber einerseits einen anerkannten Kündigungsgrund hat, der die Kündigung rechtfertigen könnte. Andererseits will er diesen anerkannten Kündigungsgrund nur vorschieben, um seine wahre, verwerfliche Motivation zu verschleiern.

alte Rechtslage

Vor Inkrafttreten des Allgemeinen Gleichbehandlungsgesetzes war für die Wirksamkeit einer Kündigung ausschlaggebend, dass sie objektiv gesehen auf einen anerkannten Kündigungsgrund gestützt werden konnte. Welche sonstigen (auch verwerflichen) Motive der Arbeitgeber daneben für den Ausspruch der Kündigung auch noch hatte, war irrelevant. Lag ein anerkannter Kündigungsgrund vor, war die Kündigung wirksam.

Im vorliegenden Fall wäre die Kündigung der Schichtführerin S vor Inkraftreten des Allgemeinen Gleichbehandlungsgesetzes wirksam gewesen. S wollte ihren Arbeitgeber bestehlen, was ein anerkannter Grund für eine Kündigung ist. Nach bisheriger Rechtslage hätte die frauenfeindliche Motivation des Arbeitgebers der Wirksamkeit der Kündigung nicht entgegengestanden.

neue Rechtslage

Inwiefern das *nach* Inkrafttreten des Allgemeinen Gleichbehandlungsgesetzes weiterhin gilt, ist zur Zeit noch unklar. Durch das Allgemeine Gleichbehandlungsgesetz könnte sich die rechtliche Beurteilung eines solchen Sachverhaltes künftig ändern. Kündigt ein Arbeitgeber einem Mitarbeiter zumindest auch wegen eines Diskriminierungsmerkmals, dann verstößt er damit seit Inkrafttreten des Allgemeinen Gleichbehandlungsgesetzes gegen ein gesetzliches Verbot – nämlich das in § 7 Abs. 1 normierte Benachteiligungsverbot. Eine Kündigung, die gegen ein gesetzliches Verbot verstößt, ist grundsätzlich unwirksam (§ 134 BGB). Künftig wird die Rechtsprechung daher entscheiden müssen, ob eine Kündigung in dieser Situation wirksam ist oder nicht.

Sanktionen für Verstöße

Dabei wird auch die Frage zu klären sein, ob dem gekündigten Arbeitnehmer Schadensersatz- und Entschädigungsansprüche zustehen. Denn nach den Vorgaben in den europäischen Antidiskriminierungsrichtlinien darf ein Verstoß gegen Antidiskriminierungsregelungen nicht ohne Sanktion bleiben.

mehrere Ergebnisse denkbar

Im vorliegenden Fall sind aufgrund der offenen Rechtslage zum jetzigen Zeitpunkt mehrere Ergebnisse denkbar:

1. *Die Kündigung der Schichtführerin S könnte trotz des zugrunde liegenden Diebstahlversuchs unwirksam sein, weil sie zumindest auch wegen der frauenfeindlichen Motivation des W gegen das Benachteiligungsverbot des § 7 Abs. 1 AGG verstößt. Gegebenenfalls könnte die S zusätzlich sogar Schadensersatz- und Entschädigungsansprüche nach § 15 AGG geltend machen.*
2. *Die Kündigung der S könnte wirksam sein, weil der W trotz seiner frauenfeindlichen Einstellung den Diebstahlversuch zum Anlass für die Kündigung der S nahm und damit einen anerkannten Kündigungsgrund auf seiner Seite hat. Die S könnte aber Schadensersatz- und* Entschädigungsansprüche nach § 15 AGG geltend machen. Auf diese Weise bliebe die *diskriminierende Motivation des W nicht sanktionslos.*

Tipp

Beim Ausspruch von Kündigungen sind jegliche Diskriminierungen zu unterlassen. Es sollte darauf geachtet werden, dass nicht aus Versehen durch unachtsame Formulierungen Indiztatsachen geschaffen werden, die ein diskriminierendes Motiv vermuten lassen könnten (z.B. diskriminierende Äußerungen von Vorgesetzten im Vorfeld oder in engem Zusammenhang mit der Kündigung, Formulierungen in der Betriebsratsanhörung oder im Kündigungsschreiben). Kündigungsgründe sollten dokumentiert werden, z.B. in einer Aktennotiz. Denn: Ohne die frauenfeindliche Motivation des Werksleiters W bestünde im vorliegenden Beispielfall kein Zweifel an der Wirksamkeit der Kündigung der Schichtführerin S.

Die Sozialauswahl unter dem AGG

Kriterien nach dem KSchG

Gemäß § 1 Abs. 3 Kündigungsschutzgesetz sind bei der Sozialauswahl die Dauer der Betriebszugehörigkeit und das Lebensalter des Arbeitnehmers zu berücksichtigen. Die doppelte Berücksichtigung des Alters durch diese Auswahlkriterien könnte zu einer unzulässigen Bevorzugung älterer Arbeitnehmer und damit zu einer Benachteiligung jüngerer Arbeitnehmer führen. Für diesen Fall sah das Allgemeine Gleichbehandlungsgesetz in seiner Fassung bei Inkrafttreten im August 2006 in § 10 Nr. 6 AGG eine Rechtfertigungsmöglichkeit vor.

doppelte Berücksichtigung des Alters

Rechtslage derzeit unklar

Dieser spezielle Rechtfertigungsgrund wurde im Zuge der ersten Änderungen des Gesetzes im Dezember 2006 ersatzlos gestrichen. Daraus kann aber nicht gefolgert werden, dass die Berücksichtigung des Alters bei der Sozialauswahl nun per se unzulässig ist – vielmehr kommt künftig eine Rechtfertigung nach den allgemeinen Voraussetzungen des § 10 AGG in Betracht, wenn also mit der Anknüpfung an das Alter ein legitimes Ziel verfolgt wird.

Tipp

Dem Arbeitgeber bleibt wegen der derzeit unsicheren Rechtslage weitgehend keine andere Möglichkeit, als die Sozialauswahl anhand der Kriterien des Kündigungsschutzgesetzes wie bisher auch durchzuführen. Um dem Alter keinen generellen Vorrang zu gewähren, sollte insbesondere bei einer Punktevergabe darauf geachtet werden, dass die Kriterien Alter und Betriebszugehörigkeit nicht unverhältnismäßig hoch berücksichtigt werden.

In Zukunft wird die Rechtsprechung klären müssen, wie eine Sozialauswahl unter der Geltung des Allgemeinen Gleichbehandlungsgesetzes durchgeführt werden soll.

Abfindungen unter dem AGG

Rechtfertigung möglich – Staffelung daher zulässig aktuelle Situation in der Praxis

Im Zusammenhang mit Abfindungen finden sich in der derzeitigen Praxis viele Ungleichbehandlungen wegen des Alters. So sieht § 10 Abs. 2 Kündigungsschutzgesetz eine Steigerung der Abfindungshöchstgrenzen nach Vollendung des 50. und des 55. Lebensjahres vor. Regelmäßig enthalten Rationalisierungsschutztarifverträge Abfindungsregelungen, nach denen die Höhe der Abfindung mit zunehmender Beschäftigungsdauer und zunehmendem Lebensalter steigt. Auch Sozialplanabfindungen sind vornehmlich an das Lebensalter und die Betriebszugehörigkeit gekoppelt.

All diese Regelungen differenzieren mittelbar oder unmittelbar nach dem Diskriminierungsmerkmal Alter. Das bleibt auch nach Inkrafttreten des Allgemeinen Gleichbehandlungsgesetzes zulässig. Für nach dem Alter und der Betriebszugehörigkeit gestaffelte Abfindungsregelungen in Sozialplänen sieht das § 10 Nr. 6 AGG explizit vor. Damit ist klargestellt, dass es sich bei altersabhängigen Staffelungen von Abfindungen um zulässige Differenzierungen handelt und es insoweit bei der bisherigen Handhabung bleiben kann. Nach dem AGG wäre es sogar möglich, Arbeitnehmer, die rentenberechtigt sind, von Abfindungsregelungen auszuschließen.

Kündigungsfristen unter dem AGG

Rechtfertigung möglich – Staffelung daher zulässig

In Abhängigkeit von Betriebszugehörigkeit und Lebensalter gestaffelte Kündigungsfristen sind auch unter der Geltung des Allgemeinen Gleichbehandlungssgesetzes zulässig. Dazu gehören neben den gestaffelten gesetzlichen Kündigungsfristen auch tarifliche oder betriebliche Kündigungsfristen. Dadurch werden zwar jüngere Arbeitnehmer benachteiligt – die Ungleichbehandlung ist aber gerechtfertigt. Längere Kündigungsfristen für ältere Arbeitnehmer honorieren zum einen deren bisherige Betriebstreue und zum anderen berücksichtigen sie, dass ältere Beschäftigte schlechtere Chancen auf dem Arbeitsmarkt haben und daher mehr Zeit benötigen, um eine neue Arbeitsstelle zu finden.

Unkündbarkeitsregelungen unter dem AGG

Unkündbarkeitsregelungen sind unter AGG-Gesichtspunkten aus mehreren Gründen kritisch:

1. Die Voraussetzungen für eine tarifliche, betriebliche oder individuelle Unkündbarkeit knüpfen in der Regel sowohl an das Lebensalter, als auch an die Betriebszugehörigkeit an und sind damit (un)mittelbare Benachteiligungen von jüngeren Arbeitnehmern, die diese Grenzen noch nicht erreichen.
2. Im Rahmen von betriebsbedingten Kündigungen werden jüngere Arbeitnehmer mittelbar benachteiligt, weil die unkündbaren Arbeitnehmer von vornherein aus der Sozialauswahl ausgenommen sind.

In der Fassung bei Inkrafttreten des Allgemeinen Gleichbehandlungsgesetzes im August 2006 sah das Gesetz in § 10 Nr. 7 noch einen eigenen Rechtfertigungstatbestand für Unkündbarkeitsregelungen vor. Im Zuge der ersten Änderungen im Dezember 2006 wurde dieser Rechtfertigungstatbestand – ebenso wie die Ausnahmevorschrift für die Sozialauswahl – ersatzlos gestrichen. Daraus kann jedoch nicht gefolgert werden, dass Unkündbarkeitsregelungen nun per se unzulässig sind. Vielmehr kommt künftig eine Rechtfertigung nach den allgemeinen Voraussetzungen des § 10 AGG in Betracht, wenn also mit der Anknüpfung an das Alter ein legitimes Ziel verfolgt wird. Wann eine Unkündbarkeitsregelung jedoch so ausgestaltet ist, dass sie dieser Anforderung entspricht kann derzeit nicht prognostiziert werden. Rechtsprechung hierzu liegt noch nicht vor.

2 Inhalt und Form einer Kündigung

Neben den inhaltlichen Rechtmäßigkeitsanforderungen an eine (ordentliche oder außerordentliche) Kündigung sind vom Arbeitgeber auch die Anforderungen an die Kündigungserklärung als solche zu beachten. Oftmals scheitert eine Kündigung vor Gericht bereits daran, dass sie nicht vom hierzu Berechtigten ausgesprochen bzw. die Berechtigung nicht ausreichend nachgewiesen wurde, die erforderliche Form nicht eingehalten wurde oder die Kündigung nicht ordnungsgemäß zugestellt wurde. Und darum geht es im Folgenden:

- Was muss eine Kündigung beinhalten?
- Wie sieht eine korrekte Kündigung aus?
- Wer kann kündigen?
- Wie wird eine Kündigung übermittelt?

Was muss eine Kündigung beinhalten?

Nennen Sie eine Kündigung Kündigung!

Kündigungserklärung muss eindeutig sein

Die Kündigung muss für den Empfänger (Arbeitnehmer) eindeutig sein. Zwar muss der Begriff „Kündigung" nicht verwendet werden, solange sich aus dem Inhalt der Erklärung unmissverständlich der Wille zur Beendigung des Arbeitsverhältnisses ergibt. Jedoch bereitet es oftmals erhebliche Schwierigkeiten, unter bestimmten Begleitumständen abgegebene Erklärungen dahingehend zu beurteilen, ob sie als Kündigungserklärung zu qualifizieren sind. Eine Klärung in einem arbeitsgerichtlichen Verfahren sollte – und kann – vermieden werden werden.

Beispiel

Betriebsinhaber B teilt Arbeitnehmer A nach dessen unentschuldigtem Fehlen am Arbeitsplatz mit, er betrachte das Arbeitsverhältnis wegen Einstellung der Arbeit als beendet. Eine solche Erklärung stellt bereits inhaltlich keine Kündigung durch B dar (zur Schriftform s.u. Seite 275).

Beispiel

Betriebsinhaber B teilt Arbeitnehmer A nach einem Vorfall mit, er rate ihm, sich eine andere Arbeitsstelle zu suchen. Auch diese Erklärung stellt keine Kündigung durch B dar.

Für die Beurteilung der Erklärung kommt es allein darauf an, wie man sie vernünftigerweise (objektiv) verstehen konnte und nicht darauf, wie sie vom Erklärenden oder Empfänger erklärt bzw. verstanden sein wollte (subjektiv). Verbleiben danach – objektive – Unklarheiten, gehen diese zu Lasten des Kündigenden.

Tipp

Der sicherste Weg ist es daher, wenn Sie als Überschrift und im Text immer das Wort „Kündigung" verwenden. Damit schließen Sie Missverständnisse aus.

Teilen Sie den Zeitpunkt mit!

typische Formulierungen

Die Kündigungserklärung muss auch im Hinblick darauf eindeutig sein, zu welchem Zeitpunkt das Arbeitsverhältnis beendet sein soll. Sie müssen allerdings nicht den konkreten Beendigungstermin nennen. Es reicht aus, dass sich der Termin unzweifelhaft aus dem Text entnehmen lässt, z.B. durch die Formulierung „zum nächstmöglichen Zeitpunkt" oder „fristgerecht".
Insbesondere bei außerordentlichen Kündigungen ist es erforderlich, dass für den Empfänger der Kündigung eindeutig klar wird, dass es sich um keine ordentliche Kündigung handelt.

Achtung

Zweifel können sich für den Kündigungsempfänger hier insbesondere bei außerordentlichen Kündigungen mit Auslauffrist ergeben (siehe Kapitel acht und neun). Gerade in solchen Fällen sollte zur Vermeidung von Missverständissen vom Kündigenden klar gestellt werden, dass es sich nicht um eine ordentliche (fristgemäße) Kündigung handelt, indem die Begriffe „außerordentlich" und „unter Gewährung einer Auslauffrist" verwendet werden.

Müssen Sie Gründe nennen?

Grundsätzlich ist es nicht erforderlich, in der Kündigung auch den Kündigungsgrund anzugeben. Aber es gibt Ausnahmen, z.B. für die

- Kündigung von Auszubildenden oder
- von Frauen im Mutterschutz.

Daneben können entsprechende Bestimmungen in

- Tarifverträgen,
- Betriebsvereinbarungen oder im
- Einzelarbeitsvertrag enthalten sein.

Auf Verlangen des Kündigungsempfängers sind bei einer betriebsbedingten Kündigung die Gründe anzugeben, die zur getroffenen sozialen Auswahl geführt haben. Bei einer außerordentlichen Kündigung kann der Gekündigte verlangen, dass ihm der Kündigungsgrund unverzüglich schriftlich mitgeteilt wird.

Achtung

Hiervon zu unterscheiden ist die Unterrichtungspflicht des Arbeitgebers im Rahmen einer ggf. erforderlichen Betriebsratsanhörung (siehe Seite 283), die alle für die Kündigungentscheidung maßgeblichen Umstände – und damit auch die Kündigungsgründe – enthalten muss. Hat der Betriebsrat der Kündigung widersprochen, muss dessen Stellungnahme (in Kopie) dem Kündigungsschreiben beigefügt werden.

Sollte eine nach o.g. Bestimmungen erforderliche Mitteilung der Kündigungsgründe vom Arbeitgeber schuldhaft unterlassen werden, führt dies zwar nicht zur Unwirksamkeit der Kündigung, kann aber einen Schadensersatzanspruch des Gekündigten begründen, z.B. hinsichtlich der Kosten eines Kündigungsschutzprozesses, den er bei ordnungsgemäßer Mitteilung der Kündigungsgründe nicht geführt hätte.
Seit dem 1.7.2003 ist der Arbeitgeber zudem verpflichtet, den betroffenen Arbeitnehmer frühzeitig darüber zu informieren, dass

dieser die Beendigung des Arbeitsverhältnisses unverzüglich der zuständigen Agentur für Arbeit (ehemals Arbeitsamt) mitzuteilen sowie eigene Aktivitäten bei der Suche nach einer neuen Beschäftigung ergreifen muss.
Zweckmäßigerweise sollte dieser Hinweis in das Kündigungsschreiben aufgenommen werden.

Beispiel

„Wir weisen darauf hin, dass Sie nach § 37 b SGB III verpflichtet sind, sich nach Erhalt dieses Kündigungsschreibens unverzüglich bei der zuständigen Agentur für Arbeit (ehemals Arbeitsamt) als Arbeitsuchender zu melden, da andernfalls Ihr Anspruch auf Arbeitslosengeld gemindert werden kann. Sie sind zudem verpflichtet, selbst bei der Suche nach einem anderen Arbeitsplatz aktiv zu werden."

Wie sieht eine korrekte Kündigung aus?

Aufgrund gesetzlicher Vorschriften muss die Kündigung in jedem Fall schriftlich erklärt werden. Die schriftliche „Bestätigung" einer zuvor mündlich erklärten Kündigung genügt nicht. immer schriftlich

Beispiel

Betriebsinhaber B erklärt gegenüber dem Arbeitnehmer A, der ihn zuvor grob beleidigt hatte, er könne sich noch heute seine Arbeitspapiere in der Personalabteilung abholen. Eine solche (inhaltlich zwar anzunehmende) Kündigung ist mangels schriftlicher Form unwirksam.

Das Schreiben muss vom Kündigenden (oder seinem Vertreter, s.u.) eigenhändig unterzeichnet werden. Die Unterzeichnung z.B. mit den Namensinitialen („P.M." oder „Ma" anstelle von Peter Maier) genügt – ohne notarielle Beurkundung – nicht. Unterschrift

Die Kündigung muss in der eigenhändig unterschriebenen Form (d.h. als Original) dem Kündigungsempfänger zugehen. Original

Achtung

Die Übermittlung der Kündigung durch Fernschreiben, Telegramm oder Telefax erfüllt das gesetzliche Schriftformerfordernis nicht, auch wenn Grundlage das unterzeichnete Original ist.

Gesetzlich ausgeschlossen ist auch die Übermittlung der Kündigung in elektronischer Form, z.B. per E-Mail.

Schriftformerfordernisse können sich auch aus Tarifverträgen oder Betriebsvereinbarungen ergeben, die jedoch hinter den gesetzlichen Anforderungen nicht zurückbleiben dürfen. Bedeutsam werden solche zusätzlichen Schriftformerfordernisse insbesondere dann, wenn sie auch die Benennung der Kündigungsgründe in schriftlicher Form verlangen (s.o.).

Tipp

Wenn Sie die Kündigung vorbereiten, schauen Sie sich daraufhin nochmals den gültigen Tarifvertrag und die Betriebsvereinbarungen an, ob dort entsprechende Regelungen getroffen worden sind.

3 Wer ist berechtigt zu kündigen?

Eine Kündigung erklärt immer ein Vertragspartner dem anderen. Auf der Arbeitgeberseite ist dies z.B. der Betriebsinhaber oder – bei juristischen Personen wie z.B. einer GmbH – der gesetzliche Vertreter bzw. das vertretungsberechtigte Organ.

Beispiel

Wenn eine GmbH zwei Geschäftsführer hat, die nur *gemeinsam* zur Vertretung der GmbH berechtigt sind, dann können sie auch nur gemeinsam eine Kündigung aussprechen. (Es sei denn, dass ein Geschäftsführer den anderen ermächtigt alleine Kündigungen auszusprechen. In diesem Fall sind aber die Besonderheiten zu beachten, die gelten, wenn ein Bevollmächtigter kündigt (s.u.)).

Das Handelsregister gibt Auskunft

Hinsichtlich der Vertretungsmacht können Sie sich an den Eintragungen im Handels- oder Partnerschaftsregister orientieren. Fehlt es hieran, z.B. bei einer Gesellschaft bürgerlichen Rechts (GbR), sollte die Kündigung zur Sicherheit von allen Gesellschaftern unterzeichnet werden; andernfalls sind die Grundsätze einer Kündigung durch Bevollmächtigte zu beachten (siehe nachfolgend).

Wer kann bevollmächtigt werden?

Prokura oder Generalvollmacht

Die Kündigung kann auch durch einen bevollmächtigten Vertreter erklärt werden. Die entsprechende Vollmacht kann für den

- Einzelfall erklärt werden (Spezialvollmacht) oder in einer

- umfassenden Vollmacht (z.B. Prokura oder Generalvollmacht) enthalten sein.

Eine Spezialvollmacht ist der Kündigung stets schriftlich und vom Vollmachtgeber eigenhändig unterzeichnet beizufügen. Die Vollmacht sollte dabei immer im Original der Kündigung beigefügt werden. So vermeiden Sie Rechtsunsicherheiten.

Spezialvollmacht

Ohne Vollmacht kann die Kündigung zurückgewiesen werden

Fehlt eine solche Vollmacht, kann der Kündigungsempfänger die Kündigung unverzüglich zurückweisen. Dies muss nicht sofort erfolgen, sondern unter Einräumung einer gewissen Zeit zur Überlegung und zur Einholung eines Rats durch einen Rechtskundigen. Eine festgelegte Frist hierfür gibt es nicht, die zulässige Zeitspanne richtet sich nach den Umständen des Einzelfalles. Gerichtlich anerkannt ist eine Zurückweisungsfrist von 3 – 5 Tagen, eine Dauer von mehr als 10 Tagen hingegen regelmäßig nicht.

Wurde der Kündigung keine Vollmacht beigefügt und hat der Kündigungsempfänger die Kündigung daher unverzüglich zurückgewiesen, muss eine erneute Kündigung ausgesprochen werden.

Etwas anderes gilt, wenn der Kündigungsberechtigte den oder die Arbeitnehmer von der Bevollmächtigung in Kenntnis gesetzt hatte. Dies kann auch durch allgemeine Kundgabe einer erteilten umfassenden Vollmacht (z.B. Prokura, Generalvollmacht) oder einer organisatorischen Kompetenzverteilung geschehen.

Beispiel

Betriebsinhaber B führt den neuen Leiter der Vertriebsabteilung V bei der Belegschaft per Rundschreiben ein, in dem er auch auf die Berechtigung des V zur selbstständigen Einstellung und zur Kündigung von Vertriebsmitarbeitern hinweist.

Ein Personalabteilungsleiter braucht der Kündigung keine Vollmachtsurkunde beizufügen, da er üblicherweise befugt ist Mitarbeiter sowohl einzustellen als auch zu kündigen. Anders verhält es sich bei einem bevollmächtigten Sachbearbeiter der Personalabteilung. Hier ist eine Vollmachtsurkunde notwendig.

4 Wie wird eine Kündigung übermittelt?

Die Frage, ob die Kündigung überhaupt dem Gekündigten zugegangen ist, ist von größter Wichtigkeit. Wenn die Kündigung nicht zugegangen ist, ist sie auch nicht wirksam.

Machtbereich des Empfängers

Es gilt der Grundsatz, dass eine Kündigung dann zugegangen ist, wenn sie derart in den Machtbereich des Kündigungsempfängers gelangt ist, dass dieser vom Inhalt Kenntnis nehmen kann.

unter gewöhnlichen Umständen

Es kommt beim Zugang der Kündigung immer nur darauf an, wann der Kündigungsempfänger Kenntnis von der Kündigung nehmen konnte, und nicht darauf, ob und wann er tatsächlich Kenntnis genommen hat. Wichtig ist, ob die Kündigung in den Verfügungsbereich des Kündigungsempfängers gelangt ist und dieser unter gewöhnlichen Umständen Kenntnis vom Inhalt nehmen konnte.

Beispiel

Die Ehefrau des Arbeitnehmers A leert den Hausbriefkasten und gibt das Kündigungsschreiben nicht an ihren Ehegatten weiter. A hätte im Regelfall von der Kündigung Kenntnis genommen – also gilt die Kündigung als zugestellt.

Auch wenn die Kenntnisnahme des Schreibens vom Kündigungsempfänger verweigert wird, gilt die Kündigung als zugegangen.

Beispiel

Arbeitnehmer A hat Betriebsinhaber B tätlich angegriffen und weiß daher um die drohende Kündigung. Deshalb hat er den Brief wochenlang nicht geöffnet.

Dennoch gehen wir zunächst auf Hürden ein, die einem korrekten Zugang im Wege stehen können, bevor die sichersten Zugangswege dargestellt werden (siehe Seite 281 ff.).

1. Hürde: Achten Sie auf den rechtzeitigen Zugang der Kündigung

Für die Einhaltung möglicher Fristen (z.B. ordentliche Kündigungsfrist oder Kündigungserklärungsfrist für eine außerordentliche Kündigung) kommt es darauf an, ob dem Adressaten die Kündigung rechtzeitig zugegangen ist. Bei einer ordentlichen Kündigung verschiebt sich zumindest der Kündigungstermin nach hinten, wenn die Kündigung nicht rechtzeitig zugegangen ist.

Beispiel

Arbeitgeber B will Arbeitnehmer A kündigen. Die Kündigung soll per Einwurf-Einschreiben (s.u.) zugestellt werden. Das Einwurf-Einschreiben wird aber erst am Nachmittag des 31.07. eingeworfen. Erklärt A nun, er habe den Briefkasten - wie üblich - erst am 01.08. vormittags geleert, dann wirkt die Kündigung erst zu diesem Zeitpunkt. Dadurch hat B ein Fristproblem, denn seine Kündigung mit Frist zum Monatsende wird nun nicht mehr zum 31.08, sondern erst zum 30.09. wirksam.

2. Hürde: Sie müssen Inhalt und Zugang nachweisen können!

Im Streitfalle trägt der Kündigende, d.h. der Arbeitgeber die Beweislast dafür, dass die Kündigung tatsächlich zugegangen ist. Daher sollten Sie genau überlegen, wie die Kündigung übermittelt wird, damit Sie später nachweisen können, dass die Kündigung zugegangen ist.

Beispiel

Arbeitnehmer A behauptet, er habe das in seinen Hausbriefkasten eingeworfene Kündigungsschreiben nicht erhalten. Er verweist auf Vorfälle in der Vergangenheit, wo ihm Nachbarskinder Briefe aus dem Hausbriefkasten entwendet hätten.

Dabei muss von der Frage des Zugangsnachweises die Frage des Nachweises, welchen Inhalt das Kündigungsschreiben hatte, unterschieden werden.

auch den Inhalt nachweisen!

Beispiel

Arbeitnehmer A bestätigt, ein Schreiben des Betriebsinhabers B erhalten zu haben, dieses habe jedoch nur einen Blankobogen mit Briefkopf enthalten.

Um hinsichtlich Zugang und Inhalt der Kündigungserklärung auf der sicheren Seite zu sein, sollte das Schreiben per Boten – in absehbaren Fällen problematischer Zustellung auch in Begleitung eines Dritten – übermittelt werden. Anschließend dokumentiert der Bote (evt. gemeinsam mit dem Dritten) Inhalt und Zustellung des Schreibens, so dass es in einem Gerichtsverfahren bezeugt werden kann (bzw. können) (s.u.).

3. Hürde: Stimmt die Adresse nicht mehr?

Solange ihm vom Arbeitnehmer nichts Gegenteiliges mitgeteilt wird, darf sich der Arbeitgeber auf die Richtigkeit der in der Personalakte dokumentierten Wohnadresse des Arbeitnehmers verlassen. Erweist sich diese Adresse als zwischenzeitlich unzutreffend, muss sich der Arbeitnehmer so behandeln lassen, als sei der Zugang – unter hypothetisch normalen Umständen – ordnungsgemäß erfolgt.

Beispiel

Arbeitnehmer A wechselt seinen Wohnsitz und teilt Betriebsinhaber B seine neue Anschrift nicht mit. A kann sich nicht darauf berufen, die an die alte Anschrift zugesandte Kündigung sei ihm erst nach Weiterleitung an seinen neuen Wohnsitz zugegangen.

Achtung

Hatte der Arbeitnehmer seine neue Anschrift auf einer Arbeitsunfähigkeitsbescheinigung angegeben, wird dies von der Rechtsprechung als ausreichender Hinweis auf die Anschriftenänderung angesehen. In einem solchen Falle geht eine an die alte Anschrift zugesandte Kündigung erst nach entsprechender Weiterleitung an die neue Anschrift zu.

Besitzt der Kündigungsempfänger einen Zweitwohnsitz, von dem aus er zur Arbeitsstätte fährt, kann die Kündigungserklärung auch unter dieser Adresse wirksam zugestellt werden.

Tipp

Es empfiehlt sich jedoch, in solchen Fällen zwei Kündigungserklärungen (jeweils im Original) an Erst- und Zweitwohnsitz des Kündigungsempfängers zu übermitteln.

4. Hürde: Ist der Arbeitnehmer im Urlaub?

Auch bei vorübergehender Abwesenheit vom Wohnort geht eine Kündigungserklärung dem Empfänger mit Eintritt in dessen Machtbereich zu. Es ist Sache des Arbeitnehmers, Vorkehrungen für eine alsbaldige Kenntnisnahmemöglichkeit eingehender Briefe zu sorgen.

Beispiel

Arbeitnehmer A befindet sich in einem vierwöchigen Urlaub. Die Kündigung durch Betriebsinhaber B per Einwurf-Einschreiben geht A in dem Augenblick zu, wo mit seiner Kenntnisnahme unter normalen Umständen zu rechnen gewesen wäre.

A muss z.B. durch einen Nachsendeauftrag oder die Beauftragung Dritter zur Leerung seines Briefkastens und Öffnung wichtiger Briefe (wozu auch Post vom Arbeitgeber gehört) dafür Sorge tragen, vom Inhalt Kenntnis nehmen zu können.

Sollte die Kenntnisnahme dem A unter diesen Voraussetzungen nur mit einiger Verzögerung möglich sein, besteht hinsichtlich seinerseits zu beachtender Fristen (z.B. zur Erhebung einer Kündigungsschutzklage) die Möglichkeit, Antrag auf nachträgliche Zulassung wegen urlaubsbedingter Abwesenheit zu stellen. Dies gilt auch dann, wenn dem Arbeitgeber bei Übermittlung des Kündigungsschreibens die urlaubsbedingte Abwesenheit des Arbeitnehmers bekannt war.

5. Hürde: Sprachliche Hindernisse

Was ist, wenn eine deutschsprachige Kündigung gegenüber einem Arbeitnehmer ausgesprochen wird, der der deutschen Sprache nicht mächtig ist? In solchen Fällen kann nicht ausgeschlossen werden, dass im Streitfall vom Gericht ein Zugang erst angenommen wird, für den Zeitpunkt, zu dem dem Arbeitnehmer eine Übersetzung vorlag. Diese muss er sich jedoch in gebotener Eile beschafft haben.

Tipp

In der Praxis sollte diese Unsicherheit vermieden werden, indem in Zweifelsfällen der Kündigung eine Übersetzung beigefügt wird.

Bei den Zugangswegen sind verschiedene Alternativen mit unterschiedlich sicherem Zugangsnachweis möglich:

1. Alternative: Persönlich überreichen

Gehen Sie so vor

Wenn möglich, sollte die Kündigung persönlich, in schriftlicher Form und in Anwesenheit eines Zeugen, überreicht werden (s.u.). Damit ist die Kündigung in den Machtbereich des Empfängers eingetreten: Sie ist zugegangen, damit wirksam und durch den Zeugen könnten Sie den Zugang notfalls vor Gericht nachweisen.

Tipp

Der Kündigende sollte sich den Zugang des Schreibens vom Kündigungsempfänger sogleich schriftlich bestätigen lassen.

2. Alternative: Per Boten überbringen

Übergabeprotokoll

Können Sie die Kündigung nicht persönlich überreichen, empfiehlt es sich, die Kündigung durch einen Boten (sowie einen weiteren Zeugen wegen des Nachweises vor Gericht) entweder dem Kündigungsempfänger zu überbringen, oder die Kündigung in den Hausbriefkasten einzuwerfen. Wurde die Kündigung eingeworfen, erstellt der Bote ein Protokoll, das er mit Datum und Uhrzeit versieht und vom Zeugen mit unterzeichnen lässt.

3. Alternative: Als Einwurf-Einschreiben zustellen

Eine weitere Möglichkeit ist es, die Kündigung als Einwurf-Einschreiben zu versenden. Das Einwurf-Einschreiben, das vom Postboten in den Hausbriefkasten eingeworfen wird, gelangt damit in den Verfügungsbereich des Kündigungsempfängers. Diesem geht das Einschreiben daher in dem Augenblick zu, in dem er seinen Hausbriefkasten üblicherweise leert.

4. Alternative: Als Übergabe-Einschreiben zustellen

Ein Übergabe-Einschreiben empfiehlt sich regelmäßig nicht, da die Kündigung dem Empfänger erst dann zugeht, wenn es ihm tatsächlich ausgehändigt wird. Das kann den Zugang der Kündigung entscheidend verzögern.

Beispiel

Der Postbote trifft niemanden an und hinterlässt einen Benachrichtigungsschein im Hausbriefkasten, wonach das Einschreiben abgeholt werden muss. Die Kündigung ist hier erst wirksam zugegangen, wenn der Kündigungsempfänger das Einschreiben abholt.

Ein weiteres Risiko ergibt sich daraus, dass der Empfänger – etwa in Kenntnis der drohenden Kündigung – die Abholung verweigern könnte mit der Behauptung, den Benachrichtigungsschein nie erhalten zu haben. Insoweit verbliebe dann nur die Vernehmung des Briefträgers, dessen zweifelsfreie Erinnerung im Regelfall nicht mehr sicher sein dürfte.

5 Welche Fristen müssen eingehalten werden?

Die Kündigungsfrist eines Arbeitsverhältnisses richtet sich grundsätzlich nach § 622 BGB.

vier Wochen

Hiernach kann das Arbeitsverhältnis eines Arbeitnehmers mit einer Frist von vier Wochen zum 15. oder zum Ende eines Kalendermonats gekündigt werden.

Für ältere Arbeitnehmer verlängert sich je nach Dauer der Betriebszugehörigkeit die *arbeitgeberseitige* Kündigungsfrist nach dem Schema des § 622 Abs. 2 BGB. Zeiten, die vor Vollendung des 25. Lebensjahres liegen, werden bei der Betriebszugehörigkeit allerdings nicht mitgerechnet.

Verlängerung / Verkürzung

Eine Verlängerung der gesetzlichen Kündigungsfristen ist per Einzelarbeitsvertrag oder Tarifvertrag möglich. Eine Verkürzung der Kündigungsfristen ist dagegen nur durch einen Tarifvertrag oder bei Vorliegen besonderer Voraussetzungen möglich, z.B. Probezeit, Aushilfsarbeitnehmer, Kleinbetriebe.

Frist bei Arbeitnehmerkündigung

Die Kündigungsfrist durch Eigenkündigung eines Arbeitnehmers verlängert sich nicht automatisch in Abhängigkeit von der Dauer der Betriebszugehörigkeit, sondern beträgt grundsätzlich vier Wochen zum 15. oder zum Ende eines Kalendermonats.

Eine Verlängerung der Kündigungsfristen auch für den Arbeitnehmer ist allerdings möglich durch Regelung in einem Tarifvertrag bzw. Einzelarbeitsvertrag. Dabei ist jedoch zu beachten, dass die Kündiqunqsfrist des Arbeitnehmers nicht länger sein darf, als die des Arbeitgebers.

6 Anhörung des Betriebsrats

vor jeder Kündigung!

Nach § 102 BetrVG hat der Arbeitgeber den Betriebsrat vor *jeder* Kündigung (ordentliche, außerordentliche und Änderungskündigung) anzuhören. Der Arbeitgeber hat ihm dabei die Gründe für die geplante Kündigung mitzuteilen. Eine ohne Anhörung des Betriebsrats ausgesprochene Kündigung ist grundsätzlich unwirksam.

auch in Tendenzbetrieben

Das Anhörungsrecht des Betriebsrats besteht unabhängig von der Betriebsgröße in allen Betrieben, in denen ein Betriebsrat gewählt worden ist. Insbesondere besteht es auch in so genannten Tendenzbetrieben (z.B. kirchliche, caritative Träger, Gewerkschaften, etc.).

leitende Angestellte

Bei leitenden Angestellten ist der Betriebsrat lediglich nach § 105 BetrVG zu informieren. Eine Verletzung dieses reinen Informationsrechts hat auf die geplante Kündigung indes keinen Einfluss.

gilt für alle Kündigungen

Nach § 102 Abs. 1 Satz 2 BetrVG sind dem Betriebsrat die Gründe für die Kündigung auch dann mitzuteilen, wenn das Arbeitsverhältnis nicht dem allgemeinen Kündigungsschutz unterliegt, weil im Betrieb höchstens 5 bzw. 10 Arbeitnehmer (neuer Schwellenwert ab dem 1.1.2004) beschäftigt sind oder das Arbeitsverhältnis des zu kündigenden Arbeitnehmers noch nicht 6 Monate besteht.

Alles, was Sie wissen müssen über diese Form der Beteiligung des Betriebsrats, erfahren Sie in den folgenden Abschnitten:

- Inhalt der Anhörung
- Adressat der Anhörung
- Anhörung des Betriebsrats als Wirksamkeitsvoraussetzung der Kündigung
- Bedenken des Betriebsrats
- Widerspruch des Betriebsrats
- Abschrift des Widerspruchs

Inhalt der Anhörung

Schriftform ist anzuraten

Die im Gesetz vorgesehene Anhörung sieht kein besonderes Formerfordernis vor. Insbesondere kann der Arbeitgeber die Anhörung mündlich oder schriftlich vornehmen. Aus Beweisgründen empfiehlt sich jedoch stets die Schriftform.

Adressat, Art, Frist

Die Anhörung setzt voraus, dass dem Betriebsrat mitgeteilt wird, *wer gekündigt* werden soll *welche Art* von Kündigung erfolgen soll (ordentliche, außerordentliche Kündigung oder Änderungskündigung) und welche *Kündigungsfrist* gilt.

Sozialdaten

Darüber hinaus hat der Arbeitgeber den Betriebsrat über die Sozialdaten Alter, Betriebszugehörigkeit sowie regelmäßig auch Unterhaltspflichten des zu kündigenden Mitarbeiters anzuhören.

Nach der ständigen Rechtsprechung des BAG ist es ausreichend, dass der Arbeitgeber dem Betriebsrat die aus seiner Sicht tragenden Kündigungsgründe mitteilt (so genannte subjektive Determinierung). Teilt der Arbeitgeber dem Betriebsrat hiernach objektiv kündigungsrechtlich relevante Tatsachen nicht mit, da er die Kündigung darauf nicht stützen will bzw. weil er sie für unerheblich oder sogar entbehrlich hält, ist die Anhörung des Betriebsrats dennoch ordnungsgemäß vorgenommen. Allerdings kann der Arbeitgeber in einem eventuellen Arbeitsgerichtsprozess die ausgesprochene Kündigung nur auf solche Tatsachen stützen, die er zuvor dem Betriebsrat auch mitgeteilt hat.

Kündigungsgründe

Über die Kündigungsgründe hat der Arbeitgeber den Betriebsrat so genau und umfassend zu unterrichten, dass dieser ohne zusätzliche eigene Nachforschungen bzw. Nachfragen in der Lage ist, selbst die Stichhaltigkeit der Kündigungsgründe zu überprüfen.

genaue und umfassende Unterrichtung

Es bedarf keiner besonderen Mitteilung des Arbeitgebers an den Betriebsrat, wenn der Betriebsrat die Kündigungsgründe bereits im Einzelnen kennt.

Adressat der Anhörung

Vor der Kündigung ist grundsätzlich der Betriebsrat als Gremium zu hören. Zur Entgegennahme von Erklärungen und Anhörungen ist jedoch für den Betriebsrat der Betriebsratsvorsitzende, im Falle seiner Verhinderung der stellvertretende Betriebsratsvorsitzende oder, sofern für die Anhörung ein besonderer Ausschuss gebildet worden ist, der Ausschuss bzw. Ausschussvorsitzende zuständig. Nur dann, wenn sich kein zur Entgegennahme Berechtigter findet (z.B. bei krankheitsbedingter Abwesenheit), ist jedes einzelne Betriebsratsmitglied berechtigt und verpflichtet, Erklärungen des Arbeitgebers für den Betriebsrat als Gremium entgegen zu nehmen.

Vorsitzender, Stellvertreter, Ausschuss

Es kann jedoch nur dringend geraten werden, Erklärungen stets an den Vorsitzenden des Betriebsrats zu adressieren. Auch die Anhörung des Betriebsrats ist möglichst an den Betriebsratsvorsitzenden zu richten.

Fehler bei der Anhörung

Unterlaufen während des Anhörungsverfahrens Fehler, so sind die Rechtsfolgen dieser Fehler je nach Verantwortungsbereich zu differenzieren. Begeht der *Arbeitgeber* in seinem Verantwortungsbereich einen Fehler, ist die Anhörung und damit auch die Kündigung unwirksam. Zum Verantwortungsbereich des Arbeitgebers gehört insbesondere die hinreichende Mitteilung der Gründe der Kündigung. Unterlaufen dagegen im Verantwortungsbereich des *Betriebsrats* Fehler, so ist das für die Wirksamkeit der Anhörung und damit der Kündigung bedeutungslos.

Anhörung des Betriebsrats als Wirksamkeitsvoraussetzung der Kündigung

Anhörung kann nicht nachgeholt werden!

Jede Kündigung ist nach § 102 Abs. 1 Satz 3 BetrVG unwirksam, wenn sie ohne vorherige Anhörung des Betriebsrats erfolgt ist oder der Arbeitgeber den Betriebsrat vor Ausspruch der Kündigung nicht ordnungsgemäß angehört hat. Eine wirksame Anhörung des Betriebsrats kann insbesondere nach Kündigungserklärung nicht mehr erfolgen. Selbst im Eilfall (wie z.B. bei der außerordentlichen Kündigung) ist die vorherige Anhörung des Betriebsrats erforderlich.

Achtung

Auf Grund der Neufassung des § 4 KSchG ist auch die mangels wirksamer Anhörung unwirksame Kündigung vom Arbeitnehmer zwingend innerhalb der 3-wöchigen Klagefrist geltend zu machen.

Bedenken des Betriebsrats

Frist

Für den Fall, dass der Betriebsrat nach der Anhörung gegen eine Kündigung Bedenken hat, hat er diese dem Arbeitgeber bei ordentlichen Kündigungen binnen einer Frist von einer Woche und bei außerordentlicher Kündigung binnen einer Frist von drei Tagen *schriftlich* unter *Angabe von Gründen* mitzuteilen. Die genannten Fristen sind Höchstfristen für den Betriebsrat.

Zustimmungsfiktion gilt nur bei ordentlicher Kündigung

Äußert sich der Betriebsrat innerhalb der vorgenannten Fristen nicht, so gilt nach § 102 Abs. 2 Satz 2 BetrVG seine Zustimmung zur Kündigung (bei der Anhörung zur *ordentlichen* Kündigung) als erteilt. Genau das Gleiche gilt, wenn der Betriebsrat mitteilt, er sehe von einer Stellungnahme ab. Diese Zustimmungsfiktion greift nach dem klaren Wortlaut des Gesetzes jedoch nur bei der ordentlichen Kündigung, nicht bei der außerordentlichen Kündigung.

Äußert sich der Betriebsrat vor Ablauf der Frist, kann der Arbeitgeber schon kündigen, wenn er in der Äußerung eine abschließende Stellungnahme des Betriebsrats zu der beabsichtigten Kündigung sehen durfte. Dies ist insbesondere dann der Fall, wenn die Erklärung des Betriebsrats so auszulegen ist, dass dieser eine weitere Erörterung der Angelegenheit nicht wünscht. Hiervon kann grundsätzlich ausgegangen werden, wenn der Betriebsrat der Kündigung ausdrücklich zustimmt bzw. erklärt, dass er gegen die Kündigung keine Bedenken hege.

vor Ablauf der Frist

Hat der Betriebsrat gegen eine außerordentliche Kündigung Bedenken, so hat er dies unter Angabe der Gründe dem Arbeitgeber unverzüglich, spätestens jedoch innerhalb von drei Tagen schriftlich mitzuteilen.

außerordentliche Kündigung

Eine Zustimmungsfiktion bei Verstreichenlassen der Frist existiert hier im Gegensatz zur ordentlichen Kündigung nicht. Dies ist auch nicht erforderlich, da der Betriebsrat kein echtes Widerspruchsrecht gegen eine außerordentliche Kündigung hat.

Widerspruch des Betriebsrats

Dem Betriebsrat steht aus den in § 102 Abs. 3 BetrVG abschließend aufgeführten Gründen ein explizites Widerspruchsrecht gegen die geplante ordentliche Kündigung zu. Ein auf einen Widerspruchsgrund des § 102 Abs. 3 Nr. 1 bis 5 BetrVG gestützter Widerspruch ist in diesem Fall geeignet, u. U. einen Weiterbeschäftigungsanspruch des Arbeitnehmers nach § 103 Abs. 5 BetrVG auszulösen.

Weiterbeschäftigungsanspruch

Das Widerspruchsrecht mit der Folge des Weiterbeschäftigungsanspruches steht dem Betriebsrat jedoch ausschließlich bei einer geplanten ordentlichen Kündigung zu; nicht jedoch bei einer *außerordentlichen* Kündigung.

nur bei ordentlicher Kündigung

Der Betriebsrat kann innerhalb einer Frist von einer Woche der ordentlichen Kündigung widersprechen, wenn

Widerspruchsgründe

1. der Arbeitgeber bei der Auswahl des zu kündigenden Arbeitnehmers soziale Gesichtspunkte nicht oder nicht ausreichend berücksichtigt hat,
2. die Kündigung gegen eine Richtlinie nach § 95 BetrVG verstößt,

3. der zu kündigende Arbeitnehmer an einem anderen Arbeitsplatz in demselben Betrieb oder in einem anderen Betrieb des Unternehmens weiterbeschäftigt werden kann,
4. die Weiterbeschäftigung des Arbeitnehmers nach zumutbaren Umschulungs- oder Fortbildungsmaßnahmen möglich ist oder
5. eine Weiterbeschäftigung des Arbeitnehmers unter geänderten Vertragsbedingungen möglich ist und der Arbeitnehmer sein Einverständnis hiermit erklärt hat.

Abschrift des Widerspruchs

Abschrift zusammen mit Kündigungserklärung

Für den Fall, dass der Betriebsrat der Kündigung aus den in § 102 Abs. 3 BetrVG ausgeführten Gründen schriftlich und fristgemäß widersprochen hat, hat der Arbeitgeber eine Abschrift des Widerspruchs dem Arbeitnehmer zugleich mit der Kündigung zuzuleiten.

Schadensersatz

Unterlässt der Arbeitgeber die Mitteilung des Widerspruchs, ist gleichvoll die Kündigung wirksam; unter Umständen kann der Arbeitgeber jedoch schadensersatzpflichtig werden.

7 Besonderer Kündigungsschutz

In den 10 Hauptkapiteln steht folgende Frage immer wieder im Prüfschema: Gehört die Person, der gekündigt werden soll, einer Personengruppe an, die einen besonderen Kündigungsschutz genießt? Bei diesen Personengruppen handelt es sich um

- Schwangere und Wöchnerinnen
- Personen in der Elternzeit
- Personen mit Schwerbehinderung
- Vertreter der Arbeitnehmer
- Mitglieder des Wahlvorstands

Schwangere und Wöchnerinnen

Frauen stehen während der gesamten Schwangerschaft und vier Monate nach der Geburt unter besonderem Kündigungsschutz. Der besondere Kündigungsschutz schließt sowohl eine ordentliche als auch eine außerordentliche Kündigung aus (§ 9 Mutterschutzgesetz).

Kündigungen bleiben in dieser Zeit folgenlos, wenn dem Arbeitgeber die Schwangerschaft oder Entbindung bekannt ist. Ist ihm die Schwangerschaft oder Entbindung nicht bekannt, kann die Frau innerhalb von zwei Wochen ihm diese mitteilen. Damit ist die Kündigung nichtig (§ 134 BGB).

Beispiel

Arbeitgeber A kündigt die Mitarbeiterin D. Er weiß nicht, dass D schwanger ist. D hat kann nun innerhalb einer Frist von zwei Wochen der Kündigung widersprechen. Damit steht D unter dem besonderen Kündigungsschutz und ist bis zum Ablauf des vierten Monats nach der Entbindung unkündbar.

Fristüberschreitung

Auch wenn die Arbeitnehmerin die Frist von zwei Wochen überschreitet, bleibt die Kündigung ohne Folgen, wenn die Arbeitnehmerin es nicht zu vertreten hat, dass sie die Frist überschritten hat und die Mitteilung unverzüglich nachholt.
Unter „Verschulden" ist in diesem Zusammenhang ein grober Verstoß gegen die von einem verständigen Menschen im eigenen Interesse einzuhaltende Sorgfaltspflicht zu verstehen („Verschulden gegen sich selbst"). In aller Regel wird ein Verschulden also nur dann gegeben sein, wenn die Frau die Schwangerschaft kennt und dennoch nichts sagt.
„Unverzüglich" bedeutet, dass die Frau alles ihr Zumutbare unternehmen muss, dass die Mitteilung dem Arbeitgeber nunmehr zugeht.

Ausnahmen

Ausnahmen sind dann möglich, wenn strafrechtliche Verfehlungen der Frau vorliegen oder der Betrieb eingestellt wird. Dazu bedarf es aber der Genehmigung durch die oberste für Arbeitsschutz zuständige Landesbehörde (§ 9 Abs. 2 Mutterschutzgesetz).

Personen in der Elternzeit

Eltern sind ebenso wie Schwangere und Wöchnerinnen vor Kündigungen besonders geschützt. Ein absolutes Kündigungsverbot besteht vom Zeitpunkt der Antragstellung (längstens jedoch acht Wochen vor dem Beginn der Elternzeit) und während der gesamten Elternzeit. (§ 18 Bundeserziehungsgeldgesetz)

Ausnahmen müssen ebenfalls bei der für den Arbeitsschutz zuständigen obersten Landesbehörde beantragt werden.

Personen mit Schwerbehinderung

Die Kündigung einer schwerbehinderten Person bedarf der Zustimmung des Integrationsamtes, wenn der Arbeitsvertrag länger als sechs Monate besteht (§§ 85ff SGB IX). Jedoch werden schwerbehinderte Person nicht absolut vor Kündigung geschützt. Die Kündigungsfrist beträgt mindestend vier Wochen.

Vertreter der Arbeitnehmer

Mitglieder des Betriebsrat der Jugend- und Auszubildendenvertretung, der Personalvertretung und der Schwerbehindertenvertretung stehen unter besonderem Kündigungsschutz (§ 15 Kündigungsschutzgesetz, §103 Betriebsverfassungsgesetz). Sie sind ordentlich nicht kündbar. Eine außerordentliche Kündigung ist nur dann möglich, wenn auch der Betriebsrat der Kündigung zustimmt.
Ebenso haben Bewerber einer anstehenden Wahl für eines dieser Gremien vom Zeitpunkt des Beginns der Kandidatur bis zur Bekanntgabe des Wahlergebnisses einen besonderen Kündigungsschutz. Für gewählte Vertreter besteht während der gesamten Amtszeit und ein Jahr nach Beendigung der Amtszeit besonderer Kündigungsschutz.
Außerordentliche Kündigungen sind während der Amtszeit nur mit Zustimmung des Betriebsrats möglich.
Ordentliche Kündigungen sind nur bei Betriebsstilllegung möglich.

Mitglieder des Wahlvorstands

Auch wer Wahlen zu den im vorhergehenden Abschnitt erwähnten Gremien im Wahlvorstand vorbereitet steht unter besonderem Kündigungsschutz.

8 Sozialauswahl bei betriebsbedingten Kündigungen

Vereinfachung der Sozialauswahl

Im Rahmen des „Gesetzes zu Reformen Arbeitsmarkt“ sind die Regelungen zur Sozialauswahl vereinfacht worden, was zu einer größeren Rechtssicherheit für den Arbeitgeber führt.

Kriterien der Sozialauswahl bei betriebsbedingter Kündigung (§ 1 Abs. 3 Satz 1 KSchG)

Kriterien

Die Kriterien der Sozialauswahl werden auf die Dauer der Betriebszugehörigkeit, das Lebensalter, die Unterhaltspflichten des Arbeitnehmers und nunmehr auch auf die Schwerbehinderung begrenzt.

neues Kriterium

Die Formulierung entspricht der von 1996–1998 geltenden Regelung, erweitert um das Kriterium der Schwerbehinderung. Durch die Regelung wird die Rechtssicherheit für Unternehmen bei der Sozialauswahl grundsätzlich erhöht und der teilweise stark divergierenden Rechtsprechung insbesondere in den unteren Instanzen Einhalt geboten. Die nachträgliche Aufnahme des Kriteriums der Schwerbehinderung verkompliziert die Sozialauswahl jedoch wieder, da Arbeitnehmer mit einer Schwerbehinderung bzw. Gleichstellung aufgrund ihres besonderen Kündigungsschutzes nach dem SGB IX in der Regel schon nicht an der Sozialauswahl teilnehmen. Unklar ist auch, wie die vier Kriterien zueinander zu gewichten sind. Das Kriterium „Dauer der Betriebszugehörigkeit“ wird entsprechend der bisherigen Rechtsprechung des BAG möglicherweise auch weiterhin das wichtigste Kriterium darstellen.

Herausnehmen von Leistungsträgern aus der Sozialauswahl (§ 1 Abs. 3 Satz 2 KSchG)

Arbeitnehmer sind nicht in die Sozialauswahl einzubeziehen, wenn ihre Weiterbeschäftigung insbesondere wegen ihrer Kenntnisse, Fähigkeiten und Leistungen oder zur Sicherung einer ausgewogenen Personalstruktur des Betriebes im berechtigten betrieblichen Interesse liegt.

Schutz vor Einschränkung der Wettbewerbsfähigkeit

Die Formulierung entspricht ebenfalls der von 1996 - 1998 geltenden Regelung. Das Herausnehmen von Leistungsträgern aus der Sozialauswahl ermöglicht es den Unternehmen, beim Ausspruch notwendiger betriebsbedingter Kündigungen durch die Sozialauswahl nicht unverhältnismäßig in ihrer Wettbewerbsfähigkeit eingeschränkt zu werden. Gerade Betriebe, die gezwungen sind, betriebsbedingte Kündigungen auszusprechen, sind in der Regel in besonderem Maße darauf angewiesen, Leistungsträger im Betrieb zu halten. Ihre Herausnahme aus der Sozialauswahl ist hier ein probates Mittel.

Abwägung Interesse der sozial schwächeren Arbeitnehmer gegen betriebliches Interesse

Die exakt wortgleiche Formulierung wie in der Regelung von 1996–1998 ist jedoch nicht unproblematisch. Mit Urteil vom 12. April 2002 hat das Bundesarbeitsgericht die damalige Regelung weit gehend leer laufen lassen. Das BAG hat verlangt, dass der Arbeitgeber bei der Herausnahme der Leistungsträger aus der Sozialauswahl das Interesse der sozial schwächeren Arbeitnehmer gegen das betriebliche Interesse an der Herausnahme der Leistungsträger abwägen müsse. Bezugspunkt ist nach dieser Rechtsprechung nicht mehr allein das betriebliche Interesse, wie es nach dem Wortlaut der Regelung richtig und nahe liegend gewesen wäre. Vielmehr wird das betriebliche Interesse nunmehr in Relation zu den in die Sozialauswahl einbezogenen Arbeitnehmern gesetzt. Durch diese Verquickung wird die Sozialauswahl durch die Hintertür wieder in die Abwägung einbezogen. Die hiermit verbundene große Rechtsunsicherheit lässt die Klausel quasi wirkungslos werden. Es steht zu befürchten, dass die Rechtsprechung des BAG von 1996-1998 auf die insoweit wortgleiche Neuregelung entsprechend angewandt wird.

Auswahlrichtlinien (§ 1 Abs. 4 KSchG)

Tarifverträge und Betriebsvereinbarungen

Bei Vorliegen von Auswahlrichtlinien in einem Tarifvertrag oder einer Betriebsvereinbarung werden im Rahmen der Sozialauswahl die im Kündigungsschutzgesetz genannten vier Kriterien nur noch auf grobe Fehlerhaftigkeit überprüft. Es handelt sich insoweit um eine Folgeänderung zur Begrenzung der Sozialauswahlkriterien auf Alter, Betriebszugehörigkeit und Unterhaltspflichten. Da die drei Kriterien abschließend sind, bleibt kein Spielraum für eine darüber hinausgehende Festlegung von Kriterien in den Auswahlrichtlinien, vielmehr kann nur noch die Gewichtung der drei Kriterien in ihrem Verhältnis zueinander in den Auswahlrichtlinien festgelegt werden. Die Regelung betrifft jedoch nur Tarifverträge und Betriebsvereinbarungen.

Namenslisten im Rahmen eines Interessenausgleichs (§ 1 Abs. 5 KSchG)

Betriebs-änderungen

Wenn bei Kündigungen aufgrund von Betriebsänderungen gem. § 111 BetrVG die betroffenen Arbeitnehmer in einem Interessenausgleich zwischen Arbeitgeber und Betriebsrat namentlich bezeichnet sind, gilt eine Vermutungsregelung, dass dringende betriebliche Erfordernisse für die Kündigung vorliegen, zudem kann die Sozialauswahl nur noch auf grobe Fehlerhaftigkeit überprüft werden.

mehr Rechts-sicherheit für den Arbeitgeber

Auch diese Formulierung entspricht wörtlich der von 1996–1998 geltenden Regelung. Die Wiedereinführung von so genannten „Namenslisten" ist aus Sicht des Arbeitgebers sicher zu begrüßen. Sie ermöglicht es Unternehmen, die im Zuge einer Betriebsänderung eine größere Zahl von betriebsbedingten Kündigungen aussprechen müssen, einen rechtssicheren Weg zu gehen. Durch die Beteiligung des Betriebsrats an der Erstellung der Listen ist gewährleistet, dass soziale Gesichtspunkte bei der Auswahl angemessen berücksichtigt werden. Die Regelung verhindert, dass der Arbeitgeber mit dem Betriebsrat einen sinnvollen Interessenausgleich vereinbart und sich hinterher vor Gericht wiederfindet, weil die betroffenen Arbeitnehmer nunmehr einzeln ihre Kündigungen angreifen. Dadurch, dass die Sozialauswahl nach dem Gesetzentwurf nach wie vor gerichtlich auf grobe Fehlerhaftigkeit überprüfbar ist, werden Missbrauchsmöglichkeiten und offensichtliche Fehler ausgeschlossen.

Betriebsrat kann Zustimmung verweigern.

Problematisch aus Sicht der Arbeitgeber ist, dass der Betriebsrat seine Zustimmung auch verweigern und damit die Einführung solcher Namenslisten verhindern kann.

9 Hat der Arbeitnehmer einen Abfindungsanspruch?

betriebs-bedingte Kündigung

Im Rahmen des „Gesetzes zu Reformen am Arbeitsmarkt“, das zum 1.1.2004 in Kraft getreten ist, wurde eine Abfindungsoption im Fall einer betriebsbedingten Kündigung vorgesehen. Arbeitgeber und Arbeitnehmer können von vorneherein vereinbaren, dass der Arbeitnehmer eine Abfindung erhalten soll.

Voraussetzungen des Abfindungsanspruchs

Wahlrecht zwischen Kündigungsschutzklage und Abfindung

In § 1a KSchG ist der Abfindungsanspruch bei betriebsbedingten Kündigungen geregelt. Danach hat der Arbeitnehmer ein Wahlrecht zwischen Kündigungsschutzklage und Abfindung, wenn der Arbeitgeber in der Kündigungserklärung darauf hingewiesen hat, dass es sich um eine betriebsbedingte Kündigung handelt und der Arbeitnehmer bei Verstreichenlassen der Klagefrist für die Kündigungsschutzklage die Abfindung beanspruchen kann.

kein genereller Abfindungsanspruch

Das Gesetz implementiert jedoch keinen generellen Abfindungsanspruch. Dadurch, dass es in der Hand des Arbeitgebers liegt, ob er dem Arbeitnehmer die Abfindungsoption eröffnet, wird verhindert, dass es zu einer Pflichtabfindung für alle betriebsbedingten Kündigungen kommt. Eine Verbesserung der aktuellen Rechtslage ist in der Neuregelung aus Sicht der Arbeitgeber jedoch nicht zu sehen. Sie schafft weder mehr Rechtssicherheit noch entlastet sie insbesondere kleine Arbeitgeber von der Undurchschaubarkeit des Kündigungsschutzes. Zum anderen droht vielmehr weiterer Schaden für die Unternehmen daraus zu entstehen, dass eine Abfindungsregelung im Gesetz Kündigungen generell verteuert: ein gesetzlich fixierter Abfindungsbetrag wird möglicherweise als benchmark für die Höhe von Abfindungen bei allen Arten von Kündigungen fungieren.

Höhe des Abfindungsanspruchs

halbes Monatsgehalt pro Beschäftigungsjahr

Die Höhe der zu zahlenden Abfindung wird mit einem halben Monatsgehalt pro Beschäftigungsjahr festgelegt. Dabei ist bei der Ermittlung der Dauer des Arbeitsverhältnisses eine Rundungsregelung vorgesehen, nach der ein Zeitraum von mehr als sechs Monaten auf ein volles Jahr aufzurunden ist. Ein halbes Monatsgehalt entspricht der grundsätzlichen Faustformel in der Gerichtspraxis. Die unterschiedliche Wirtschaftskraft in den verschiedenen Regionen Deutschlands führte jedoch bisher auf regionaler Ebene zu Abweichungen, die durch die Neuregelung nicht ausreichend berücksichtigt werden.

Beispiel

Der Arbeitgeber stützt die Kündigung in der Kündigungserklärung auf betriebsbedingte Gründe und weist in der Kündigungserklärung darauf hin, dass ein gesetzlicher Abfindungsanspruch besteht, wenn der Arbeitnehmer die Klagefrist verstreichen lässt.

Der Arbeitnehmer hat hier drei Möglichkeiten zur Auswahl:

1. Er lässt die dreiwöchige Frist zur Erhebung der Kündigungsschutzklage verstreichen.
   Folge: Der Arbeitnehmer hat einen gesetzlichen Anspruch auf die Abfindung in Höhe von 0,5 Monatsverdiensten für jedes Beschäftigungsjahr.
2. Er erhebt innerhalb der dreiwöchigen Frist eine Kündigungsschutzklage.
   Folge: Durch die Klageerhebung verwirkt der Arbeitnehmer seine Option auf den gesetzlichen Abfindungsanspruch. Im Prozess kann jedoch eine für den Arbeitnehmer sogar günstigere Abfindung ausgehandelt werden.
3. Er lässt die dreiwöchige Frist zur Erhebung der Kündigungsschutzklage verstreichen, die Klage wird jedoch verspätet nach § 5 KSchG zugelassen.
   Folge: In diesem Fall stellt sich die Frage, ob mit der nachträglichen Zulassung der verspäteten Klage (§ 5 Abs. 3 KSchG) der Anspruch auf die gesetzliche Abfindung wieder entfällt. Auch wenn es gesetzlich nicht ausdrücklich geregelt ist, ist davon auszugehen, dass das entstandene (Anwartschafts-)Recht des Arbeitnehmers rückwirkend beseitigt wird. Die nachträgliche Klagezulassung ist insofern vergleichbar mit dem Eintritt einer auflösenden Bedingung (§ 158 Abs. 2 BGB).

Muster: Formulierung zur gesetzlichen Abfindung

Sehr geehrte/r Frau/Herr ...,

leider sehen wir uns gezwungen, ihr Arbeitsverhältnis ordentlich zum ... aus betriebsbedingten Gründen zu kündigen.

Gemäß § 1a KSchG möchten wir Sie hiermit darauf hinweisen, dass Sie mit Beendigung des Arbeitsverhältnisses am ... eine Abfindung in Höhe von einem halben Monatsgehalt pro Beschäftigungsjahr, also ... Euro beanspruchen können, wenn Sie gegen diese Kündigung keine Klage erheben, also die vom Gesetz in § 4 S. 1 KSchG vorgesehene Klagefrist von drei Wochen ab Zugang dieser Kündigung verstreichen lassen.

Die Höhe des angebotenen Abfindungsbetrages ergibt sich aus den gesetzlichen Vorgaben in §§ 1a Abs. 2 und 10 Abs. 3 KSchG.

________________ ________________

Datum, Ort Unterschrift

Tipp

Die gesetzliche Neuregelung lässt die rechtsgeschäftliche Betätigung der Parteien sowohl vor als auch nach Ausspruch der Kündigung oder im Zusammenhang mit dem Ausspruch der Kündigung unberührt. Abreden in einem vom gesetzlichen Procedere unabhängigen Aufhebungs- und Abwicklungsvertrag bleiben weiterhin zulässig. Der Arbeitgeber kann dem Arbeitnehmer daher auch eine Abfindung anbieten, die unter der gesetzlich vorgesehenen Höhe bleibt.

10 Welche Fristen gelten bei Kündigungsschutzklagen?

Will der gekündigte Arbeitnehmer die Wirksamkeit der Kündigung von den Arbeitsgerichten überprüfen lassen, muss er folgende Fristen beachten:

Einheitliche Klagefrist (§ 4 KSchG)

Drei-Wochen-Frist für alle schriftlichen Kündigungen

Mit dem „Gesetz zu Reformen am Arbeitsmarkt" ist eine einheitliche Klagefrist von drei Wochen für alle schriftlichen Kündigungen eingeführt worden, unabhängig davon, ob sie im Übrigen in den Geltungsbereich des Kündigungsschutzgesetzes fallen. Nach der bisherigen Regelung galt die Drei-Wochen-Frist nur für Kündigungsschutzklagen, mit denen die soziale Rechtfertigung der Kündigung angegriffen wird, und für außerordentliche Kündigungen. Hat der Arbeitnehmer sich nicht innerhalb dieser drei Wochen an das Arbeitsgericht gewandt, wurde die soziale Rechtfertigung der Kündigung unwiderlegbar vermutet. Durch die Erweiterung auf alle Kündigungen gilt die dreiwöchige Klagefrist nunmehr auch für Kündigungen, die angegriffen werden, weil sie aus anderen Gründen rechtsunwirksam sein sollen (z.B. Mängel bei der Betriebsratsanhörung, Verstoß gegen Mutterschutzgesetz etc.).

Achtung

Die dreiwöchige Klagefrist beginnt erst dann zu laufen, wenn die Kündigung in schriftlicher Form zugegangen ist. Gegen eine mündliche Kündigung, die gemäß § 623 BGB unwirksam ist, kann der Arbeitnehmer fristunabhängig vorgehen.

Die Einführung einer einheitlichen Kündigungsfrist von drei Wochen ist ein wichtiger Schritt zu mehr Rechtssicherheit. Nach der BAG-Rechtsprechung kann bisher Kündigungsschutzklagen, auf die § 4 KSchG keine Anwendung findet, allein der Einwand der Verwirkung entgegengehalten werden; daher besteht häufig über einen vergleichsweise langen Zeitraum Rechtsunsicherheit, ob der Arbeitnehmer die Kündigung auch nach Ablauf der Drei-Wochen-Frist noch angreifen wird, z.B. mit der Begründung, die Betriebsratsanhörung sei fehlerhaft gewesen.

mehr Rechtssicherheit

Zulassung verspäteter Klagen (§ 5 KSchG)

Auf Antrag kann die Klage auch nach Ablauf der Dreiwochenfrist nachträglich zugelassen werden, wenn der Arbeitnehmer trotz zumutbarer Sorgfalt an der Klageerhebung verhindert war. Gleiches gilt in Fällen des Sonderkündigungsschutzes wegen Schwangerschaft, wenn die betroffene Arbeitnehmerin von ihrer Schwangerschaft erst nach Ablauf der Dreiwochenfrist Kenntnis erlangt hat.

Verlängerte Anrufungsfrist (§ 6 KSchG)

Hierbei handelt sich um eine Folgeänderung zur Einführung der einheitlichen Klagefrist in § 4 KSchG. Sie besagt, dass der Arbeitnehmer in der ersten Instanz auch andere Unwirksamkeitsgründe geltend machen kann als die, auf die er sich in der Klageschrift gestützt hat. Die Hinweispflicht des Gerichts gilt nunmehr für alle Klagen.

Wirksamwerden der Kündigung (§ 7 KSchG)

Es handelt sich wiederum um eine Folgeänderung zur Einführung der einheitlichen Klagefrist in § 4 KSchG. § 7 KSchG bestimmt, dass eine Kündigung als von Anfang an rechtswirksam gilt, wenn ihre Rechtsunwirksamkeit nicht rechtzeitig geltend gemacht wurde. Die vorherige Regelung gleichen Inhalts galt nur für sozialwidrige Kündigungen, da nur für diese die Klagefrist des § 4 KSchG galt. Durch die Einführung einer allgemeinen Klagefrist wurde eine Erweiterung des Geltungsbereichs auf alle Rechtsunwirksamkeitsgründe erforderlich.

neu
gilt für alle schriftlichen Kündigungen!

11 Außerordentliche und sittenwidrige Kündigungen

Außerordentliche Kündigungen

Abfindung ab Ausspruch der außerordentlichen Kündigung

Bei der Kündigungsschutzklage gegen eine außerordentliche Kündigung besteht die Möglichkeit des Arbeitnehmers, einen Antrag auf Auflösung des Arbeitsverhältnisses gegen Zahlung einer Abfindung zu stellen (§ 13 Abs. 1 KSchG). Durch den Gesetzentwurf wird nun geregelt, dass das Gericht für die Auflösung des Arbeitsverhältnisses den Zeitpunkt als maßgeblich festzulegen hat, zu dem der Arbeitgeber die außerordentliche Kündigung ausgesprochen hat.

Sittenwidrige Kündigungen

Bisher sprach § 13 Abs. 2 KSchG für den Fall, dass eine Kündigung gegen die guten Sitten verstößt u.a. von der Anwendung der §§ 5, 6 KSchG in „entsprechender“ Anwendung. Nun wurde der Verweis auf §§ 5, 6 KSchG dahingehend geändert, dass die §§ 4 ff. auch für Klagen wegen Sittenwidrigkeit unmittelbar gelten. Es handelt sich insoweit lediglich um eine Folgeänderung, die auf der Neuregelung der einheitlichen Klagefrist beruht.

12 Für welche Betriebe gilt das Kündigungsschutzgesetz?

neuer Schwellenwert

Die Festlegung des so genannten „Schwellenwertes“, also der Zahl der Arbeitnehmer, ab der das Kündigungsschutzgesetz im Betrieb Anwendung finden soll, war während des Gesetzgebungsverfahrens lange umstritten. Geeinigt hat man sich auf folgenden Kompromiss in § 23 KSchG:

Die allgemeinen Regelungen des Kündigungsschutzgesetzes gelten nicht für Betriebe, in denen in der Regel nicht mehr als zehn Arbeitnehmer beschäftigt sind. Die Neuregelung betrifft allerdings nur solche Arbeitsverhältnisse, die ab dem 1.1.2004 begründet wurden. Maßgeblich für den Zeitpunkt der Neueinstellung ist dabei der Tag der Arbeitsaufnahme, nicht der des Vertragsabschlusses.

Dies führt zu gespaltenen Konsequenzen:

- Arbeitnehmer in Betrieben mit mehr als fünf und weniger als zehn Beschäftigten, die am 31.12.2003 Kündigungsschutz hatten, behalten diesen ohne zeitliche Einschränkung. Ab dem 1.1.2004 neu Eingestellte haben in diesen Betrieben keinen Kündigungsschutz, wenn insgesamt nicht mehr als 10 Arbeitnehmer beschäftigt werden.
- Arbeitnehmer in Betrieben mit maximal fünf Beschäftigten, die am 31.12.2003 keinen Kündigungsschutz hatten, bekommen auch dann keinen, wenn ab dem 1.1.2004 noch bis zu fünf weitere Arbeitnehmer eingestellt werden.

Bei der Feststellung der Zahl der beschäftigten Arbeitnehmer sind in diesem Zusammenhang teilzeitbeschäftigte Arbeitnehmer mit einer regelmäßigen wöchentlichen Arbeitszeit von nicht als mehr als 20 Stunden mit 0,5 und nicht mehr als 30 Stunden mit 0,75 zu berücksichtigen.

Diese Neuregelung ist ein Kompromiss, der von den Arbeitgebern künftig einen erhöhten Prüfungsaufwand erfordert, da es nicht mehr nur auf die Zahl der Arbeitnehmer ankommt, sondern auch darauf, wann diese eingestellt wurden.

Beispiel

Ein Kleinunternehmen mit ständig sieben Beschäftigten unterfiel nach der Rechtslage bis zum 31.12.2003 dem Kündigungsschutzgesetz. Die Arbeitnehmer dieses Betriebes behalten ihren einmal erworbenen Kündigungsschutz auch weiterhin. Stellt der Arbeitgeber nach dem 1.1.2004 noch bis zu drei weitere Mitarbeiter ein, unterfallen diese jedoch nicht dem Kündigungsschutzgesetz.

Beispiel

Ein Kleinunternehmen mit ständig vier Beschäftigten unterfiel nach der Rechtslage bis zum 31.12.2003 nicht dem Kündigungsschutzgesetz. Seit dem 1.1.2004 kann der Arbeitgeber noch bis zu sechs weitere Mitarbeiter einstellen, ohne dass einer der Mitarbeiter in den Anwendungsbereich des Kündigungsschutzgesetzes kommt.

13 Extra: Betriebliches Eingliederungsmanagement

Zum 01.01.2004 ist das Schwerbehindertenrecht im Sozialgesetzbuch Neuntes Buch (SGB IX) erneut überarbeitet worden. Im Zuge dessen hat der Gesetzgeber durch die Einführung des „betrieblichen Eingliederungsmanagements“ (BEM) in § 84 Abs. 2 die Verpflichtung des Arbeitgebers zu betrieblichen Vorsorgemaßnahmen konkretisiert und verschärft.

Zulässigkeit einer krankheitsbedingten Kündigung

Diese Verschärfung der arbeitgeberseitigen Pflicht kann sich auch auf die soziale Rechtfertigung und damit auf die Zulässigkeit einer krankheitsbedingten Kündigung auswirken. Auch wenn das Bundesarbeitsgericht mittlerweile entschieden hat, dass die Durchführung eines BEM keine formale Wirksamkeitsvoraussetzung für den Ausspruch einer solchen Kündigung ist, kann es im Einzelfall im Rahmen der durchzuführenden Interessenabwägung sowie bei der Verteilung der Darlegungs- und Beweislast eine Rolle spielen. Die Regelung zum BEM konkretisiert den Grundsatz, dass der Arbeitgeber zunächst alle ihm zumutbaren Möglichkeiten ergreifen muss, um den Ausspruch einer Kündigung zu vermeiden. Führt der Arbeitgeber kein BEM durch, kann er sich zudem nicht pauschal darauf berufen, ihm seien keine alternativen, der Erkrankung des Arbeitnehmers angemessenen Einsatzmöglichkeiten bekannt.

Die Regelung im Überblick

Wenn Beschäftigte innerhalb eines Jahres länger als sechs Wochen ununterbrochen oder wiederholt arbeitsunfähig sind, klärt der Arbeitgeber mit der zuständigen Interessenvertretung (in der Regel der Betriebs- bzw. Personalrat), bei schwerbehinderten Menschen außerdem mit der Schwerbehindertenvertretung, mit Zustimmung und Beteiligung der betroffenen Person die Möglichkeiten, wie die Arbeitsunfähigkeit möglichst überwunden werden und mit welchen Leistungen oder Hilfen erneuter Arbeitsunfähigkeit vorgebeugt und der Arbeitsplatz erhalten werden kann.

Die Ziele des BEM ergeben sich aus dem Wortlaut der Vorschrift: Es geht dem Gesetzgeber darum, einen Arbeitsplatzverlust durch

Krankheit oder Behinderung in einem möglichst frühen Stadium vorzubeugen. Das BEM soll dazu dienen, einerseits die Zeiten des Krankengeldbezugs zu nutzen, um Schritte für die Wiedereingliederung des Arbeitnehmers in den Betrieb zu unternehmen, und zum anderen, um Hilfen von außen, insbesondere der Integrationsämter und der so genannten „Servicestellen" zum Erhalt des Arbeitsplatzes heranzuziehen.

Die Regelung im Einzelnen

Obwohl die Regelung im Bereich des Schwerbehindertenrechts zu finden ist, gilt sie nach allgemeiner Ansicht auch für Arbeitnehmer, die nicht schwerbehindert sind. Maßgeblich ist allein, dass der Arbeitnehmer innerhalb eines Jahres länger als sechs Wochen ununterbrochen oder wiederholt arbeitsunfähig ist. Arbeitsunfähigkeit liegt vor, wenn die Krankheit es dem Arbeitnehmer unmöglich macht, die nach dem Inhalt des Arbeitsvertrags geschuldete Leistung zu erbringen, oder wenn bei Fortsetzung der Arbeit die Gefahr besteht, dass sich der Gesundheitszustand in absehbarer, naher Zukunft verschlechtert. Der Sechswochenzeitraum kann sich auch aus der Summe mehrerer Arbeitsunfähigkeitszeiten ergeben.
Ob und wie ein BEM im Einzelfall durchgeführt wird, hängt von der Zustimmung der betroffenen Person ab. Dies gilt sowohl für das BEM insgesamt als auch für jede Einzelmaßnahme. Auch wenn die Interessenvertretung oder die Schwerbehindertenvertretung die Klärung möglicher Maßnahmen verlangt, ist zunächst die Zustimmung des Betroffenen erforderlich. Allein der Arbeitnehmer entscheidet, ob er einem BEM zustimmt. Wenn er dies nicht will, besteht für den Arbeitgeber keine Veranlassung, weitere Maßnahmen zu prüfen, insbesondere nicht mit der Interessenvertretung oder der Schwerbehindertenvertretung mögliche Maßnahmen eines BEM zu klären.

Hinweispflicht

Damit der Arbeitnehmer beurteilen kann, ob er seine Zustimmung erteilen möchte, muss der Arbeitgeber ihn zunächst auf die Ziele des BEM sowie auf Art und Umfang der hierfür erhobenen und verwendeten Daten hinweisen.

> **Achtung**
> Aus Beweisgründen (z.B. für eine spätere rechtliche Auseinandersetzung) sollte sowohl die Tatsache, dass der Arbeitnehmer über die Möglichkeit der Durchführung eines BEM ausreichend informiert wurde, als auch die Erteilung bzw. Verweigerung der Zustimmung durch den Beschäftigten dokumentiert werden. Dies gilt ebenfalls für die anschließende Durchführung des BEM.

Datenschutz

Auch aus datenschutzrechtlichen Gründen sollte die schriftliche Einwilligung des Betroffenen zur Erhebung, Verarbeitung, Speicherung und Übermittlung seiner personenbezogenen Daten eingeholt werden. Werden die beim erkrankten Arbeitnehmer abgefragten Daten mittels eines EDV-gestützten Personalinformationssystems oder in einer manuell geführten Personalakte verwaltet, findet das Bundesdatenschutzgesetz Anwendung. Gleiches gilt auch für die vorbereitende Erfassung der Fehlzeiten. Da es sich bei den Gesundheitsdaten um besonders sensible Daten handelt, sollte zudem möglichst genau festgelegt werden, welche Daten zu welchem Zweck verarbeitet werden und welche Personen Zugriff auf die Daten bekommen.

betriebliche Umsetzung

Hat sich der Arbeitnehmer für die Durchführung eines BEM entschieden, soll der Arbeitgeber mit der Interessenvertretung klären, wie die Arbeitsunfähigkeit möglichst überwunden und mit welchen Leistungen oder Hilfen erneuter Arbeitsunfähigkeit vorgebeugt und der Arbeitsplatz erhalten werden kann. Konkrete Maßnahmen und weitergehende Handlungspflichten werden dem Arbeitgeber nicht aufgegeben. Die betriebliche Umsetzung des Eingliederungsmanagements (z.B. Zuständigkeit der Personalabteilung) obliegt demnach allein dem Arbeitgeber, so dass der Weg für flexible betriebliche Zuordnungen offen steht. Bei der Umsetzung eines BEM kommen verschiedene Vorgehensweisen in Betracht, die den konkreten Bedingungen des Einzelfalls angepasst werden müssen.

Hinzuziehung des Werks- oder Betriebsarztes

Werks- oder Betriebsarzt

Soweit erforderlich wird der Werks- oder Betriebsarzt hinzugezogen. Dabei ist es unerheblich, ob es sich um einen direkt beschäftigten Werks- oder Betriebsarzt handelt oder um einen Mitarbeiter eines überbetrieblichen Dienstes von Betriebsärzten.

Die Betriebsärzte haben den Arbeitgeber beim Arbeitsschutz und der Unfallverhütung in allen Fragen des Gesundheitsschutzes zu unterstützen. Werks- oder Betriebsärzte können demzufolge im Rahmen eines BEM beispielsweise dann hinzugezogen werden, wenn eine arbeitsmedizinische Beratung aus Sicht des Arbeitgebers erforderlich erscheint.

Unterstützung durch Sozialversicherungsträger

Weitere Unterstützung können gegebenenfalls die Sozialversicherungsträger bieten. Als grobe Richtschnur für die Entscheidung des Arbeitgebers, welchen Träger er vordringlich hinzuziehen könnte, können folgende Überlegungen dienen:
Wenn es für den Arbeitgeber erkennbar ist, dass die Arbeitsunfähigkeit auf einen Arbeitsunfall oder eine Berufskrankheit zurückzuführen ist, liegt die Hinzuziehung der zuständigen Berufsgenossenschaft nahe.
Für den Fall, dass die Erwerbsfähigkeit des Arbeitnehmers endgültig in Frage stehen könnte, erscheint es ratsam, den Rentenversicherungsträger in das BEM einzubinden.

medizinischer Dienst der Krankenkassen

In den übrigen – und wohl meisten – Fällen ist es regelmäßig zu empfehlen, die Krankenkasse des Arbeitnehmers hinzuziehen. Im Einzelfall kann es darüber hinaus auch empfehlenswert sein, zusätzlich bei der zuständigen Krankenkasse die Einbeziehung des medizinischen Dienstes der Krankenkassen anzuregen. Im Auftrag der Krankenkassen berät und begutachtet der medizinische Dienst bei Arbeitsunfähigkeit.
Als ein mögliches Ergebnis eines BEM kommt beispielsweise eine so genannte stufenweise Wiedereingliederung in Betracht, wenn arbeitsunfähige Arbeitnehmer nach ärztlicher Feststellung ihre bisherige Tätigkeit teilweise verrichten können und sie durch eine stufenweise Wiederaufnahme ihrer Tätigkeit voraussichtlich besser wieder in das Erwerbsleben eingegliedert werden können.
Unabhängig davon, welcher Sozialversicherungsträger die Durchführung des BEM unterstützt oder Leistungen und Hilfen für den Arbeitnehmer erbringt, ändert allein die Durchführung eines BEM die nach geltendem Recht bestehenden Kostentragungspflichten nicht.

Hinzuziehung der gemeinsamen Servicestellen und des Integrationsamtes

gemeinsame Servicestellen

Kommen Leistungen zur Teilhabe oder begleitende Hilfen im Arbeitsleben in Betracht, zieht der Arbeitgeber die örtlichen gemeinsamen Servicestellen der Rehabilitationsträger oder bei schwerbehinderten Beschäftigten das Integrationsamt hinzu.

Tipp

Die Servicestellen werden von den Rehabilitationsträgern in allen Landkreisen und kreisfreien Städten betrieben. Ein bundesweites Verzeichnis der Servicestellen finden Sie unter www.vdr.de (in der Rubrik „rehabilitation/reha-servicestellen").

Zu den Aufgaben der gemeinsamen örtlichen Servicestelle der Rehabilitationsträger gehört es, Arbeitgebern sowie behinderten und von Behinderung bedrohten Menschen Beratung und Unterstützung anzubieten. Die Beratung und Unterstützung umfasst insbesondere die Information über Leistungsvoraussetzungen der Rehabilitationsträger, die Klärung des Rehabilitationsbedarfs oder die Klärung der Zuständigkeit der Rehabilitationsträger (§ 22 SGB IX).
Die Integrationsämter führen u.a. die begleitenden Hilfen im Arbeitsleben in Zusammenarbeit mit der Bundesagentur für Arbeit und den übrigen Rehabilitationsträgern durch. Ein bundesweites Verzeichnis der regional zuständigen Integrationsämter finden Sie unter www.integrationsaemter.de.

Tipp

Die Integrationsämter können auch Geldleistungen an Arbeitgeber zur behindertengerechten Einrichtung von Arbeits- und Ausbildungsplätzen für schwerbehinderte Menschen erbringen.

Im Rahmen eines betrieblichen Eingliederungsmanagements kann es im Einzelfall zweckdienlich sein, beim Integrationsamt die Einbeziehung der Integrationsfachdienste anzuregen. Hierbei handelt es sich um Dienste Dritter, die bei der Durchführung der Maßnahmen zur Teilhabe schwerbehinderter Menschen am Arbeitsleben beteiligt werden. Sie werden im Auftrag der Integrationsämter oder der Rehabilitationsträger tätig. Zu den Aufgaben der Integrationsfachdienste gehört es u.a., die Arbeitgeber über Leistungen zu informieren und für sie diese Leistungen abzuklären.

Beteiligung der Interessen- und Schwerbehindertenvertretung

In welchem Umfang die Interessenvertretung (in der Regel des Betriebsrats) Mitbestimmungsrechte hat, ist noch nicht abschließend geklärt. Dennoch sollte der Arbeitgeber, der ein standardisiertes BEM einführt, Risiken im Hinblick auf die Beteiligung der Interessenvertretung möglichst ausschließen und den Betriebsrat hieran z.B. durch Abschluss einer Betriebsvereinbarung beteiligen.

Stichwortverzeichnis

Kursiv gedruckte Seitenzahlen im Stichwortverzeichnis (z.B.: „Anhörung des Arbeitnehmers *209*") verweisen auf Erläuterungen in den Fallbeispielen.

D

E

V

W

Z